本书出版得到以下基金或项目的资助：

教育部人文社会科学研究规划基金项目（16YJA790017）
河南省高校科技创新人才支持计划（17HASTIT017、18HASTIT033）
河南省软科学项目（192400410345）
河南省高等学校青年骨干教师培养计划（2016GGJS-046）

中国经济文库
理论经济学精品系列（二）

中国低碳经济发展的
市场机制研究

The Research on the Market Mechanism of
China's Low-carbon Economic Development

李 创◎著

中国经济出版社
CHINA ECONOMIC PUBLISHING HOUSE
北京

图书在版编目（CIP）数据

中国低碳经济发展的市场机制研究/李创著.
—北京：中国经济出版社，2019.5
ISBN 978-7-5136-5655-9

Ⅰ.①中… Ⅱ.①李… Ⅲ.①中国经济—低碳经济—经济发展—市场机制—研究 Ⅳ.①F124.5

中国版本图书馆CIP数据核字（2019）第074155号

责任编辑	宋庆万
责任印制	巢新强
封面设计	华子图文设计公司

出版发行	中国经济出版社
印 刷 者	北京九州迅驰传媒文化有限公司
经 销 者	各地新华书店
开　　本	710mm×1000mm　1/16
印　　张	17.25
字　　数	256千字
版　　次	2019年5月第1版
印　　次	2019年5月第1次
定　　价	56.00元

广告经营许可证 京西工商广字第8179号

中国经济出版社 网址 www.economyph.com 社址 北京市东城区安定门外大街58号 邮编 100011
本版图书如存在印装质量问题，请与本社销售中心联系调换（联系电话：010-57512564）

版权所有　盗版必究（举报电话：010-57512600）
国家版权局反盗版举报中心（举报电话：12390）　服务热线：010-57512564

前　言

18世纪60年代，瓦特发明的蒸汽机带领人类社会进入了工业时代，世界GDP从线性增长跳跃到指数增长。此后，一次又一次的科技创新将人类经济发展水平推到了一个又一个高峰，人类的各种需求不断被满足又不断增长继而又被满足，世界经济呈现出一派繁荣景象。但这种快速发展是建立在人类对自然资源过度索取、对自然环境过度开发的基础上的，因此全球变暖、臭氧层被破坏、酸雨蔓延、森林减少、土地荒漠化、生物多样性减少等环境问题层出不穷。1962年，人们从《寂静的春天》中看到了生态遭到破坏后的可怕景象，认识到了粗放型经济发展对地球环境的危害，为了生存，为了可持续发展，世界各国逐步提出并实施低碳经济的发展战略。英国《能源问题白皮书》指出，低碳经济是在减少环境污染和降低资源消耗的基础上，创造更多的物质产品和可持续发展机会，并以低碳技术应用和新能源开发为标志的一种新型经济发展模式。由于历史原因，我国工业经济起步晚于西方发达国家，当发达国家从高碳工业发展转型为低碳经济发展时，我国仍处于工业快速发展的经济增长上升期，面临环境、经济、能源平衡发展的巨大压力。为此，本书在低碳经济发展的大背景下研究中国低碳经济发展的市场机制问题，具有重要的理论与现实意义。本书的基本研究内容如下：

第1章从低碳经济对国家经济的影响入手，归纳整理低碳经济的相关理论与研究成果，以碳排放量、能源消耗量、经济增长为变量，通过构建VAR模型分析低碳经济对国家经济的影响，并从多个角度提出发展低碳经济的相关建议。第2章在现有研究和相关经济理论的基础上，以广东、河南、甘肃为例，从能源价格、能源消耗量、产业转移等方面分析我国不同地区低碳经济的发展状况，并从政府、企业、公众三个角度提出可持续发展的政策建议。第3章在梳理相关概念的基础上，分析工业废弃物资源化利用市场的现状及存在的问题，通过构建委托—代理模型分析建设工业废弃物资源化市场的障碍因素，并据此提出从微观组织结构优化到宏观政策法规建设的建设性意见。第4章从绿色产品标识入手分析绿色产品生产与消费的现状、问题及发展趋势。首先，从环境保护、企业发展、消费升级等方面阐述绿色产品标识的意义；其次，分析绿色产品标识认证体系的实用性及影响因素，并建立绿色产品标识评价体系；再次，在消费者调查问卷基础上分析绿色产品标识对消费者绿色产品消费的影响；最后，针对应用评价体系模型发现的问题提出政策建议。第5章通过调查网络消费者对环保节能产品的态度，将网络消费者对节能环保产品的消费态度分成四类，针对不同态度的网络消费者，分别从政府、企业、电子商务平台和网络消费者四个角度提出相关建议。

  本书由河南理工大学能源经济研究中心的李创撰写。在撰写过程中，本书参考了大量中外文文献，在此向所有作者表示感谢。同时，在资料整理过程中，博士生王智佳做了大量工作，在此也表示感谢。

  由于研究条件有限，书中难免存在疏漏和错误，敬请各位读者批评指正。

目 录

第1章 低碳经济与我国经济发展 /1

1.1 绪论 /1
  1.1.1 低碳经济的国际、国内背景 /1
  1.1.2 研究意义 /3
  1.1.3 研究内容与技术路线图 /4
  1.1.4 研究方法 /5
  1.1.5 创新点 /6

1.2 国内外文献综述 /6
  1.2.1 国外文献综述 /6
  1.2.2 国内文献综述 /9
  1.2.3 现有文献简评 /11

1.3 低碳经济发展对经济增长影响的理论研究 /12
  1.3.1 低碳经济的基本概念和相关理论 /12
  1.3.2 低碳经济发展影响因素分析 /16
  1.3.3 低碳经济发展对经济增长影响机理分析 /17

1.4 低碳经济发展对我国经济增长影响的实证研究 /19
  1.4.1 指标设置与数据来源 /19
  1.4.2 模型建立 /20
  1.4.3 实证过程 /20
  1.4.4 结果分析 /32

1.5 政策建议 /33
  1.5.1 调整能源消费结构 /33

1.5.2 调整产业结构 /33
1.5.3 加强技术创新 /34
1.5.4 提高居民的低碳意识 /35
1.5.5 完善政策机制 /35
1.6 研究结论 /36

第2章 能源价格与我国产业低碳化发展的关系研究 /39

2.1 绪论 /39
  2.1.1 能源价格与产业低碳化发展的国际、国内背景 /39
  2.1.2 研究意义 /41
2.2 国内外文献综述 /43
  2.2.1 国外文献综述 /43
  2.2.2 国内文献综述 /46
  2.2.3 现有文献简评 /50
2.3 能源价格与低碳发展的理论研究 /53
  2.3.1 相关概念与理论简介 /53
  2.3.2 相关影响因素分析 /58
  2.3.3 相关理论分析 /61
2.4 能源价格对污染产业转移影响的实证研究 /63
  2.4.1 区域划分与数据来源 /63
  2.4.2 案例实证 /64
  2.4.3 结果分析 /75
2.5 政策建议 /77
  2.5.1 对政府的建议 /77
  2.5.2 对企业的建议 /81
  2.5.3 对公众的建议 /83
2.6 研究结论 /85

第3章 我国工业废弃物资源化利用的市场体系建设研究 /89

3.1 绪论 /89

3.1.1 工业废弃物资源化的国际、国内背景 /89
3.1.2 研究意义 /91
3.1.3 研究内容与技术路线图 /92
3.1.4 研究方法 /93
3.1.5 创新点 /94

3.2 国内外文献综述 /95
3.2.1 国外文献综述 /95
3.2.2 国内文献综述 /97
3.2.3 现有文献简评 /100

3.3 我国工业废弃物资源化现状及存在的问题 /101
3.3.1 相关概念简介 /101
3.3.2 我国工业废弃物资源化现状 /103
3.3.3 我国工业废弃物资源化存在的问题 /107
3.3.4 工业废弃物资源化利用的市场特征 /109
3.3.5 市场经济和循环经济的关系 /115

3.4 工业废弃物资源化利用市场建设的障碍因素识别及交易模型分析 /118
3.4.1 工业废弃物资源化利用市场建设的障碍因素识别 /118
3.4.2 工业废弃物资源化利用市场的交易模型分析 /123

3.5 提升我国废弃物资源化利用的政策建议 /132
3.5.1 微观层面：组织结构 /132
3.5.2 宏观层面：政策法规 /139

3.6 研究结论 /143

第4章 我国绿色产品标识认证体系的建设研究 /145

4.1 绪论 /145
4.1.1 绿色产品标识认证体系的国际、国内背景 /145
4.1.2 研究意义 /148
4.1.3 研究内容与技术路线图 /149
4.1.4 研究方法 /151

4.2 国内外文献综述 /152
　4.2.1 国外文献综述 /152
　4.2.2 国内文献综述 /153
　4.2.3 现有文献简评 /156
4.3 绿色产品标识认证体系理论研究 /158
　4.3.1 绿色产品标识认证体系相关概念与理论简介 /158
　4.3.2 绿色产品标识认证体系相关影响因素分析 /164
　4.3.3 绿色产品标识认证体系相关理论 /167
4.4 绿色产品标识认证体系实证研究 /172
　4.4.1 绿色产品标识认证体系指标设置与数据来源 /172
　4.4.2 绿色产品标识认证体系模型的建立 /173
　4.4.3 实证研究 /174
　4.4.4 结果分析 /185
4.5 对完善绿色产品标识认证体系的政策建议 /186
　4.5.1 对政府的建议 /186
　4.5.2 对企业的建议 /187
　4.5.3 对消费者的建议 /188
4.6 研究结论 /189

第5章　网络消费者对节能环保产品的消费态度研究 /191

5.1 绪论 /191
　5.1.1 网络消费行为研究的国际、国内背景 /191
　5.1.2 研究意义 /192
　5.1.3 研究内容与技术路线图 /194
　5.1.4 研究方法 /196
5.2 国内外文献综述 /196
　5.2.1 国外文献综述 /196
　5.2.2 国内文献综述 /201
　5.2.3 现有文献简评 /205
5.3 相关概念界定 /206

5.3.1　网络消费者相关概念　/206
　　5.3.2　节能环保产业相关概念　/207
　　5.3.3　节能环保产品相关概念　/207
　　5.3.4　消费态度相关概念　/209
5.4　消费态度的实证研究　/210
　　5.4.1　相关理论分析　/210
　　5.4.2　态度测量指标的建立　/211
　　5.4.3　调查问卷设计　/213
　　5.4.4　问卷调查过程　/217
　　5.4.5　结果分析　/228
5.5　政策建议　/235
　　5.5.1　对政府的建议　/235
　　5.5.2　对节能环保企业的建议　/237
　　5.5.3　对电子商务平台的建议　/240
　　5.5.4　对网络消费者的建议　/242
5.6　研究结论　/244

参考文献　/247
索　引　/263

第1章 低碳经济与我国经济发展

1.1 绪论

近年来,环境问题越来越显著,资源紧缺问题也不断出现,这也引起了全球对环境保护、新能源开发、可持续发展的关注。为了解决环境问题,全球都开始走低碳经济道路,每个国家都在积极出台相应的政策以面对即将到来的低碳革命。

1.1.1 低碳经济的国际、国内背景

1.1.1.1 国际背景

1962年,在《寂静的春天》中,蕾切尔·卡逊描述了一幅生态遭受破坏后的可怕情景。这使得世界各国开始高度重视生态问题,一场全球性的环保运动悄然开始。1992年《21世纪议程》通过,该报告鼓励各国走可持续发展道路,鼓励大力发展环保工作,并在发展经济的同时尽可能做到少污染,少排放。同年,《框架公约》颁布,对低碳的发展有着重大进步意义,该公约要求各个国家采取相关措施减少二氧化碳的排放,并根据各国的经济发展状况做出了不同的要求。1997年12月,多国首脑在日本京都签署了《京都议定书》,就将大气中的二氧化碳含量稳定在一定水平、以免出现恶劣的气候问题达成一致意见。

低碳经济的启蒙思想来自美国学者布朗,他在1999年研究了能源和经济的关系,通过研究分析,发现长时间使用化石能源会导致地球生态出现问题,因此必须尽快调整能源结构。在发展经济的同时尽可能少使用资源,尽可能减少对环境的破坏。4年之后,英国首次定义了低碳经济的概

念。之后，世界上以美国为首的多个国家开始了对低碳经济的研究。2009年《京都议定书》第五次会议的召开，更使各个国家都意识到低碳经济的重要性，发展低碳经济势在必行。

2016年，多国首脑在纽约签署了《巴黎协定》。《巴黎协定》的签订表达了各国对解决生态环境问题的决心，同时也是对近些年来环保工作的认可。2017年11月6日，联合国气候大会召开。该次会议针对全球的气候问题做出了总结和规划，就未来30年的生态建设提出了具体的实施方案。近年来，世界各国开始高度重视生态问题，一场以保护生态、节约资源为中心的低碳革命即将爆发。2018年，在波恩气候谈判中联合国呼吁各国提升行动力，共同实现应对气候变化的长期目标。

1.1.1.2 国内背景

我国正处在经济增长的上升期，来自经济、能源、环境平衡发展的压力巨大，发展低碳经济可以实现经济的可持续发展。对于环境问题我国一直高度重视，1970年，我国的环保工作就已经起步。1973年颁布的新中国第一部环境保护的综合性法规，提出了多条具有建设性意义的环保规定，这对我国环保工作的开展具有指导意义。为改变气候问题，我国提出加快建设低碳经济步伐，走可持续发展道路，创建和谐社会的重大战略构想，并制定了一系列环保政策，进一步推进环保工作。在面对生态问题时，我国从不推卸责任，投入了大量的人力、物力积极开展环保工作，并对二氧化碳的减排工作做了具体规划。《"十三五"控制温室气体排放工作方案》指出，到2020年，单位国内生产总值二氧化碳排放比2015年下降18%，碳排放总量得到有效控制。

近年来，资源紧缺问题不断出现，中共十七大和十八大报告都强调了环保工作，将环保工作纳入我国长期规划。中共十八大以后，我国对环保建设工作加强了力度，加快了进度，在5年的时间里，环保工作取得了巨大成效。环保工作是一项持续工作，还需要我们继续努力，争取进一步提高环境质量。中共十九大报告进一步提高了环保工作的地位，强调继续加大生态建设的力度。

近年来，我国高度重视低碳经济发展，进一步加大生态文明建设的力度，加快环保工作的进度，坚持走低碳经济发展道路。我们知道，生态问题和人们生活息息相关，环境的破坏会影响人类未来，也不利于经济的可持续发展。2018年，我国成功举办了碳博会，展示了近些年来走低碳经济道路收获的成果；同时，此次会议也促进了我国与世界的低碳技术交流，对我国节能减排工作的开展起到了促进作用。

1.1.2 研究意义

随着环境日益受到破坏，生态建设迫在眉睫，解决环境问题的方法有多种，不管哪一种我们都需要面对环境保护和经济增长的矛盾问题。随着时代的发展，一种从经济学角度出发的低碳经济理论应运而生，走低碳经济道路可以在发展经济的同时兼顾环境保护。在这种新型经济模式下，我国的经济增长方式发生了巨大改变，研究低碳经济对我国经济增长的影响已刻不容缓。

发展经济的同时兼顾环境保护，全球都开始走低碳经济道路，走低碳经济道路的本质是将环保和经济一体化，提高环保工作的地位，平等对待经济和环境，既不为了环境而牺牲经济，也不为了经济而牺牲环境。通过转变经济增长方式，使二者一体化，可以更好地推动我国低碳经济发展，达到经济增长的同时兼顾环境保护的目的。本章联系实际，探究低碳经济和经济增长两者之间的关系。

本章的理论意义主要有以下三点：

第一，丰富了国内外低碳经济理论。在低碳经济的发展历程中，国内外无数学者都分析过低碳经济，笔者认为走低碳经济道路绝不是一味地强调减少化石能源的使用，而是应从科学技术的角度出发提升能源效率，开发新能源，调整产业结构。

第二，丰富了国内外经济增长理论。笔者认为，我国经济的发展并不依赖碳排放量，从近5年的数据来看，碳排放量在逐年下降，而我国经济仍在稳步增长。这两者间的关系越来越弱。

第三，丰富了低碳经济发展对我国经济增长影响的理论。笔者认为在低碳背景下，国际碳博弈将更加激烈，能源结构告别"高碳"时代，人类生活发生转变等都会对经济产生重大影响。

本章的实际意义主要有以下三点：

第一，有助于经济新形态的形成。随着时代发展，传统的经济发展模式已经不再适合中国国情，从传统经济发展模式向低碳经济模式的转变已是迫切需要，因此，笔者根据我国的国情，分析低碳经济，提出对应的策略，推动传统经济发展模式向低碳经济模式转型。

第二，有助于国家对整体局势的调控。在走低碳经济的道路中，产业结构转型是非常重要的一环。产业的转型给每个行业都会带来巨大的冲击，同时经济也会有一定程度的波动，国家如何在低碳背景下有效解决低碳经济发展过程中的种种问题，将是一个大的挑战。

第三，有助于为相关部门制定政策提供参考。近年来，全球加大了对环境保护、新能源开发、可持续发展的关注力度，我国也在不遗余力地推进低碳经济的发展。笔者通过对低碳经济的研究，分析低碳经济发展的方法，有助于政府做出科学正确的决策。

1.1.3 研究内容与技术路线图

1.1.3.1 研究内容

本章共包括六个部分，研究内容概括如下：

第一部分，首先阐述论题的时代背景，其次讲述研究意义，再次简单介绍基本思路和研究方法，最后讲述创新点。

第二部分，将国外和国内的文献分门别类，把不同学者对同一问题的研究归类阐述，并对现有文献做出简评。

第三部分，论述低碳经济的相关概念，分析低碳经济发展的影响因素，经济的发展受哪些因素的影响，并探究低碳经济对经济增长的影响机制。

第四部分，对低碳经济发展与我国经济增长的相关关系进行实证研究，利用 Eviews 8.0 软件分析处理数据，建立模型，定性定量地描述二者之间存在的相关关系。

第五部分，根据前面低碳经济对我国经济增长影响的研究，为我国更好地推动低碳经济发展和经济稳步增长提出对策。

第六部分，根据前面的分析，阐述研究结论，并就不足之处做出进一步改进的计划。

1.1.3.2 技术路线图

本章研究技术路线如图 1-1 所示。

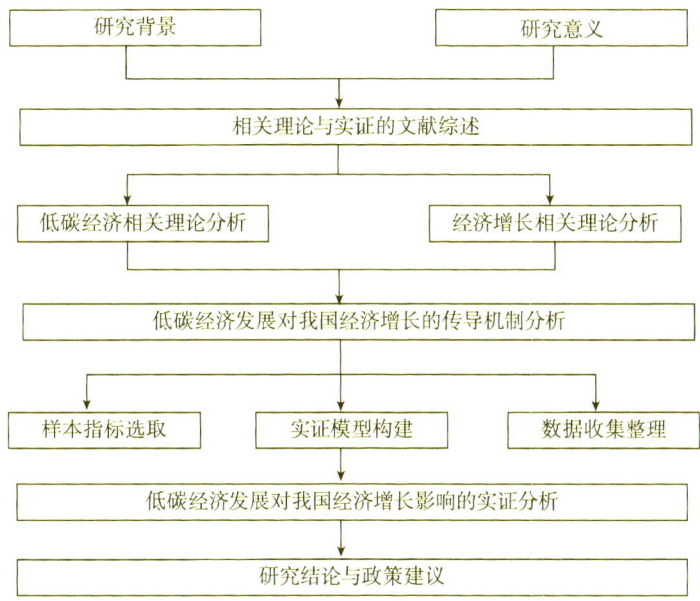

图 1-1 研究技术路线

1.1.4 研究方法

在研究过程中，使用了三种研究方法。

（1）实证分析法。首先分析数据变动特点，并分析低碳经济发展对我国经济增长影响的相关理论，同时，对低碳经济波动与我国经济增长的直接关系进行实证分析，定量描述二者之间的关系。

（2）归纳分析法。归纳总结近年来的研究成果，通过分析查找其中的不足，提出论题，并收集相关数据，做实证研究，其中也涉及一些数据和结论的归纳分析。

（3）文献分析法。研究低碳经济和经济增长两者间的关系时，先查阅前人的研究成果和相关理论,通过文献分析法分析文献的优点和缺点,对文献加以利用和改进。

1.1.5 创新点

(1)研究视角创新。目前,国内外研究碳排放与经济增长关系理论的文献很少,本章探究的是近20年来低碳经济发展对我国经济增长的影响,在研究视角上是一个创新。

(2)研究内容创新。目前,国内外相关研究大都是如何促进低碳经济的发展,以及如何减少碳排放量,而本章则研究低碳经济和经济增长两者间的关系,并提出加强技术创新、调整能源结构、调整产业结构等政策建议。

1.2 国内外文献综述

1.2.1 国外文献综述

1.2.1.1 低碳经济相关理论研究

环境和经济之间的矛盾不断恶化,使低碳经济的研究变得尤为重要,众多学者也开始探索该领域。低碳经济理念最先在国外提出。目前,国外相关研究主要在碳减排相关理论研究、碳排放驱动因素相关研究、低碳经济制度及政策研究等方面。

(1)碳减排相关理论研究。主要有:

Johnston(2005)研究了如何减少建筑行业二氧化碳排放量的方法,并且探讨了其可行性,认为到2050年前后该理论可以使用,并且可以达到大幅度减排的效果。Treffers(2006)通过对德国经济和碳排放量的研究,发现经济增长和碳排放量之间的关系很强,认为改变高碳经济模式可以有效地实现碳减排,如果措施得当,德国可以在40年后使碳排放量减少80%。

Kawase(2007)等学者研究了碳排放量的影响因素,认为在高碳经济模式下人们为了追求经济快速增长,在工业生产中消耗了大量的化石能源，这是二氧化碳的主要来源，要想实现真正意义上的碳减排，必须从清洁能源的开发上着手。Glaeser（2010）以美国66个城市为研究对象，探索了不同城市、乡镇的碳排放量，研究它们之间是否有联系。通过对大数据的分析，发现碳排放和居民分布情况有关，并且发现在薪水相同的情形下，住在乡镇的居民比住在城市的居民碳排放量更高。Muhammad Shahbaz 等（2013）以印度尼西亚为研究对象，收集了1975—2011年该国的能源消费量、二氧化碳排放量、国民生产总值的相关数据，经研究发现，二氧化碳排放量增加的主要原因是经济增长和能源消费的增加，在工业生产中消耗了大量的化石能源，从而排放了大量温室气体。Bayram Deviren（2016）以经济发展程度不同的国家作为研究对象，探索这些国家人均收入和碳排放量之间的相关关系，通过对数据的分析发现：对于不同发展程度的国家而言，人均收入和碳排放量之间的关系不同。Al – Mulali 等（2018）探索了碳排放量和金融之间的关系，利用最小二乘法对多个国家近30年的数据进行观察，发现金融产业的发展可以改善碳排放量对环境造成的负面影响。

（2）碳排放驱动因素相关研究。主要有：

1970年，Ehrlich 通过构建模型的方法，解释了是什么原因导致了生态问题，通过分析发现，国家发展水平、人口规模和科学技术水平的共同作用，造成了不同地区的生态问题。在此基础上，有相关学者进一步研究，发现二氧化碳的排放量受人口、人均国民生产总值、单位生产值能耗及单位能耗排放因子的影响。Salvador Enrique Puliafito（2003）研究发现无论是人口的规模，还是人口的结构，甚至是人口的老龄化水平都会影响到二氧化碳的排放量。Ugur Soytas（2007）对碳排放量和能源之间的关系进行了研究，构建了VAR模型，运用DEA分析技术验证了两者间存在一个正相关关系。A. K. Richmond（2010）将21个发达国家作为研究对象，对它们的碳排放量和它们的经济水平进行了分析，发现有7个国家表现出KEC关系。Mahamat Hamit – Haggar（2013）以加拿大为研究对象，收集了该国1990—2007年的国民生产总值、能源消费量和碳排放量的数据，通过数据实证分析，发现碳排放量和能源之间存在明显关系，短期内，能源消费量和碳排放量之间是正相关关系；从长时间来看，国民生产总值、能源消费量和二氧化碳排放量之间存在明显关系。Ilhan Ozturk 和 Ali Acaravci（2017）以土耳其为研究对象，收集了该国 1960—2007 年国民生产总值、金融和二氧化碳排放量的相关数据，对它们之间的关系进行研究，发现在土耳其，金融行业和碳排放量之间不存在相关关系，二氧化碳排放量、国民生产总值之间存在着长期的相关关系。

（3）低碳经济制度及政策研究。主要有：

为了应对全球生态问题，多个国家都通过推行碳交易政策和征收碳税的方法推动低碳经济的发展。碳税制度效果如何，是许多学者都在研究的问题。Toshihiko Nakata（2007）收集了日本的相关数据，通过研究分析，发现征收碳税确实可以达到碳减排的效果。Annegrete Bruvoll（2010）分析了挪威的相关数据，探索了碳税和碳减排的关系。Schreurs（2013）分析了大量案例，发现政府推行低碳经济并不会很轻松。Stern（2017）认为碳交易全球化、大力支持相关技术研发和明确交易机制等三个方面对于制定解决生态问题的政策至关重要。

1.2.1.2 碳排放与经济增长关系的理论研究

（1）二氧化碳排放量和经济增长之间呈现倒（正）"U"形关系。Grossman（2013）探讨经济发展与生态环境的关系，通过研究发现二者之间呈现出倒"U"形关系。Stern（2016）收集了经合组织成员国家 1960—2000 年和非经合组织国家 1950—2000 年的碳排放量和 GDP 的相关数据，利用这些数据实证研究二氧化碳排放量和人均 GDP 之间的关系，发现人均 GDP 和二氧化碳排放之间是倒"U"形关系。

（2）二氧化碳排放量和经济增长之间呈现正（倒）"N"形关系。Martine Zarzoso 等（2010）收集了多个经合组织成员国 1975—1998 年的碳排放量与人均 GDP 的数据，并利用这些数据进行实证研究，发现大部分国家二氧化碳的排放量与经济增长之间是先增加再减少最后又增加的关系，即正"N"形曲线关系，在少数经济不发达的地区，二氧化碳排放量与经济增长之间的关系是倒"N"形曲线关系。

（3）二氧化碳排放量和经济增长之间没有显著的相关关系。Mukheree

等（2013）通过数据收集实证研究后发现，碳排放量和 GDP 之间的关系并不显著。

（4）二氧化碳排放量和经济增长之间呈现显著的线性关系。Mouez Fodha 等（2010）收集了 1961—2004 年突尼斯的人均 GDP 与碳排放量的数据，通过这些数据对二者的相关性进行了研究，研究表明，人均 GDP 与碳排放量之间呈现出正的线性关系。Abdul Jalil 等（2016）收集了中国 1975—2005 年的二氧化碳排放量、人均 GDP、能源消费量等数据，通过对数据的研究分析发现，中国人均 GDP 和二氧化碳排放量之间有明显的"倒 U"形关系。

1.2.2 国内文献综述

1.2.2.1 低碳经济相关理论研究

（1）低碳经济发展的意义研究。胡鞍钢（2003）认为我国应该改变高碳经济模式，发展低碳经济；同时，他认为我国应重视环保问题，从转变经济形式着手，使经济、能源和环保三者之间可以和谐发展。创建低碳城市，开发新能源，产业转型是我国走低碳经济道路的必然选择。张海良（2005）认为，中国低碳经济发展道路应该具有中国特色，不能盲目照搬国外的方法，在发展低碳经济的进程中也不可操之过急，应时刻注意政府、企业和民众的利益，可以先建立低碳经济试点区，再在全国推广。付允等（2007）提出，低碳经济模式的意义在于平衡经济增长和生态平衡之间的关系，不应以破坏环境为代价发展经济，而要实现经济、能源、环境的平衡发展。金涌（2009）认为，技术创新、产业转型、开发清洁能源是低碳经济发展的必然选择。政府应该大力支持高科技创新，推行相关政策，不断改进能源消费结构。侯军岐（2010）认为，低碳经济发展模式可以减少经济发展中的二氧化碳排放量，在利用创新技术提升能源利用率、提升经济增长目标的同时，也可减少能耗和污染。庄贵阳（2012）认为，我国应多与其他国家交流合作，引进他国的新型技术，能源结构优化是我国走低碳经济道路的主要手段。林伯强（2014）认为我国不应该只强调节能，在节能的同时还应该大力发展科技，开发新能源。朱四海（2015）强调我国发展低碳经济首先要做的是将利用高碳能源逐步向利用低碳能源过渡。陈跃（2017）认为低碳经济概念可分为两种：一种是从低碳经济发展的手段出发给出定义，另一种是从低碳经济发展的目标出发定义低碳经济。相较而言，对于低碳经济发展具有实际意义的是从手段出发提出的概念。

（2）低碳经济发展展望和方法研究。关于低碳经济发展展望和方法研究，宫清华（2010）以广东省为研究对象，探索了全省的产业发展现状，划分了高碳型产业，并指出了其低碳经济发展可能出现的困难。冯碧梅（2014）以武汉城市圈为研究对象，针对武汉的产业结构进行分析，提出了与城市圈相对应的建议。

（3）低碳经济发展路径和政策建议。冯荷英（2006）认为，发展低碳经济单单由政府推行相关政策是不够的，政府、企业、民众应该相互配合、相互协调，共同推动低碳经济的发展。陈浩（2008）认为，走低碳经济道路必须从不同的维度出发：在时间维度方面应该将低碳经济发展分为不同的时间段，在空间维度方面应该将低碳经济道路按照不同的地区划分，在层次维度方面应分为个人、企业、国家。张文（2008）认为，走低碳经济道路的有效途径是产业转型，开发清洁能源，创建低碳城市。刘钒、张俊祥（2011）以东湖自主创新示范区为研究对象，通过分析总结相关数据发现政策、技术、人才、文化是走低碳经济道路的关键，政府应重点关注这几个点。吴飞美（2014）研究了我国低碳经济的发展历程，对推进我国低碳经济发展提出了创新性的应对策略：推行法律法规，改进贸易结构，大力推进低碳技术发展。赵卓、肖丽平（2010）表示，低碳技术的创新对低碳经济的发展有决定性意义，在走低碳经济的道路上，我国应大力扶持低碳技术的发展。

1.2.2.2 碳排放与经济增长关系理论研究

（1）二氧化碳排放量和经济增长之间呈现倒（正）"U"形关系。李海鹏等（2006）通过建立 EKC 模型得出我国二氧化碳排放量和经济增长之间表现出倒"U"形曲线关系的结论。许广月等（2010）用单位根检验和协整检验的研究方法探索碳排放量和经济增长之间的关系，通过研究分析，他们得出我国二氧化碳排放量和经济增长之间表现出倒"U"形曲线关系的结论。钟茂初等（2014）通过建模研究发现，二氧化碳排放量和经济增长之间虽然呈现出倒"U"形，但斜率会有不同的变化，在上升过程中斜率先变大后变小，在下降过程中斜率总是在减小。

（2）二氧化碳排放量和经济增长之间呈现正（倒）"N"形关系。胡初枝等（2010）通过建立 EKC 模型的方法研究二氧化碳排放量和经济增长的关系，通过收集 1990—2005 年我国碳排放量、GDP、产业结构的相关数据，发现二氧化碳排放量和 GDP 之间表现出正"N"形关系。

（3）二氧化碳排放量和经济增长之间没有显著的相关关系。我国也有部分学者支持这一结论，李卫兵等（2013）收集了 1990—2007 年我国西部地区二氧化碳排放量和经济增长的相关数据，通过对数据的分析得出 EKC 曲线不适宜运用到中国的结论。

（4）二氧化碳排放量与经济增长之间呈现出线性关系。陆虹（2008）探究了二氧化碳排放量与经济增长之间的关系，并以我国 1980—2000 年碳排放量和 GDP 的数据作为研究样本，通过研究，发现两者之间呈现出正向线性关系。李小平等（2013）收集了我国具有代表意义的工业行业的相关数据，发现国际贸易和碳排放量之间存在显著的关系，并且发现通过国际贸易能够有效地减少碳排放量。

1.2.3　现有文献简评

目前，国外相关研究主要集中在碳减排相关理论研究、碳排放与经济增长关系理论研究、低碳经济制度研究等方面。而目前对于低碳经济的研究，国内主要集中在低碳经济发展的意义、展望、政策建议等方面。对低碳经济的研究结论也不少，但具有创新性的研究并不多。在研究低碳经济时，我们可以参考前人的研究成果，但在参考借鉴的同时还有很多地方可以改进创新。

相比国外而言，我国学者在低碳经济和经济增长两者关系的研究方面还比较薄弱，在对两者关系做实证研究时，选取的变量较少，只考虑二氧化碳排放量和 GDP 两个变量显然是不够的。我们知道经济的增长是一个复杂的过程，其影响因素有很多，如果我们仅考虑这两个变量，而忽略其他的影响变量，对我们的研究结论就会有很大的影响。因此，本章引进了能源消耗总量（NCE）这一变量。

经以上分析，我们发现国内外对于低碳经济的研究和经济增长的研究都相对全面，但依然有很多地方需要去完善，特别是要探索低碳经济和经济增长两者的关系。因此，本章总结了前人的研究成果，以近20年的数据进行实证，探索低碳经济和经济增长两者的关系。

1.3 低碳经济发展对经济增长影响的理论研究

1.3.1 低碳经济的基本概念和相关理论

1.3.1.1 低碳经济的相关概念

（1）低碳经济概念的提出。美国学者布朗在1999年研究了能源和经济的关系，发现长时间使用化石能源会导致地球生态出现问题。在发展经济的时候应尽可能少使用资源，尽可能减少对环境的破坏。4年之后，"低碳经济"一词首次出现在英国政府的报告之中。报告指出，要加大对低碳技术的研究力度，加快产业转型，加速发展低碳经济道路。之后，世界上以美国为首的多个国家开始了对低碳经济的研究。随后，日本在2006年预测了发展低碳经济的效果，提出将减排70%，以改变环境恶化的趋势。在环境保护大会中，日本将二氧化碳排放量减少60%定位为2050年的低碳经济发展目标。同时，英国、美国、法国也相继开始低碳经济探索。

（2）低碳经济的本质。从字面来看，低碳经济是低碳和经济的结合，是人们从经济学的角度探索解决生态问题的一种新的方法，即实现生态、经济和谐发展的双赢局面。低碳，即要求我们尽可能地减少对化石原料的使用，实现能源结构转型，开发可再生能源是达到低碳的重要措施；经济，即经济发展，在发展低碳的同时不能忽视经济的增长，在新型模式下要求经济可以继续长期稳定地增长。在以往的高碳经济模式下，我国的经济增长有些建立在破坏环境的基础上，也就是以往低碳和经济是矛盾的，这两者不可能共存；在新型经济模式下，我们要改变两者的矛盾关系，只有这样才可能实现低碳经济。

走低碳经济道路，是我们解决环境问题的方法。产业转型、技术创新、转变能源结构，实现这三者的过程也就是我们走低碳经济道路的过程。走低碳经济道路的目的是实现经济的持续增长并减缓对生态的破坏，实现低碳经济的途径是要求我们尽可能地减少对化石原料的使用，实现能源结构转型，开发可再生能源。在低碳经济的模式下，低碳经济的影响会从能源开始向各个行业传递，各个行业会面临产业转型的挑战，一大批有关新能源和低碳技术的公司会横空出世，可以说人们的生活会发生翻天覆地的变化。这既是危机也是转机，每个人都会获得新的机遇和发展空间。

（3）低碳经济的方向和发展模式。低碳经济的发展方向是实现经济发展和环境保护"两不误"，在保证经济稳定增长的同时尽可能地降低对环境的破坏。低碳经济发展的实质是在低消耗、低排放的道路上实现经济的持续增长。

（4）低碳经济的实现途径。纵观低碳经济的历史，我们发现开发低碳技术和转变能源结构是推动低碳经济的主要方法。技术创新方面主要是开发清洁能源技术、废物利用技术；转变能源结构方面是要调整我国清洁能源的占比，减少化石能源的使用。走低碳经济道路主要有以下四个途径。

一是调整能源结构，提高能源效率。化石能源主要有煤、石油、天然气，燃烧单位化石能源释放二氧化碳量最多的是煤，接下来是石油；燃烧单位天然气排放的二氧化碳量是最少的，是煤的60%。从能源方面着手实现低碳经济应该多使用清洁能源，少使用化石能源，而化石能源中应尽可能减少煤和石油的使用，这是推进低碳经济的有效方法。

调整能源结构是走低碳经济道路的有效途径。推进低碳经济的有效方法是减少碳排放量，但每个国家能源结构都不同，且能源有限，往往能源结构的调整在实际中很难操作。我国缺油少气，很难做到自由操控能源结构，科学技术发展程度仍需提高，对于清洁能源的利用还做不到大规模使用，短时间内调整能源结构的可行性不高。因此，我们应该从技术角度出发推动低碳经济发展，通过大力研发低碳技术，提高各种能源的能源效率，降低单位能源的碳排放量。根据我国的现状，扶持清洁能源的开发利用会受到实际资源分配的限制，我们应发展科技，降低化石能源的污染性。

二是调整产业结构。在技术水平相同的情况下，不同的产业结构创造相同的 GDP 时二氧化碳的排放量相差很大。农业生产很少使用商品能源，农业的碳排放量相当有限。第三产业主要是服务业，在服务过程中会有一些二氧化碳排放，但排放量相当有限。碳排放量主要集中在第二产业，如工业制造、交通运输、房屋建造中，而经济高速发展主要靠第二产业带动经济，这也是近些年环境破坏严重的原因。就像之前的能源结构一样，产业结构由本国的经济发展程度决定，发展中国家多是以第二产业为主导，这种产业结构并不能人为改变，只有在工业化充分发展后才能由以工业为主导向以服务业为主导转型，所以发展中国家很难从这方面着手发展低碳经济。

三是加强技术创新。要推进低碳经济的发展就必须大力发展低碳技术。前文我们提到的开发清洁能源、产业转型、废物利用，都离不开技术的创新，要想减排实际上都要从技术创新着手。只有从科学技术的角度出发提升能源效率，开发新能源，调整产业结构才是发展低碳经济的长久之计。

四是加强国际经济合作，提高技术转让速度。环境保护是全球各国的责任，不是哪一个国家能单独解决的。要想解决环境问题，就必须发挥 CDM 机制的作用，加强各国之间的紧密合作，强调低碳技术的相互交流。发展中国家在产业结构中第二产业占主导，发达国家以第三产业为主导，因此发展中国家的二氧化碳排放量比发达国家要多。要解决碳排放的问题，首先要从发展中国家着手，但发展中国家受困于自身的经济水平和技术落后，很难解决碳排放问题。为了解决全球的气候问题，发展中国应该加大环境保护力度，同时发达国家应该尽可能帮助发展中国家解决环境问题。

1.3.1.2 低碳经济相关理论

（1）可持续发展理论。第一次对可持续发展的思考来自1962年蕾切尔·卡逊的《寂静的春天》，作者描绘出一幅生态遭受破坏后的可怕情景。这使得生态问题受到各国的高度关注，环境保护运动就此拉开序幕。可持续发展即发展经济的时候尽可能少地使用资源，尽可能减少对环境的破坏。1992年，《21世纪议程》和《关于环境与发展的里约宣言》在联合国可持续发展问题世界首脑会议上获得通过，全球102个国家同意根据自身情况，实施相关政策来积极预防生态遭到破坏。这意味着可持续发展理论并不只是存在于纸面上，它将被广泛运用到实际生活中。同年，《框架公约》颁布，对低碳的发展有着重大进步意义。该公约要求各个国家采取相关措施减少二氧化碳排放，并根据各国的经济发展状况做出了不同的要求。1997年12月，《京都议定书》指出各国应对温室气体排放量进行管制。对于可持续发展道路，各国已做好了规划并制定了目标。这表明可持续发展理论在全球被进一步认可。

（2）环境库兹涅茨曲线理论概述。20世纪50年代，诺贝尔经济学奖获得者西蒙·库兹涅茨发现，人均财富差异（公平问题）与人均财富增长（发展问题）之间遵循一个倒"U"形曲线规律，该规律即环境库兹涅茨曲线理论。1995年，美国学者Grossman通过建模，收集数据进行实证分析，发现环境投入与经济增长的关系符合库兹涅茨曲线，因为该研究是建立在库兹涅茨曲线之上，并对库兹涅茨曲线进行了加深与拓展，所以将本研究发现的规律命为环境库兹涅茨曲线。环境库兹涅茨曲线也就是对环境先污染再治理的一种描述。

（3）脱钩理论简介。脱钩理论最开始表示两节火车车厢之间的挂钩脱落，两节车厢连接终止的现象。这是用来描述两个变量之间关系是否改变的理论。比如，我们一直走低碳经济的道路，经过一段漫长的时间以后，经济发展不再破坏环境，它们之间就实现了脱钩。脱钩理论最早运用于物理界，表示两个物理变量之间最开始是有联系的，后期联系消失；之后，又被应用于环境经济领域，用来描述环境和经济之间的长期动态关系。当今，很多学者都在利用该理论研究经济增长和碳排放量之间的长期动态关系，通过对数据的分析，判断二氧化碳和与经济增长之间是否会出现脱钩现象进而判断可持续发展理论的成果。

1.3.2 低碳经济发展影响因素分析

1.3.2.1 人类生产生活方式的转变

近些年，低碳思维已经深入人们的生产生活之中。就生产方面而言，我们可以转变原有的生产方式，尽可能地做到节能减排；就生活方面而言，我们也在不断改变着原有的生活方式。在低碳思维的影响下，对于节能减排每个人都在贡献着自己的力量，无论力量大小，都是我们对走低碳经济道路的支持。

1.3.2.2 低碳技术使经济结构发生根本性变革

只有从技术创新着手，才能实现真正意义上的低碳经济。前文我们提到原始的经济模式是高碳经济，在发展经济的同时也破坏了环境，在新型经济模式下，依靠低碳技术改变了原始的经济结构，由高碳经济向低碳经济转型。走低碳经济道路可以在发展经济的同时兼顾对环境的保护。

1.3.2.3 能源结构将告别"高碳"时代

面对环境的日益恶化，全球应更加重视环保工作，积极实施应对措施。碳减排是政府的首要任务，能源问题是破坏生态环境的"真凶"，所以减排工作首先应落实到能源消耗上，尽可能减少化石能源利用。增加清洁能源的比重是改变高碳局面的有效方法。

严重缺乏天然气和石油是影响我国经济发展的主要原因，而多煤炭也是我国能源的一大特点。煤炭可以说是二氧化碳排放量过多的罪魁祸首，要想实现碳减排，首先需要减少煤炭的使用，这显然和我国的能源结构又产生了矛盾，所以我国比其他国家更迫切地需要研发低碳技术，开发清洁能源。低碳经济要求在低污染的条件下发展经济。显然，走低碳经济道路的唯一方法就是研发低碳技术，以技术改变能源结构。

1.3.2.4 国际碳博弈异常激烈

国际碳合作会越来越密切，对低碳的争夺将会改变未来全球的局势，谁掌握了低碳的核心技术谁就将引导全球经济的发展。对低碳的争夺必将形成一场政治、经济大革命。发达国家在低碳技术上的领先必将成为压制发展中国家的又一武器。环保协议的签订实际上都是大国博弈的结果。我国应抓住这次机会，在国际碳博弈中获得更多的利益，实现经济的可持续发展。

1.3.2.5 碳关税威胁我国的对外出口贸易

我国是一个出口大国，在高碳经济时代，没有引进碳关税这一项时，我国出口产品可以说是物美价廉，广受外国友人的好评。发达国家引进了碳关税这一项，将低碳经济和国际贸易挂钩，而我国目前还处在发展中国家行列，第二产业是我国的经济支柱，我国的产品势必很难达到低碳化，发达国家推行碳关税政策必将对发展中国家的国际贸易带来巨大的冲击。

1.3.2.6 碳减排的经济成本

走低碳经济道路的目的是实现经济的持续增长和减少对生态的破坏。低碳经济发展可以降低能耗和减少污染排放，提高能源利用率，促使能源低碳发展，建设健康有效的能源低碳经济体系，但低碳经济发展对现阶段的中国而言也有着一定的代价。发展低碳经济首先面临的问题是各行各业的生产成本都会提高。这在一定程度上提高了商品的价格，降低了居民的购买力，影响了经济的发展。

1.3.3 低碳经济发展对经济增长影响机理分析

在前文中，我们知道低碳经济发展带来的影响主要有以下几点：①人类生产生活方式的转变；②低碳技术使经济结构产生根本性变革；③能源结构将告别高碳时代；④国际碳博弈将异常激烈；⑤碳关税威胁我国的对外出口贸易；⑥碳减排的经济成本。从这几个方面可以看出，低碳经济从方方面面影响着一个国家，而一个国家的经济发展是多种因素共同作用的结果，本章通过分析认为低碳经济发展具体会在以下方面影响经济增长。

第一，低碳经济引发的是一场工业革命，碳减排时刻影响着工业发展进而影响着经济发展。我国严重缺乏天然气和石油，而多煤炭也是我国能源的一大特点。我国经济主要靠建筑业、重工业支撑,强制减排必然会影响到相关企业的发展,从而影响经济增长。化石能源逐步向清洁能源转变,由第二产业为主导,逐步转向第三产业为主导,无论是能源还是产业都会有一个质的改变,经济转型势必会受到各种原因的限制,而经济转型对经济增长也会产生巨大的冲击,我国的经济增长在低碳经济发展的初期必然会有一个适应过程,在低碳技术的支持下,经济也会逐渐恢复到稳步增长的状态。据政府 IPCC 报告,1970—2004 年全球二氧化碳排放约 26% 来自能源,14% 来自交通,20% 来自工业,8% 来自建筑。这四部分占据了全球接近 70% 的二氧化碳排放量,因此减排成功的关键是降低这四个部分的二氧化碳排放量,尤其是能源和工业两个方面是重中之重。

第二,低碳经济是新的技术革命,新低碳技术的出现时刻改变着低碳经济的发展从而影响着经济。要想推进低碳经济的发展必须大力发展低碳技术。二氧化碳的排放量和经济的增长息息相关,过度强调减排势必会影响经济发展。走低碳经济道路绝不是一味地强调减少化石能源的使用,而应从科学技术的角度出发提升能源效率,开发新能源,调整产业结构。低碳经济作为新技术革命是全方位的技术革命,包括电动汽车技术、绿色建筑材料技术、废物利用技术、碳捕获技术、新能源技术等。这些技术在我们的生活中随处可见,在生产中也被广泛利用,新能源产品已经广泛出现在国际贸易中。加拿大出口低碳技术和低碳产品获得的收入,由 1990 年的 50 亿美元提高到 2011 年的近 500 亿美元,21 年增长了 10 倍。2007 年,约 75% 的大型风力涡轮机出自欧盟,全球的风力发电装备有一半来自欧盟,新能源技术已给一些发达国家带来了丰厚的利润。低碳技术的发展从多个方面影响着经济,并且从根本上解决了减排和经济增长的矛盾关系。

第三,低碳经济是全球新的经济增长点。新能源财经提到未来 20~50 年,全球在低碳经济上的投入不少于 4000 亿美元(世界经济论坛,新能源财经,2009)。《斯特恩报告》指出,到 21 世纪中期,全球 GDP 的 2% 将用于低碳经济的发展,也就是每年会投入 1 万亿美元。国际能源署称,在 2003—2025 年对能源基础设备的投入至少需要 25 万亿美元。

这些巨额资金将用于提高能源效率，研发低碳技术，开发新能源。麦肯锡全球研究院提到，目前有1800亿美元的能源投资机会，这对每个国家而言都是一个经济飞速发展的机会。在革命中有许多的困难，也会有许多的机会，抓住机会不仅可以实现经济的可持续发展，还能使经济进一步增长。

1.4 低碳经济发展对我国经济增长影响的实证研究

1.4.1 指标设置与数据来源

本章主要研究低碳经济发展对我国经济增长的影响，为此我们选择碳排放量、能源消耗总量、国内生产总值三个指标进行实证。在第一部分中描述低碳经济的国内背景。低碳经济的发展在国内的历史并不是很长，因此本章采用1998—2017年近20年的数据。数据来源于国家统计局网站，另有部分数据查自东方财富网数据中心和百度百科。

（1）碳排放量（CO_2）。本章用二氧化碳排放量作为碳排放的统计数据，采用国家统计局统计的每年二氧化碳排放量作为实证数据。

（2）能源消耗总量（NEC）。低碳发展程度需要多个指标去衡量，本章除了引进碳排放量这一指标，还运用了能源消耗总量这一指标，这两者都和低碳发展息息相关。本章收集1998—2017年该变量的相关数据来分析低碳经济的发展程度。

（3）经济增长（EG）。低碳经济的发展会直接影响碳排放量和能源消耗总量。这两者又和经济增长有直接关系，所以在探究低碳发展和经济发展的关系时，引入这两个变量。衡量经济的指标有很多，本章以国内生产总值（GDP）来衡量经济发展，GDP数据来源于国家统计局。见表1-1。

表1-1 1998—2017年碳排放量、能源消耗总量、国内生产总值原始数据

年份	碳排放量/亿吨	能源消耗总量/亿吨	国内生产总值/亿元
1998	29.62	13.6184	83817.6
1999	28.85	14.0569	89366.5
2000	28.49	14.6964	99066.1

续表

年份	碳排放量/亿吨	能源消耗总量/亿吨	国内生产总值/亿元
2001	29.69	15.5547	109276.2
2002	34.64	16.9577	120480.4
2003	40.69	19.7083	136576.3
2004	50.82	23.0281	161415.4
2005	57.38	26.1369	185998.9
2006	63.34	28.6467	219028.5
2007	67.77	31.1442	270844.2
2008	69.86	32.0611	321500.5
2009	75.74	33.6126	348498.5
2010	71.11	36.0648	411265.2
2011	89.51	38.7043	484753.2
2012	92.22	40.2138	539116.5
2013	91.55	41.6913	590422.4
2014	90.14	42.5806	644791.1
2015	88.66	42.9905	686449.6
2016	88.21	43.6121	740598.7
2017	86.11	44.9012	827122.1

1.4.2 模型建立

VAR 模型由克里斯托弗·西姆斯提出。在研究几个变量之间的关系时，国际上用得较多的是 VAR 模型。该模型的建立可以分析某一变量的波动对其他变量的影响。

本章构建的是我国碳排放量、能源消耗总量和国内生产总值之间的 VAR 模型，模型等式如下：

$$y_t = A_1 y_{t-1} + \cdots + A_N y_{t-N} + Bx_t + \mu_t \quad (1-1)$$

1.4.3 实证过程

1.4.3.1 样本数据的基本特点

从图 1-2 可以看出，2017 年我国二氧化碳排放量为 86.12 亿吨，与

1998 年的 29.6 亿吨相比，上涨了接近 2 倍。碳排放量变化曲线可以分为两个组成部分：1998—2012 年是上升阶段，碳排放总量增加到 92.22 亿吨，人均二氧化碳排放量增加到 7.09 吨，其中，2011 年增长率最高，达到 25.86%；2012 年以后，随着环保工作的开展，政府加强节能减排，碳排放总量开始下降，2017 年我国二氧化碳排放总量为 86.12 亿吨，相比 2012 年下降了 6.61%。

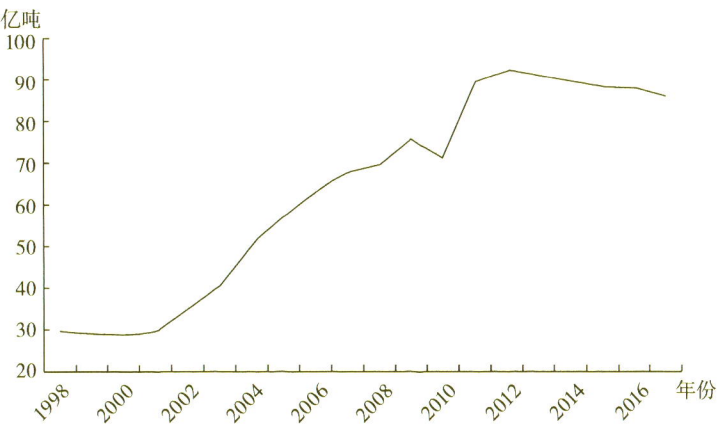

图 1-2　1998—2016 年我国二氧化碳排放量的变化趋势

能源在生产生活中必不可少，能源问题关系到一个国家的政治、经济、军事命脉。我国作为大国，在全球的政治、经济、文化等方面都占据着一定的位置。从图 1-3 可以看出，我国能源消耗的趋势可以分为几个阶段。第一阶段是 1998—2003 年，这一时期我国能源消耗增长率维持在 3% 左右，增长趋势缓慢。第二阶段是 2003—2012 年，我国开始大力发展第二产业，能源消耗量在这几年大幅增长。第三阶段是 2012—2017 年，随着低碳发展，国家政策要求企业节能减排，近几年我国经济增速减缓，因而能源消费总量增速放缓，基本维持在 3% 左右。

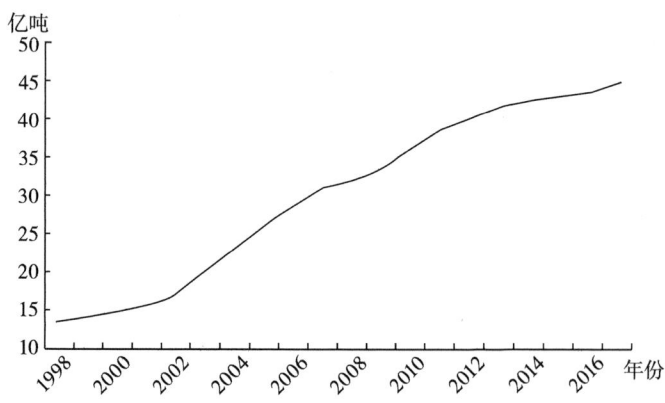

图1-3 1998—2016年我国能源消耗总量变化趋势

1998年,GDP稳步增长,增长率有波动,但是总体不高。2000年以后,增幅在12%上下波动。2007年之后,我国的经济增长速度开始减缓,增长幅度基本维持在7%。最近20年GDP增幅很大,1998年是83817亿元,到2017年已经上升到827122亿元,年平均增长率约46.6%。人均GDP从1998年的6447元增加到2017年的63624元。

从图1-2至图1-4可以看出,2008年之前,二氧化碳排放量呈现增长趋势。2008—2011年出现了先降后升的波动,2011年后是下降的趋势。能源消耗总量和GDP的变化趋势大致相同,最近20年里都在稳步增长。不同的是,2012年之前GDP增长速度较快,2012年之后增长速度减缓。从三者的变化趋势来看,经济增长速度的减缓可能和二氧化碳的排放量下降有关,并且低碳经济的发展影响到了经济增长。

1.4.3.2 相关系数检验

我们用传统的计量方法对这三个变量进行分析可得出以下结论,CO_2、NEC、GDP三者之间的相关度都很高,由此我们可以推断出二氧化碳排放量对GDP存在着一定的影响。

1.4.3.3 ADF平稳性检验

ADF检验是对D-F检验进行扩充而形成的,是目前主流的单整检验方法,为了能够使数据更趋向于线性化,对数据做自然对数变换。变换后各个变

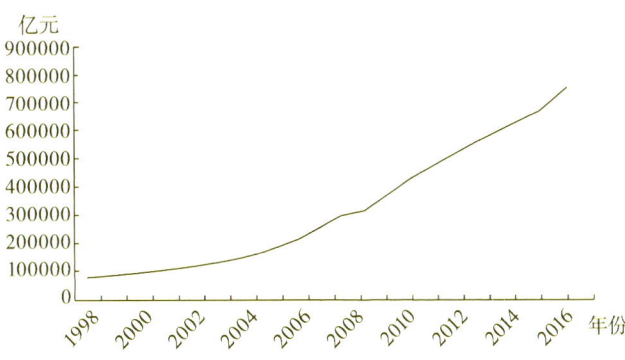

图 1-4　1998—2016 年 GDP 变化趋势

量用 $LNCO_2$、$LNNEC$、$LNGDP$ 表示，本章使用 Eviews 8.0 检验。见表 1-2。

表 1-2　相关系数检验

Correlation	$LNCO_2$	$LNNEC$	$LNGDP$
$LNCO_2$	1.000000		
$LNNEC$	0.991968	1.000000	
$LNGDP$	0.957467	0.980624	1.000000
$LNCO_2$	—		
$LNNEC$	33.27245	—	
$LNGDP$	14.07837	21.23747	—

第一，对二氧化碳排放量进行检验。

（1）检测 $LNCO_2$ 的平稳性。由表 1-3 可见，ADF 的检测值为 -1.450125，大于每个显著性的值。这说明 $LNCO_2$ 序列有单位根，序列 $LNCO_2$ 不平稳。

表 1-3　$LNCO_2$ 的平稳性检验

		T-Statistic	Prob.
Augmented Dickey-Fuller Test Statistic		-1.450125	0.5361
Test critical values	1% level	-3.831511	
	5% level	-3.029970	
	10% level	-2.655194	

（2）检测 $LNCO_2$ 一阶差分的平稳性。由表 1-4 可见，ADF 的检测值

为 -2.954466，不小于每个显著性的值。这说明 ΔCO_2 序列有单位根，ΔCO_2 序列不平稳。

表 1-4 $LNCO_2$ 一阶差分的平稳性检验

		T-Statistic	Prob.
Augmented Dickey-Fuller Test Statistic		-2.954466	0.0587
Test Critical Values	1% level	-3.857386	
	5% level	-3.040391	
	10% level	-2.660551	

（3）检测 $LNCO_2$ 二阶差分的平稳性。由表 1-5 可见，ADF 的检测值为 -6.943088，小于每个显著性的值。这说明 $\Delta^2 CO_2$ 序列没有单位根，$\Delta^2 CO_2$ 序列是平稳的。综合以上两步可知，序列 $LNCO_2$ 是 I（2）。

表 1-5 $LNCO_2$ 二阶差分的平稳性检验

		T-Statistic	Prob.
Augmented Dickey-Fuller Test Statistic		-6.943088	0.0000
Test Critical Values	1% level	-3.886751	
	5% level	-3.052169	
	10% level	-2.666593	

第二，对能源消耗总量进行检验。

（1）检测 LNNEC 的平稳性。由表 1-6 可见，ADF 的检测值为 -2.636267，大于每个显著性的值。这说明 LNNEC 序列有单位根，LNNEC 序列不平稳。

表 1-6 **LNNEC** 的平稳性检验

		T-Statistic	Prob.
Augmented Dickey-Fuller Test Statistic		-2.636267	0.1043
Test Critical Values	1% level	-3.857386	
	5% level	-3.040391	
	10% level	-2.660551	

（2）检测 LNNEC 一阶差分的平稳性。由表 1-7 可见，ADF 的检测值

为 -1.92492,大于每个显著性的值。这说明 ΔNEC 序列有单位根,ΔNEC 序列不平稳。

表1-7 LNNEC 一阶差分的平稳性检验

		T - Statistic	Prob.
Augmented Dickey - Fuller Test Statistic		-1.92492	0.3140
Test Critical Values	1% level	-3.886751	
	5% level	-3.052169	
	10% level	-2.666593	

(3) 检测 LNNEC 二阶差分的平稳性。由表1-8可见,各种显著水平的临界值都大于 ADF,表明 $\Delta^2 NEC$ 序列没有单位根,$\Delta^2 NEC$ 序列平稳。综合以上两步可知,序列 LNNEC 是 I(2)。

表1-8 LNNEC 二阶差分的平稳性检验

		T - Statistic	Prob.
Augmented Dickey - Fuller Test Statistic		-5.604771	0.0008
Test Critical Values	1% level	-4.057911	
	5% level	-3.119910	
	10% level	-2.701103	

第三,对国内生产总值进行检验。

(1) 检测 LNGDP 的平稳性。由表1-9可见,ADF 的检测值为 -1.217795,大于每个显著性的值。这说明 LNGDP 序列不平稳。

表1-9 LNGDP 的平稳性检验

		T - Statistic	Prob.
Augmented Dickey - Fuller Test Statistic		-1.217795	0.6427
Test Critical Values	1% level	-3.857386	
	5% level	-3.040391	
	10% level	-2.660551	

(2) 检测 LNGDP 一阶差分的平稳性。由表1-10可见,ADF 的检测值为 -2.497068,大于每个显著性的值。这说明 ΔGDP 序列有单位根,

ΔGDP 序列不平稳。

表 1-10 LNGDP 一阶差分的平稳性检验

		T-Statistic	Prob.
Augmented Dickey-Fuller Test Statistic		-2.497068	0.1324
Test Critical Values	1% level	-3.857386	
	5% level	-3.040391	
	10% level	-2.660551	

(3) 检测 LNGDP 二阶差分的平稳性。由表 1-11 可见，各种显著水平的临界值都大于 ADF 值，所以拒绝原假设，即表明$\Delta^2 GDP$序列没有单位根，$\Delta^2 GDP$序列平稳。综合以上两步可知，LNGDP 序列是 I(2)。

表 1-11 LNGDP 二阶差分的平稳性检验

		T-Statistic	Prob.
Augmented Dickey-Fuller Test Statistic		-5.147095	0.0010
Test Critical Values	1% level	-3.920350	
	5% level	-3.065585	
	10% level	-2.673459	

由表 1-3 至表 1-11 可知，在原始序列上，三个变量 LNCO_2、LNNEC、LNGDP 的检验结果均接受有单位根的假设，因此它们都是非平稳的；这三个变量经过一阶差分后，都不拒绝有单位根的假设，表明经过一阶差分后，变量依然不是平稳的；而这三个变量经过二阶差分后，都拒绝原假设，表明经过二阶差分后，变量都是平稳的，因此模型中的所有变量都符合 I(2) 的特征，即二阶单整，变量通过平稳性检验，满足了做协整检验的前提。

1.4.3.4 协整检验

应用计量经济学进行协整检验时有两种方法：EG 检验法和 Johansen 检验法。本章涉及多个变量的关系，所以选择 Johansen 检验法来检验时间序列之间是否存在协整关系。通过之前的单位根检验可以得出：三个变量均为 I(2)，满足进行协整检验的条件。见表 1-12。

表 1-12　协整检验

Hypothesized No. of CE (S)	Eigen Value	Trace Statistic	0.05 Critical Value	Prob.
None	0.958415	63.69121	29.79707	0.0000
At most 1	0.513604	12.41078	15.49471	0.1384
At most 2	0.053604	0.879081	3.841466	0.3485

从协整检验结果来看，三者存在长期关系，协整方程为

$$CO_2 = 1.704737 NEC - 0.403181 GDP \quad (1-2)$$

通过协整检验，发现 GDP、CO_2、NEC 有长期关系。下面我们进一步检验三者的关系。

1.4.3.5　格兰杰因果关系检验

接下来，我们将研究二氧化碳排放量和经济之间的因果关系，分析出它们之间到底是谁影响谁。

通过分析，我们发现 CO_2 排放量和 GDP 不存在因果关系。从经济理论来看，GDP 和 CO_2 排放量之间应该存在因果关系，上述检验之所以没有验证这一结论，是由于随着低碳经济道路的发展，低碳技术在不断更新，可再生能源的利用使得 CO_2 和 GDP 之间的关系不再那么显著，即经济发展不一定要以污染环境为代价。见表 1-13。

表 1-13　格兰杰因果关系检验

Null Hypothesis:	Obs	F - Statistic	Prob.
NEC does not Granger Cause CO_2	18	10.7513	0.0018
CO_2 does not Granger Cause NEC		1.30645	0.3041
GDP does not Granger Cause CO_2	18	3.25301	0.0715
CO_2 does not Granger Cause GDP		1.78688	0.2063
GDP does not Granger Cause NEC	18	1.39532	0.2825
NEC does not Granger Cause GDP		5.70722	0.0166

1.4.3.6　VAR 模型平稳性检验

滞后阶数的选取对 VAR 模型的影响很大，我们首先要确定最优滞后阶

数,这主要根据 AIC 和 SC 两个指标来选择。从表 1-14 可以看出,2 个评价量都选定滞后 3 阶为最优。那么根据惯例,我们最终决定构建 VAR(3) 模型。见表 1-14。

表 1-14 最优滞后阶数检验

Lag	LogL	LR	FPE	AIC	SC	HQ
0	76.31407	N.A.	3.60E-08	-8.62519	-8.478147	-8.610569
1	153.0442	117.3519	1.28E-11	-16.59343	-16.00528	-16.53497
2	168.6637	18.37591	6.69E-12	-17.37220	-16.34293	-17.26989
3	190.5658	18.03701	2.11E-12	-17.41971	-17.41971	-18.74393

进行模型估计,得出下列 VAR 模型:

$$Z = 0.163674 CO_2(-1) - 0.281592 CO_2(-2) - 0.363103 CO_2(-3) + \\ 0.544722 NEC(-1) - 0.063786 NEC(-2) + \\ 1.288273 NEC(-3) + 0.397386 GDP(-1) - 0.914227 GDP(-2) + \\ 0.829497 GDP(-3) - 2.079388 \qquad (1-3)$$

通过软件操作,我们确定了 VAR(3) 的系数,但该模型是否稳定还需进一步判断。从图 1-5 可以看出,所有的点都落在圆内,即单位根在圆内,这说明我们建立的模型是稳定的。

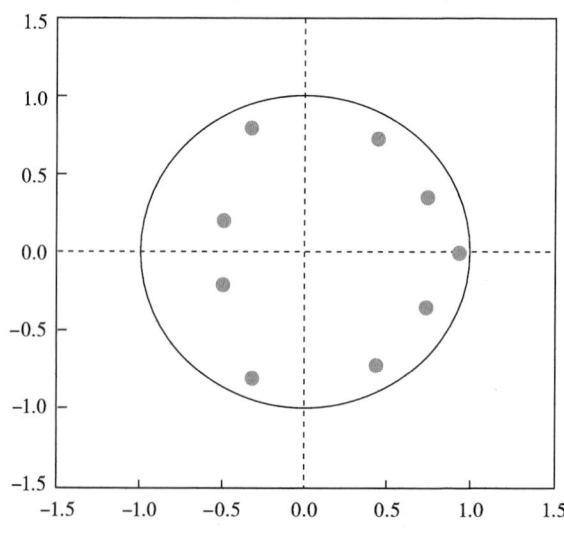

图 1-5 模型平稳性检验

1.4.3.7 脉冲响应分析

脉冲响应分析用来反映误差变化对内生变量的影响值大小,具体来说,就是自变量的波动是否会造成本期以及下一期因变量的变动。如果有,那么这种影响是否剧烈。脉冲响应分析对时间序列的研究十分有用。在上文判断了模型平稳之后,接下来就要对模型进行脉冲响应函数分析,以探究变量之间的短期均衡关系。本章所做的变量之间的脉冲响应图,如图1-6所示。

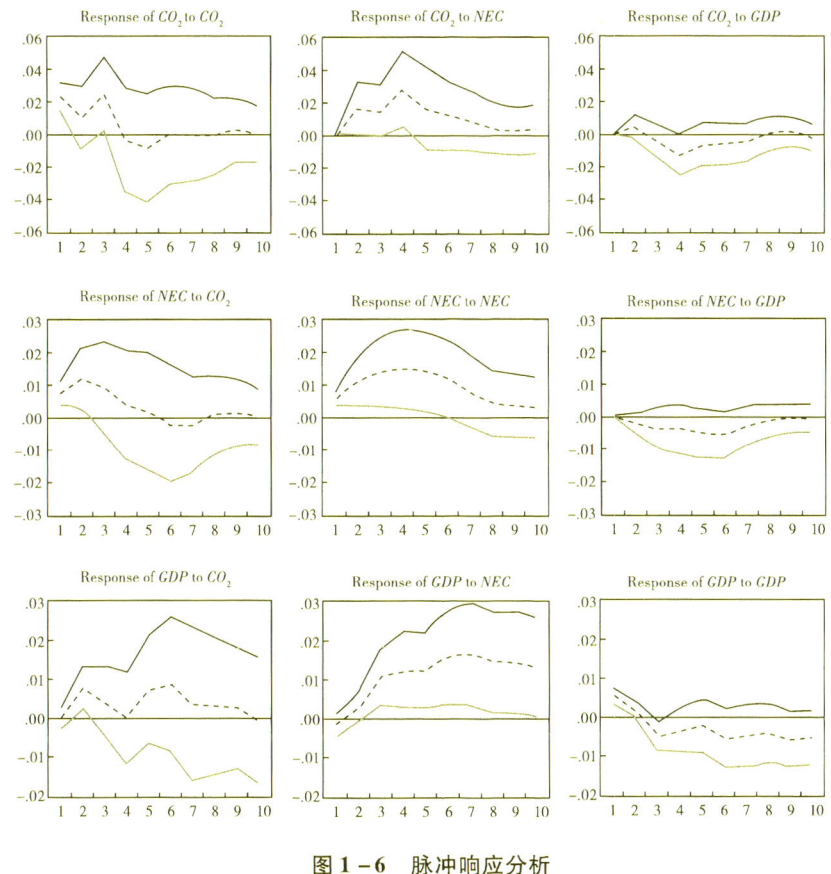

图1-6 脉冲响应分析

第一排图是二氧化碳排放量脉冲响应情况,其中,当碳排放量有变化时,其自身表现出强烈的正向反应,且迅速递减,冲击持续时间较长。二氧化碳排放量对能源的冲击表现出先增后减的反应,到第九期反应消失。

当 GDP 有一个正冲击后，二氧化碳排放量第一期没有反应，第二期有一个正向的反应，由于经济体的时滞性，GDP 受到冲击后对二氧化碳排放量当期的影响存在滞后性，因而第二期开始出现反应，第二期之后出现负向影响。

第二排是能源消耗的脉冲响应情况，其中，当碳排放量有变化时，能源消耗表现出强烈的正向反应，并在第二期达到峰值。当能源消耗有一个正冲击后，其自身出现先增后减的正向反应，第七期后趋于稳定，并逐渐消失。能源消耗对二氧化碳的冲击表现出强烈的正向反应，并在第二期达到峰值。能源消耗量对 GDP 的冲击表现出先增后减的负向反应，第五期达到最大，之后开始减弱，最后趋于 0。

第三排是 GDP 的脉冲响应情况，其中，当碳排放量有变化时，GDP 对二氧化碳的扰动没有做出反应，第二期开始表现出强烈的反应，达到峰值 0.07，GDP 表现出波动的正向反应，最后趋于 0，说明二氧化碳排放对 GDP 有一个滞后作用。GDP 对能源消耗的冲击几乎没有反应，最开始只有 0.01 的变化，之后一期反应开始变强，第六期达到最大，随后趋于平稳。当 GDP 有一个正冲击后，其自身最开始表现出同向反应并达到峰值，接近 0.05，随后逐渐开始下降，到第二期时出现负向反应，随后趋于平稳。

1.4.3.8 方差分解

在一个系统模型中，每个变量之间都是相互影响的，我们称之为贡献，如果想要分析每个变量受其他变量影响的多少，可以通过方差分解来分析。表 1-15 展示的是变量 CO_2 的方差分解。从中可以看出，CO_2 自身的影响随着时间的延长出现大幅的下降，到第十期时，其方差贡献是 41.62%；能源消费第一期没有贡献，第二期后开始稳步上升，最后稳定在 49% 左右；GDP 第一期没有贡献，第二期后贡献值开始缓慢增加，第十期时稳定在 9%。

表 1-15 展示的是变量 NEC 的方差分解。从中可以看出，最初 CO_2 的贡献值最大，随后逐渐下降，到第十期时，其方差贡献是 22.10%；能源消费第一期贡献 36.44%，后期还在稳步上升，第十期后稳定在 70.06% 左右；GDP 第一期没有贡献，第二期后贡献值开始缓慢增加，到第十期时稳

定在 7.84%。

表 1-15 展示的是变量 GDP 的方差分解。从中可以看出，CO_2 在第一期只有 0.03% 的贡献值，第二期出现强烈反应，贡值达到 57.69%，随后开始下降，到第十期时，其方差贡献是 12.07%；能源消费第一期贡献 8.10%，第二期稳定，第三期出现强烈反应，贡献值达到 46.70% 之后继续上升，第十期时达到 78.00%；GDP 第一期贡献 91.87%，第二期后快速下降，到第十期时贡献值为 9.92%。

表 1-15 方差分解

Variance Decomposition of CO_2				
Period	S.E	CO_2	NEC	GDP
1	0.023634	100.0000	0.0000	0.0000
2	0.030513	71.3204	26.5499	2.1296
3	0.042034	72.6845	25.2488	2.0666
4	0.051743	48.4722	44.1188	7.4089
5	0.055021	45.1019	47.0644	7.8337
6	0.056397	42.9319	48.6320	8.4360
7	0.057172	41.7819	49.3262	8.8918
8	0.057262	41.6827	49.4320	8.8852
9	0.057362	41.7987	49.2921	8.9092
10	0.057483	41.6237	49.3684	9.0078
Variance Decomposition of NEC				
Period	S.E	CO_2	NEC	GDP
1	0.009101	63.55501	36.44499	0.000000
2	0.018431	55.89888	42.77230	1.328823
3	0.025066	43.21988	53.78876	2.991623
4	0.029504	32.69881	63.42600	3.874751
5	0.032882	26.54530	67.61963	5.835071
6	0.035441	23.34640	69.01073	7.642877
7	0.036382	22.66501	69.44780	7.887190
8	0.036648	22.36128	69.76252	7.876202
9	0.036826	22.22272	69.90901	7.868264

续表

Variance Decomposition of NEC				
Period	S.E	CO_2	NEC	GDP
10	0.069240	22.10647	70.05531	7.838224
Variance Decomposition of GDP				
Period	S.E	CO_2	NEC	GDP
1	0.005834	0.03009	8.09900	91.870920
2	0.010244	57.68960	7.81317	34.497220
3	0.015943	30.52400	46.69933	22.776670
4	0.020896	18.83915	64.78924	16.371610
5	0.024829	20.93593	67.37498	11.689090
6	0.030987	20.97633	68.71012	10.313550
7	0.035463	16.99809	73.34943	9.652485
8	0.038602	15.03935	75.88516	9.075492
9	0.041580	13.35298	77.09335	9.553667
10	0.043783	12.07169	78.00605	9.922255

1.4.4 结果分析

通过本节的实证分析，可以得出以下结论：

（1）通过协整分析，我们发现三个指标间存在长期关系。格兰杰因果分析 CO_2 排放量和 GDP 之间不存在因果关系，从经济理论来看，本章认为可能是可再生能源的利用使得 CO_2 和 GDP 之间的关系不再那么显著。三者近 20 年的变化趋势也能印证该结论，在变化趋势中，碳排放量近 5 年呈现下降趋势，但是经济仍然在稳步增长。

（2）从脉冲响应分析，发现曲线整个变化趋势是先上升后下降。曲线的上升，意味着碳排放量的增加会导致经济增长，结合实际来看，这符合我国高碳发展的国情；曲线的下降，意味着碳排放量的增加导致经济增长的幅度越来越小，结合实际来看，之所以会出现这种情况，是因为我国正在走低碳经济道路，经济结构开始转型，经济增长对二氧化碳排放量的依赖逐渐降低。能源消耗总量对我国经济增长也会有一个正向冲击，整体的趋势也是先升后降。在原始经济模式下，我国的经济发展主要依靠第二产业，而第二产业的发展需要消耗大量的能源，第二产业发展迅速，是能源消耗量增加导致经济增长幅度增加。第六期之后曲线开始下降，是因为低碳技术的进步，导致经济发展对能源消耗的依赖程度越来越小。

（3）从方差分解分析，发现二氧化碳排放量对经济增长的影响力先升高后降低。从我国最近20年的发展来看，经济结构在转变，在最初高碳经济发展时代，我国经济发展完全依赖对环境的破坏，并且高污染行业还在不断地发展，这也是碳排放量对经济增长的影响力逐渐升高的原因，之后随着经济结构的转变，低碳经济的深入发展，碳排放和经济的关系减弱。能源消耗的影响力逐年升高，是因为低碳技术进步、新能源开发利用及化石能源转化率提高。在提高能源效率的同时减少了能源使用过程中的污染排放，从而提高了经济产值，导致能源消耗对经济的影响逐年升高。

1.5 政策建议

1.5.1 调整能源消费结构

在化石能源中，燃烧单位煤释放的二氧化碳量最多，燃烧单位天然气的二氧化碳排放量是煤的60%。清洁能源有风能、太阳能、核能等，这些能源的使用不会排放二氧化碳。从能源方面着手，低碳经济应该多使用清洁能源，少使用化石能源。

调整能源结构是走低碳经济道路的有效途径，这可以减少碳排放量，但每个国家能源结构都不同，且能源有限，往往是能源结构的调整在实际中很难操作，特别是我国属于缺油少气类型，很难做到自由操控能源结构，而且受科学技术发展所限，对于清洁能源还做不到大规模使用，因此短时间内调整能源结构的可行性不高。既然短时间内改变不了能源结构，我们就应该从技术角度出发推动低碳经济发展，根据我国的现状，扶持清洁能源的开发利用。因此，我们应从其他方面出发，发展科技，减小化石能源的污染性。

1.5.2 调整产业结构

当前，简单地采取节能政策必然会对经济产生一定的影响。适当调整产业结构可以在不影响经济发展的同时减少二氧化碳的排放。由于农业生产很少使用商品能源，所以农业碳排放量相当有限，而第三产业主要是服务业，在服务过程中会有一些二氧化碳排放，但排放量也较有限。碳排放量主要集中在第二产业，如工业制造、交通运输、房屋建造中。就像之前的能源结构一样，发展中国家多是以第二产业为主导，在这种产业结构下很难遏制二氧化碳的排放，所以我国必须改变第二产业占比，推行相关政策，大力推动第三产业的发展，提高第三产业的占比，向低污染的服务业、旅游业发展，在这样的产业结构下，才可以实现生态的可持续发展。产业结构并不能人为地改变，只有在工业化充分后才能由以工业为主导向以服务业为主导转型。我国如果单纯地实行节能政策，必然会影响经济的增长，这一结果是由当下不合理的经济发展模式造成的。我国的第二产业占比过大，新兴产业的发展速度迟缓，这种发展方式不仅会导致能源短缺，而且会严重破坏环境。要解决能源短缺问题，当务之急是积极调整产业结构，落实节能减排政策，鼓励从高能耗和污染的第二产业逐步转向以新能源产业和服务业产业等为代表的第三产业。

除了降低第二产业的占比，也可以从每个产业的内部做出改变，对第一产业而言，可以从原始农业发展向绿色农业转型，尽可能减少农药和化肥的使用，以无污染、无公害的生产方式发展新型绿色农业，为社会提供更健康的食物。对第二产业而言，可以将各行业按高、中、低排放划分，尽可能地发展较低碳排放量的工业，减少高排放量的工业。对于第三产业而言，要大力发展服务业，推动低排放新型产业的发展，使产业结构逐渐走向绿色化，实现经济的可持续发展。

1.5.3 加强技术创新

要想推进低碳经济的发展必须大力发展低碳技术。要想减排，就要从技术创新着手。

在新型合作机制下，发达国家可以减少二氧化碳减排过程中消耗的资金，发展中国家可以学习低碳技术，并且大量吸收碳减排资金，为自身经济发展创造有利条件。同时，走低碳经济道路还应大力推进碳中和技术的发展。

通过技术进步可以更好地实现节能减排以及新能源的开发利用，搭建好企业与政府、资源与技术研究相互关联的桥梁，制定并完善实现低碳技术创新的鼓励政策，以此激励企业加大对低碳技术发展的投资，大力宣传节能减排技术。首先，国家应相应地加大对科技研发类的财政鼓励，在税收和财政政策方面给予扶持，鼓励企事业单位尤其是高耗能的大型国有企业加大对科技研发的投入力度。其次，各地区应立足于本地特色和各类资源，不遗余力地发展新能源技术、生物技术等。最后，应该把引入的技术和本地自主研发的技术相互结合，以促进各地区的技术开发，更好地为各地区的发展服务，充分利用国家对各地区的各种扶持政策，实现节能减排和经济可持续发展的目标。

1.5.4 提高居民的低碳意识

节能减排、保护环境不仅是政府一方的义务，更是每一位公民必须承担的责任。政府部门应通过电视、网络等各种媒体大力宣传节约能源、保护环境、减少碳排放等相关知识。政府部门也要制定政策对节能减排先进单位和个人进行表扬，努力营造一个良好的氛围，对碳排放过多、能源浪费严重的企业和个人进行严厉的批评和整顿。通过各种途径广泛宣传，充分调动起大家的积极性，使人们自觉行动起来，将节能减排、低碳环保的理念覆盖到日常生活的每一个方面。

全体公民应从日常生活着手，例如，每周少开一天车、多走几步路，出行尽量选择城市公共交通，上下楼尽量不乘坐电梯，少使用一次性的物品，去超市购物自带购物袋，更换节能灯泡，多参加义务植树活动等。这些看似随意的选择，却深深地影响着我们生活的质量，我们每个人都要自觉承担起环保的责任，为低碳发展献一份力。

1.5.5 完善政策机制

走低碳经济道路首先应该从政府出发，政府可以通过相关法律和政策的实施推动低碳经济发展。

在法律方面，政府应该结合实际完善环境保护有关法律法规，明文规定哪些破坏环境的行为属于违法行为，同时规定哪些属于严重破坏环境行为哪些属于轻度破坏环境行为，根据环境破坏程度划分等级，针对每个等级制定与之相匹配的惩罚制度。环境保护法可以作为人们的行为准则，时刻约束企业和个人，并且对违反相关法律的人实施惩罚，同时应加强对环境保护的执行和监督力度，杜绝徇私行为的发生。随着法律的完善，笔者相信生态文明建设成果定会更加丰硕。

在政策方面，要想更好地实施低碳经济，政府部门应该根据实际情况制定相关政策。对于低碳行业，应该从政策上给予鼓励和支持；对高碳行业应强调节能减排，鼓励低碳技术的研发。同时，可以对低碳资源进行补贴，鼓励对低碳资源的使用，对高碳资源征税，遏制高碳资源的使用，促进低碳市场化。政府部门应该积极宣传环保意识，改变人们的想法；同时，对低碳产品的补贴对企业和个人都有一定的益处，从市场购买机制上促进低碳的发展。随着低碳市场机制的形成，低碳的发展也将正式步入正轨。

1.6 研究结论

本章利用计量经济学的方法，分析我国低碳经济的发展与经济增长之间的相关关系，并构建了 VAR 模型。在此，笔者选择碳排放量、能源消耗总量、国内生产总值三个指标进行实证。通过协整检验，发现 GDP、CO_2、NEC 有长期关系。通过格兰杰因果检验，发现随着低碳经济道路的发展，低碳技术在不断更新，可再生能源的利用使得 CO_2 和 GDP 之间的关系不再那么显著，即经济发展不一定要以污染环境为代价。

从三者近 20 年的变化趋势也能印证该结论，在变化趋势中，二氧化碳排放量近 5 年是逐年下降的，但是经济仍然在稳步增长。通过脉冲分析和方差分解分析，我们发现二氧化碳的排放量对经济增长的影响在不断地减小。

低碳经济的发展逐渐改变着国际贸易结构，改变着国际合作关系，改变着我国的产业结构和能源结构，改变着居民的生活方式，这些都会影响我国经济的发展。笔者分析发现，低碳经济的发展使得原始的高碳经济模式发生了改变，经济的发展不再完全以破坏环境为代价，不再无限制地使用高碳能源。在新型的经济模式下，我国经济依然稳步发展，生态保护和经济发展同步进行。

本章对低碳经济对我国经济增长影响的研究还有很多不足之处，还有很多可以改进和完善的地方，主要不足之处有：①碳排放量数据不够准确。在经济生活中，造成碳排放的方式十分多元化，原因非常复杂，而本章仅以国家统计局统计的二氧化碳排放量为研究对象，数据的准确性不足。②研究方法较单一。本章仅运用建立 VAR 模型的方法进行研究，方法较为单一，对于 GPD、CO_2、NEC 三者间的关系还可以引入"脱钩"理论进一步探讨。

第2章 能源价格与我国产业低碳化发展的关系研究

2.1 绪论

2.1.1 能源价格与产业低碳化发展的国际、国内背景

2.1.1.1 国际背景

进入21世纪以来,世界各国都在变化中寻求发展机遇。能源作为一种世界性的战略发展要素,其价格的波动更是备受瞩目。自20世纪70年代以来,能源价格水平从低迷走向繁荣,在几经沉浮后渐趋稳定,但在稳定的同时又充斥着很多不确定因素。以石油价格为例,1973年以前处于低油价阶段,随后战争及国家政策的变化,相继引发了第一次石油危机、第二次石油危机,石油价格也急剧上涨。随着科技的进步,石油勘探技术也在不断发展,石油开采成本下降,油价也随之下降。1999年,石油价格经历过短暂下跌后,又迎来了一路攀升,并在这一时期达到了历史最高水平。石油作为能源市场的大宗商品,其代表性不必多说。我们从石油价格的变化中可以很明显地感知到,能源价格的波动相较于其他商品而言更为频繁,其影响因素极为复杂,相关文献著作也是数不胜数,本章对此也不再做深入探究。

在能源价格持续波动的同时,发生了一场世界范围内的产业转移。西方国家无论是民众还是政府都对环境问题忧心忡忡,为了找到更好的解决办法,社会各界都做出了很多努力。学者们也从这一阶段开始研究产业升级的问题,而污染产业转移作为产业升级过程中必不可少的环节,也随之

进入学者们的视野,环境库兹涅茨曲线理论、"污染天堂假说"等环境研究理论相继问世。正如我们所看到的那样,大量的工业产业从发达国家向发展中国家转移,这其中不乏污染产业,因此发展中国家的生态环境面临着严峻的考验。作为发展中大国的中国,同样面临这个挑战,为了缓解经济增长对环境污染所造成的影响,避免走其他国家"先污染后治理"的老路,我国逐渐对传统的工业企业进行了大规模整治,试图以一种更加绿色、更加高效的方式来进行产业转移。由于国内石油产量下降以及进口量增加,2017年,我国石油对外依存度达到67.4%,较上年上升3%,再创历史新高。能源行业对我国发展的严峻程度,也使得围绕能源产生的多种因素受到学者广泛的关注。

2.1.1.2 国内背景

根据经济发展水平的差异,通常可将我国划分为东部、中部、西部三个区域。我国能源价格的波动状况大体上跟随着国际市场上相关能源的价格而变化。石油作为对外依赖程度较高的能源产品,其价格波动自然是紧随国际能源市场。然而,我国的煤炭价格却大大低于国际市场价格,这一是因为我国煤炭储量较大,二是因为我国长期实施的低价政策。作为我国的基础性能源,煤炭对新中国成立初期工业的发展至关重要。新中国成立以来,我国工业发展对煤炭的依赖性一直都特别强,不过近年来,随着科技水平的提高,新能源逐渐活跃在能源市场上。为了更加健康、更可持续地发展,我国在煤炭的开采及使用上进行了很大程度的管制,并且大力支持开发利用新能源。目前,我国已经初步建立了煤炭价格市场化机制,煤炭定价更多依靠市场,而不再是政府。

中共十九大报告首次提出建设生态文明是中华民族永续发展的千年大计,这足以体现出国家领导人对环境问题的重视。这不仅是因为我国当前环境问题的严峻,更是为了明确我们今后的奋斗目标,为我们的美好生活定下一个总基调。建设美丽中国,首要的便是对污染产业的整治。随着东部沿海城市经济的快速发展,大量的污染产业开始向中西部地区转移,中西部地区由于长期经济发展动能不足、生产力水平落后等原因,对东部沿海城市的产业进行了承接,在很大程度上忽视了这些产业所带来的污染问题。我国在认真总结发达国家产业转移经验的同时，也在不断地进行反思。"先污染后治理"的发展道路显然已不适用于 21 世纪。基于此，我们从能源价格的角度对这种趋势进行合理的分析，以便了解能源价格对我国污染产业转移所产生的影响。

2.1.2 研究意义

对于任何一个国家、任何一个时代而言，污染产业对生态环境的影响都不可忽视。随着可持续发展以及绿水青山就是金山银山理念的相继提出，我国一次又一次地将生态环境问题提升到新的高度。各级党委和政府对生态环境污染问题高度重视，应正视问题、着力解决问题，而不应去掩盖问题。鉴于此，本章提出能源价格对我国污染产业转移影响的实证研究这一课题并进行深入研究，旨在通过揭示能源价格与我国污染产业转移之间的关系，探索出适用于我国污染产业转移的政策安排。

2.1.2.1 理论意义

近年来，中国学术界对于我国污染产业转移的研究相对较少，而对于能源价格对我国污染产业转移影响的专题研究更是寥寥无几。把能源价格与污染产业转移联系在一起还是在 20 世纪下半叶到 21 世纪初，由于产业升级的需要以及劳动力成本的上升，大批的污染产业由发达国家转移至发展中国家。当时，国外学者出于对自己国家需要的考量，所进行的研究大都考虑的是发达国家自身的利益，并由此开启了一条"先污染后治理"的发展道路。因此，国外学者当时的研究成果很难直接应用于我国国家政策对于能源价格的调控上来。要想对污染产业转移有更深层次的了解，探究能源价格对污染产业转移的影响，必须要将视角转移到我国，这在很大程度上需要在理论上进行创新。而本章正是从一个全新的视角，即从能源价格变动的视角来探讨我国污染产业的转移特点，这本身就具有一定的理论意义。

建设生态文明，必然要对我国污染产业转移问题进行合理性研究。20 世纪末，西方国家纷纷进行产业升级，这使得我国东部沿海城市成为其低端产业的重要集散地。自 21 世纪以来，我国东部沿海城市的经济也得到了快速的发展，大批产业同样亟待转型升级。那么该如何引导我国污染产业的转移呢？又该如何调整能源价格以适应产业发展呢？这是摆在我们面前的两大课题。价格是市场机制的核心，能源价格的改革，无疑会使我国产业格局发生一定程度的变化，但是这种变化究竟显著还是轻微，我们不得而知。本章就是从能源价格的角度来分析论证其对我国污染产业转移影响的。

2.1.2.2 实际意义

改革开放以来，我国经济规模发展迅速。伴随着几十年的飞速增长，2010年，中国正式成为世界第二大经济体。然而近年来，在政府的宏观调控下，我国的经济增速日趋平稳。很多人质疑为什么我们不趁着这大好势头继续加大投入以便赶超美国，反而主动放缓经济增速呢？笔者认为，21世纪以来，与经济增速同样吸人眼球的无疑是我国污染程度的进一步加重。其实，我们在追求经济利益的同时，有时是以破坏生态环境为代价，凭借着土地以及劳动力的优势，一些污染企业进来了。在承接西方国家产业转移的同时，中国成了污染产业的受害者。近年来，国家大力整治污染企业，旨在根治我国的污染问题。因此，研究分析能源价格对污染产业转移的影响，对我国环境的治理、政策的制定都有一定的实际意义。

中共十九大报告也明确提出了对我国未来几年产业发展的要求，要壮大清洁能源产业。清洁能源的开发与使用对我国经济增长以及环境保护来说无疑是双赢的。在我国，能源价格受政府政策的影响较大，尽管2016年以来我国能源市场化改革持续推进，效果显著，但是与发达国家的能源市场相比，我国的还不够活跃。能源价格对于能源产业的发展起着至关重要的作用，我们要想推进能源生产和消费革命，必须以能源价格为抓手，通过能源价格来更好地调节产业转移。在2018年政府工作报告中，可以发现国家对污染产业转移的重视。通过综合利用各项环保措施，将污染问题治理到底，就需要持续关注污染产业的转移问题，那么影响污染产业转移的因素有哪些？或者说能源价格的变动对污染产业转移会产生多大的影响？本章将分析能源价格对我国污染产业转移的影响，这必然更加具有针对性和时效性。

本章研究技术路线如图2-1所示。

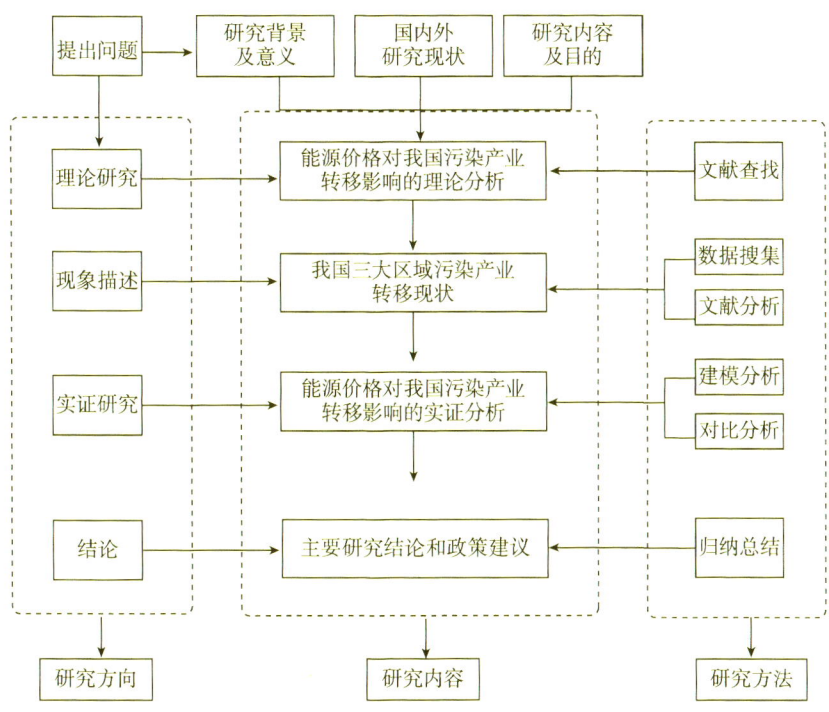

图2-1 研究技术路线

2.2 国内外文献综述

2.2.1 国外文献综述

2.2.1.1 能源价格的理论研究

20世纪70年代以来,大量国外学者开始对能源价格进行研究,所研究的范围涉及能源价格的方方面面,如能源价格的影响因素、能源价格与能源消费、能源价格相关政策等。

对于能源价格的相关研究,国外开始得比较早。早在1976年,Diana E. Sander就在"能源年度回顾"上发表了一篇题名为《能源价格》的文章。她在文中强调,价格实质上是一种分配供给的设备,政府会采取各种各样的政策来对能源市场这一关键领域进行监管。她建议在面对当时的能源问题时，应该更多地依赖市场的力量，发挥能源市场的主观能动性。21世纪以来，我国也陆续开始实施能源市场化的相关政策，以便更好地促进能源行业的发展。在分析能源价格的相关影响因素时，Hogan（1989）认为人们对于能源的需求对能源起着最为关键的作用。他通过设定能源价格循环模型，指出能源价格的制定几乎完全由其需求量所决定。21世纪初期，国外学者更多研究能源价格与环境污染之间的关系。Chang-Tai Hsieh 和 Peter J. Klenow（2009）对能源价格扭曲理论进行了研究，以资源配置效率相同为前提，分别算出中国和美国在能源价格扭曲下的生产效率，发现如果中国企业的资源配置效率可以达到同时期美国水平的话，其生产率将会提高，而能源浪费的现象也会减少。X. P. Shi、S. Z. Sun（2013）运用相关模型来研究我国能源价格对经济发展的影响。他们认为我国能源价格扭曲的现状必须得到合理解决，否则必定会对我国经济发展产生不良的影响，无论从长期发展还是从短期发展来看，我国的经济发展都与能源价格密切相关。A. J. Perez Linde、S. Chinthalapalli、D. Carnevale（2015）通过模型分析的方法对我国工业部门现状进行了研究，发现我国能源价格扭曲。我国的能源在很大程度上依赖政府法律法规的制定，而这种价格也势必会影响到我国工业产业的资源配置效率。当前，我国的工业部门要素配置效率不是非常高，必须要通过能源价格政策的调整来改善工业部门经济发展状况。国外学者对能源价格的研究涉及面非常广泛，本章也只做简要介绍。本章的研究重点是能源价格与污染产业之间的关系，所以在此仅对能源价格做一般性介绍。

2.2.1.2 污染产业转移的理论研究

工业革命后，西方国家的工业生产水平飞速发展，物质生活条件得到了很大程度的提高，但是工业的发展很快就导致了环境的破坏，各国开始对环境问题进行集中整治。国外学者纷纷开始研究污染产业转移，污染产业转移的相关理论也应运而生，"污染避难假说"理论就是其中的一条。William J. Baumol、Wallace E. Oates（1988）通过对环境政策进行研究，系统地证明了"污染避难假说"的存在。二人认为，由于发达国家与发展中国家经济水平上存在差距，客观上形成了双方在环境标准上的差距，也正是因为这种差距的存在，西方发达国家开始向发展中国家进行产业转移，它们所转移出的产业大都是高污染、高消耗的劳动密集型产业，这也使得一些发展中国家慢慢沦为发达国家发展进程中的受害者。不过也有很多学者对"污染避难假说"持否定态度，如 Tobey（1990）运用回归分析方法对一些国家的环境管制强度与污染产业之间的关系进行计算，在其计算结果的基础上提取相关因素进行研究。他指出，环境标准制定的强度对于污染产业转移的影响并不是至关重要的，污染产业转移是很多因素综合作用的结果，其中环境政策强度的影响微乎其微，因此该假说并不成立。相对而言，更多的学者还是倾向于相信这一理论，而且有越来越多的学者开始对其进行论证，如 Akbostan（2007）就对"污染避难假说"进行了验证。他以土耳其为例，选取该国 20 世纪末的面板数据为材料，进行深入分析后发现，由于土耳其所执行的环境标准相对宽松，使其成为大量工业废弃物的集聚地。发达国家在产业升级过程中，将大量低端高耗的产业转移至土耳其，使该国成为真正意义上的"避难所"。

除此之外，也有很多学者研究国际产业转移中的污染产业转移问题。有些学者认为，在国际产业转移的过程中，并没有特别倾向于污染产业，如 Eskeland（2003），在研究污染产业转移这个问题时以拉美国家为例，重点研究了委内瑞拉等国，发现这些国家在进行产业承接的过程中，严重污染产业只是其中的一部分，而且其所占比例也比较合适，并不能体现出对于污染产业转移的刻意之处。然而，也有一部分学者认为国际产业转移更倾向于污染产业的转移，如 Costantni（2007），以欧盟国家对外产业转移为例指出，欧盟国家对外输出的产业大都属于"三高"行业，产业输出后，输入国家的生态环境都受到了一定程度的影响。因此，他认为国际产业转移的过程中，污染产业转移才是那些产业输出国的最终目标。被研究国家的国情不同，每个国家所处的发展阶段及发展程度也不同，这就在客观上造成了研究结果的不同。

2.2.1.3 能源消费的理论研究

随着能源问题愈加突出，很多学者开始从各个方面对能源进行研究。

早在20世纪70年代，就有很多学者开始对能源消费的研究。到目前为止，学者们主要围绕以下几个方面对能源消费进行研究：经济增长与能源消费、对外贸易与能源消费、经济结构与能源消费以及能源价格与能源消费。

J. Kraft和A. Kraft (1978)就是从经济增长与能源消费的角度入手对能源消费进行研究的，他们将美国1947—1974年这27年间的能源消费和经济增长的数据挑选出来进行实证分析，深刻地探讨了美国的GNP与能源消费之间的关系。研究结果表明，两者之间是从GNP到能源消费的单向因果关系，这也证明了经济增长可以促进能源消费。Toshihiko Nakata (2004)则从经济结构与能源消费的角度对能源消费进行分析，对经济与能源之间的供需关系进行实证研究，并从该角度出发探讨能源消费过程中出现的问题。该研究体现了经济与环境之间的关系，因此提出在探讨能源消费结构的同时，还要考虑经济对能源的需求以及经济对环境的影响这两方面的问题。Peter和Hertwich (2006)则将对外贸易与能源消费联系起来，以挪威为例，计算出挪威二氧化碳排放与其进出口之间的关系，研究发现，在挪威有72%的二氧化碳排放是出口引起的，而对于国内生产总值而言，出口的贡献率仅为38%。Ugur Soytas、Ramazan Sari和Bradley T. Ewing (2009)对能源价格与能源消费之间的关系进行了研究，通过构建VAR模型对碳排放量的增长因素进行分析，通过研究发现碳排放量并没有对经济增长产生很大的影响。X. L. Zhao、N. Li和C. B. Ma (2012)通过对中国城市居民能源消费量的变化状况进行分析，发现我国的能源价格与能源结构尽管在一定程度上促进了经济的发展，但在很大程度上抑制了能源消费的增长。Domingo Zarzo和Daniel Prats (2018)同样从该角度来分析能源消费，特别提到了海水淡化技术、可再生能源等与环境保护息息相关的词汇。他们认为优化能源成本的一个重要因素就是选择适当的能源价格以及生产与储存组合，适当的生产管理策略可以大大降低能源成本。

2.2.2 国内文献综述

2.2.2.1 能源价格理论研究

国内对于能源价格的研究是从20世纪末才陆续开始的。在改革开放后的一段时间内，能源问题一度成为我国经济发展的屏障，所以当时的学者对于能源价格的研究，大都是基于能源价格与国民经济之间的关系来展开的。随着经济的飞速发展，人们的生活质量以及生活环境都发生了一系列变化，很多学者开始研究能源价格与我国生态环境之间的关系。

田新翠、雷钦礼、吕月英（2010）基于现代经济学非均衡理论，运用道格拉斯生产函数的相关知识研究石油价格波动对我国经济的影响，在研究中发现了石油价格与经济增长之间的对应关系，即从长远来看，经济与石油价格之间呈负相关，石油价格的上涨在一定程度上会限制我国经济的发展，然而从短期来看，石油价格上涨会对我国经济的发展产生一定的刺激，进而推动经济的增长。陆化宇（2014）基于总量效应视角和结构效应视角研究能源价格波动对经济的影响。作者将理论分析与实证分析得到的结果进行比对，发现两者所得出的结论并不完全一致，即能源价格波动与地区生产总值以及物价水平是正向相关的。其研究结果表明，能源价格对东、中、西部地区的影响是有差异的。因此，在政策建议部分指出，应该在立足我国经济平稳发展的基础上，针对不同的地区进行相应的政策安排。高志远（2015）也曾利用 CGE 理论和 SAM 理论分别构建能源价格研究模型及表格，以此研究能源价格波动对我国国民经济的影响。他以一次能源和二次能源为能源划分类型，分别研究了两者的价格波动状况，并针对国民经济的相关方面进行对比分析，从税收政策、节能政策、政府补贴、形势机遇的角度对能源价格改革提出了自己的看法。

改革开放以来，我国能源价格改革的呼声从未停止过，很多学者通过建立计量模型以及函数运算的方式对改革的必要性提出了明确的要求。林伯强（2018）在发表的题为《能源改革推进能源生产和消费革命》的评论性文章中，指出我国一些能源价格实施的是指导定价政策，无法充分反映能源市场供需情况，也完全没有将资源短缺与环境污染的相关成本计算在内，所以存在着很大程度的交叉补贴现象。我国的能源价格机制缺少对消费者的价格奖励，不利于能源的有效利用，因此，能源体制机制改革必定是今后一段时间中的重中之重。康继军、丁丹、刘晓红（2018）等通过构建 Divisia 能源价格指数以及 VAR 模型，深入分析了能源价格对我国居民消费价格指数的影响,并探讨能源价格与中国的核心通货膨胀之间的关系。他们指出,在开始阶段,能源价格波动对通货膨胀表现出正向的影响,而且这一影响在短期内会不断加强,并在 13 个月左右达到峰值,之后会迅速下降,最后在约 18 个月后渐渐消失。

2.2.2.2 污染产业转移理论研究

近年来,随着国家环境治理强度的不断加大,污染产业转移相关研究在学术界成为热点话题。学者们对于污染产业转移的研究主要集中在以下几个方面:污染产业转移对生态环境的影响、污染产业转移过程中的区位选择、污染产业转移的驱动因素、污染产业转移与中西部发展等。

林麟(2006)与晏彤(2016)分别就污染产业转移的影响因素以及污染产业的环境效应进行了分析。林麟以"污染避难所假说"为理论基础,建立了一个简单的多元线性回归模型,分别从经济、政策等方面阐述了污染产业转移的影响因素。他指出污染产业转移本身就存在着一定的成本,这个成本就是污染产业转移的壁垒,我们在分析时可以将其细化为退出壁垒和进入壁垒两个方面,并由此可以知道环境成本对污染产业转移的影响不是唯一的。晏彤则将我国的所有产业划分为重度、中度、轻度污染三类产业,在进行产业划分之后便根据偏离份额法计算出污染产业的分布区位以及变化状况,最后从环境效应的角度对污染产业转移进行深度分析。他在文中指出,近年来,我国不同程度污染的产业在地区分布上存在着显著的变化,但是整体而言,污染产业仍然占据着相当大的比重,其中轻度污染产业的转移趋势并不明显,主要是重度及中度污染产业由经济发达地区向经济欠发达地区转移,这也恰好与我国当前污染产业转移的方向相对应。刘文宇(2017)同样从排污成本差异的角度分析了我国污染产业转移的影响因素,认为排污成本差异是污染产业转移的内在动力,我国东、中、西三地在环境管制以及地方性环境法规政策方面存在着显著差异:中西部欠发达地区由于长期经济发展动能不足,制定了差异化减排标准,更有甚者,公然对环境污染产业进行松懈管理,不顾当地的环境问题。

姜奕(2012),王志涛(2016)对污染产业的研究则是集中于污染产业转移对我国中西部地区的影响。两者的不同之处在于姜奕的研究更多集中在西部地区的生态环境问题上,而王志涛则更多集中在中西部地区经济发展问题上。姜奕以我国西部地区承接产业转移为切入点,分别从国际、国内两个层面来研究污染产业转移与环境质量的关系。他在文中指出,近年来,西部地区高速发展的背后,环境问题堪忧。政府制定的环境标准差异、环境监管"老大难"问题以及环境成本内部化差异是我国污染产业转移到西部地区的主要原因。王志涛运用面板平滑转换模型,针对我国不同收入时期各区域污染排放的差异展开研究,指出我国污染产业转移至中西部地区之后,给中西部地区带来了明显的经济效应,但是也给当地居民健康带来了新的风险。结论表明,我国各地区之间在进行产业承接的过程中会忽略很多方面的问题,所以中西部地区在进行产业承接时要制定合理的承接政策,从而更好地促进当地经济的可持续发展。

张彩云、郭艳青(2015)从环境规制的视角对污染产业转移进行研究,他们研究的重点是污染产业转移能否实现经济和环境的双赢:首先从污染产业转移的影响因素进行理论分析,其次利用面板数据进行经验考察,最后给出一些政策建议。其中一个结论是环境税的征收。他们认为政府可以从生产者与消费者之间的关系出发,污染企业所造成的环境损失由买卖双方共同承担,从源头上进行控制,倒逼各企业做出应对,研发新技术,降低单位产品能耗。成艾华、赵凡(2018)运用偏离份额分析法对中国区域间产业转移与污染产业转移进行定量测度,研究结果表明:第一,1998—2005年,我国大部分行业主要向东部地区集聚。2005年开始,中国东部地区的产业向中西部转移的规模不断扩大,但2012年以后该趋势逐渐变缓。第二,从省级尺度看,根据1998—2014年各省产业转移总量的正负和变动趋势可知,中国工业产业转移可以明显分为产业净转出区、产业强转入区、产业弱转入区三类区域。第三,从区域间污染转移的情况来看,东、中和东北地区除了少数几个省均为污染净转出区,西部地区除了四川和重庆外均为污染转入区,西部地区成为承接污染转移的主要区域。

2.2.2.3 能源消费理论研究

早在20世纪80年代,我国学者就开始研究能源消费这一课题。张思平(1980)指出,要想解决好我国的能源问题,首先,要搞好能源的"开源节流",想方设法使我国的能源政策适应国民经济的发展。其次,国民经济的发展也要体现出其适应能源强度的一面,即根据我国能源状况,适当地调整国民经济的比例,使当前的经济结构更加合理。尽管我国改革开放初期就有学者开始研究能源消费的相关内容,然而在之后的很长一段时间里学者们并没有专注于此研究,直到21世纪初期,才开始专注于对能源消费的研究,关于能源消费的论文也在这一时期呈井喷式发展。周中仁、王效华、陈群等(2007),徐晓刚(2008),程胜(2009)都针对农村能源消费这一话题展开了自己的研究。随着我国城镇化进程的不断加深,国内学者的视角也由农村转向了城市,能源消费的主体也由个人转向了企业。秦翊、侯莉(2013)以广东省为例,对在能源消费过程中的碳排放问题进行了研究,他们认为,能源消费的主要推动因素是经济发展,产业结构对其影响并不明显。王飞(2018)则是以浙江省为例,研究其能源消费结构上存在的问题,指出在浙江的能源消费结构中,传统能源品种一直占据主导地位,其中煤炭贡献率最高,油品的贡献率次之,最后是天然气以及非化石能源,实证分析了浙江省2020年的能源消费结构。首先,给出碳排放总量、能源消费总量、经济总量三方面的约束条件;其次,构建了基于碳排放总量最小化和外部环境污染治理成本最小化的多目标决策模型;最后,分析了2020年浙江省的能源品种消费情况和消费结构情况。他认为大力发展风能、太阳能等新型能源,是解决能源危机最有效的一种方式,但是受限于目前的资源禀赋、市场、基础设施和经济等多方面的约束,新能源的成本远高于传统化石能源的开发和利用成本。苏鋆珊(2018)以我国1980—2016年的能源消费和宏观经济数据为基础,运用格兰杰因果检验的方法对相关指标进行检验,并从实证研究的角度探讨了能源消费结构与经济增长之间的关系。其研究结果表明,我国能源的消费对于经济的增长具有显著的正向作用,就煤炭与石油两者而言,煤炭消费量对经济增长的影响力要大于石油消费量。

2.2.3 现有文献简评

2.2.3.1 国内外文献的贡献

通过对国内外文献进行研究,笔者发现很多关于能源价格以及环境规制方面的文献，很多学者通过对两者之间关系的辨析找到一条适合自己国家的可持续发展的道路。本章研究论题为"能源价格与我国产业低碳化发展的关系研究"，国内外学者对能源价格以及污染产业转移都有很长时间的研究，留下了丰富的理论及实践经验，对本章的研究有很重要的借鉴意义。在本章中，对于国内外文献的借鉴主要有以下几点。

（1）在研究方法部分，采取了定量与定性分析相结合、演绎与推理相结合、比较分析法及文献研究法四种，这四种方法各自的内涵在其他学者的论文中都有所体现，笔者也正是从中观察到了这些方法的实用及恰当之处，并在本章的研究过程中加以运用。

（2）本章的理论研究部分，很大程度上是对前人的借鉴。其中，环境库兹涅茨曲线理论、"污染天堂假说"及产业转移的相关理论都是来自对其他学者的借鉴。理论研究本身就是对于原有理论的借鉴及再创新，本章对其他学者的理论进行了深入的探究，并在此基础上提出了自己新的理论见解，使文章内容更加充实、新颖。

（3）实证分析方面，本章分别以广东、河南、甘肃三个省为案例对我国东、中、西部三个区域进行研究。这些省份的能源价格及消费信息、产业转移具体信息难以查询，除对其他论文的少量借鉴之外，很多数据搜集都来源于其他论文中的数据来源部分。数据搜集一直都是研究过程中的"老大难"问题，而在其他国内外文献中可以寻找到很好的解决办法。

2.2.3.2 国内外研究的不足

通过对国内外文献进行研究，在看到自己文献亮点的同时也可以分析出其他文献的不足之处。本章的创新点主要有研究视角上的创新、研究方法上的创新以及政策建议上的创新三部分，而这三部分的内容也正是针对国内外文献中的不足之处而言的。因此，与之相对应的国内外研究中的不足也可以分为三点：

（1）在当前国内外对于我国产业转移规律进行的研究中，很少有人从能源价格的角度来进行分析。除此之外，我国学者对于污染产业转移的研究多是从地域角度来分析的，即从发达国家向发展中国家转移，从我国东南沿海城市向中西部地区转移。这样的分析简单而片面，并不能真正体现出产业转移的特征。本章开创性地将能源价格与污染产业的转移结合起来，从能源价格的角度进行分析论证，也是对国内外研究不足之处所进行的补充，即这是首次从能源价格的角度对我国污染产业的转移进行实证研究。

（2）在研究我国污染产业转移的过程中，国内外学者大多会通过回归分析或主成分分析法与因子分析法等方法进行统计计算，但这些方法并不能够完全论证能源价格对污染产业转移的影响。在他们分析论证的过程中，缺少对理论的研究和创新，过多地依靠数据，信赖数据，这在很大程度上会增强论述的严谨性，但也会降低论文的新颖性，因为很多数据在近10年，甚至近20年所呈现的规律是相通的。

（3）很多学者都看到了能源价格的重要作用，但是在分析污染产业转移这一问题时，所处的视角又会不约而同地朝一个方向或者一些特定的方向靠拢，这在很大程度上限制了政策建议的提出。本章从能源价格的角度出发，以价格进行市场调节，通过政府定价以及政府扶持的方式来推进清洁能源的使用，使我国各行各业在更好地顺应经济发展的同时，对生态环境改善也起到一定的促进作用。所以，在研究过程中，国内外学者可以从多种不同的角度出发，提出更具新颖性、针对性的建议。

2.2.3.3 本章研究特点

本章的研究是根据能源价格与我国污染产业转移这两方面内容展开的，能源价格与污染产业转移的单方面研究越来越受到学者们的青睐，但是很少会有人将两者联系起来，这也是本章最大的特点，故笔者通过两者之间固有的联系建立起新的联系，并对这些联系进行细致的分析。在理论研究部分，笔者对一些名词及理论进行了专业解释，以帮助读者更好地了解本章论点。诸如"污染天堂假说"这样的经典理论，从一般意义上讲只是发达国家为了防止污染产业对自己国家的影响，将那些污染产业转移至发展中国家。笔者则是从我国东部地区与中西部地区、城市地区与农村地区的角度对该理论进行一定的补充，以使其内涵更加饱满，更容易被读者掌握。而在本章的实证研究部分，笔者以广东、河南、甘肃三省为案例进行研究，无论是从这三个代表城市的选取上，还是从实证数据的分析上，都可以很清晰地发现本章的独特之处。即使有学者曾对广东产业转移问题进行过研究，但从不曾有人将产业转移与其能源价格联系在一起；即使有学者曾选取甘肃来研究其近年来的能源价格变动情况，也有学者对该地产业的变化进行分析，但是没有学者将其联系在一起；至于河南，无论是在人口还是在地域面积上，作为我国的一个农业大省，学者对其产业变化的研究都是微乎其微。河南的发展不只是关乎1亿人的生活质量，更是我国的一个缩影，因此对其进行研究，本身就展现了本章的特色。

2.3 能源价格与低碳发展的理论研究

2.3.1 相关概念与理论简介

2.3.1.1 能源与能源价格

（1）能源。世界各国对于能源的定义形形色色，但通过概括分析不难发现，几乎每一种概念都包含着这样一层信息，即能源是向自然界提供能量转化的物质。能源是人类社会赖以生存和发展的物质基础，能源的开发及利用推动着社会的进步和发展。在全球经济高速发展的今天，世界各国甚至是每一个普通公民都将能源问题看得至关重要，小到汽车用油价格的变动，大到各国之间的能源交易，我们可以看出能源价格不稳定的国家政局必定也不稳定，在国际能源市场上毫无话语权的国家必定无法成为大国。能源兴，则国家兴；能源强，则国家强。要想让我国的综合国力稳步提升，也必须给予能源问题足够的重视，将我国的发展与能源更好地结合在一起。对于能源的分类也各有不同，多数人习惯于按照来源将其分为三大类，分别是来自太阳的能量、来自地球本身的能量以及地球因引力作用而产生的能量。但是为了研究方便，学者们普遍习惯以其他的方式对能源进行分类，分别有以下几种：

（a）常规能源与新型能源。能源的开采及使用都需要一定的技术，通常可以根据能源技术的使用状况将其分为常规能源与新型能源两种类型。其中，技术相对纯熟、人们使用频繁的能源为常规能源，这种能源无论是在开采上还是在使用上都运用了大量的专利技术，大大提高了其使用效率及范围。人们所熟知的常规能源包括水资源、煤炭、石油等,这些资源的一大特点就是被人们发现得早,所以投入使用时间长,应用更加频繁;而新型能源是指最近一段时间才开始进行利用,甚至目前正在着手研发的能源,这种能源往往是通过技术进步及应用水平发展而不断被应用的。新型能源的开发及利用在很大程度上可以缓解我国当前的环境污染问题,而各国努力研发新能源的其中一个目的也正是抵御常规能源所带来的环境污染问题。另外,随着常规能源使用时间不断加长,各国对于能源的需求量不断上升,然而能源储量在不断下降。为了防止能源枯竭的现象发生,影响我们目前的发展,我国也在不断进行对新型能源的探索。由于新型能源研发时间较短,投入使用的情况也需要慢慢反馈,所以当前发展的局限性也比较大,但其未来发展空间巨大,并定会成为未来能源世界的支柱性力量。

(b)一次能源与二次能源。在自然界中,能源以各种各样的物质形态存在着,在这些能源中,有的直接存在于自然界之中,我们所需要做的就是发现它们。这些直接存在着的能源就是一次能源,人们也称其为天然能源。在一次能源中,最重要的三种能源分别是煤炭、石油、天然气,人们也称其为一次能源的核心,除此之外,这三种能源也是全球其他能源的基础。除了这三种能源,一次能源还包括风能、太阳能等。凡是在大自然中发现不了的,需要人们通过加工才能够产生的能源就是二次能源。例如,煤气就是将固体的煤炭进行燃烧所得到的气体形态的能源。

(c)再生能源与非再生能源。再生能源是指大自然中可以循环再生的能源,非再生能源是指短期内无法自我恢复且经过大规模开采之后越来越少的能源。再生能源与非再生能源都属于一次能源。再生能源的能源转化率相对较高,主要包括太阳能、水力、风力、生物质能等,只要有太阳,就会有太阳能的存在。非再生能源并不是完全无法再生的,只是其形成的周期非常长,很多非再生能源都是经过亿万年的转化才得以形成的,所以我们使用掉一点,就会少一点。我们所熟知的非再生能源有煤、原油、天然气等,正如我们所知,古代植物经过千百万年的变化,长期与空气隔绝,在地底经过高温高压变化以及很多复杂的情况后形成的黑色可燃的沉积岩,就是煤炭这种典型的非再生资源的形成过程,也是再生能源与非再生能源最大的区别之处。

(d) 清洁型能源与污染型能源。根据能源开采、加工、使用过程中对环境造成的污染程度可将能源分为清洁型能源与污染型能源。21世纪以来，各个国家都在大力开发清洁型能源，希望在获取巨大的经济效益的同时使环境问题得到缓解。我们平时所说的清洁型能源，大多是就污染性而言的，这类能源不会产生污染物质，在使用的过程中，不会对环境产生任何负面作用。污染性能源也是我们在尽量避免使用的能源种类，这类能源的使用会导致大量的、多种类型的污染物质的产生，对环境产业很大的影响。例如，煤炭燃烧后会产生大量二氧化碳、氮氧化物等有害物质，这些污染物在一定程度上会促成酸雨的产生，从而破坏环境，影响生态。所以，国家在进行产业调控的过程中，应格外注意产业所需的能源类型。

(2) 能源价格。能源价格是指煤炭、石油、天然气等所有能源产品的价格。能源价格在很大程度上反映了能源的稀缺程度。从短期来看，国家可以通过能源价格变化对能源市场需求进行调节，即能源价格上涨之后，企业运营成本会增加，但企业可以通过改变要素投入比例或者转变生产方式的形式来调整企业的能源消费模式，从而降低企业能耗，维持企业在成本相对稳定情况下的盈利空间。从长期来看，能源价格的变动会导致能源强度的变动，即能源价格上涨之后，很多企业都会加大技术创新力度，研发更加高效的新型生产模式或者产品，从而提高能源利用水平，降低能源强度。我国现有的很多文献通过实证研究都得出了能源价格上涨有助于能源利用效率提高的结论，能源价格对产业发展的影响在很多文献中一目了然，正确的能源价格政策可以促进生产，带动消费，使能源得到充分合理且有效的使用。不过就目前而言，能源价格是否对我国污染产业转移有显著影响仍有待考证。

2.3.1.2 污染产业、产业转移与污染产业转移

经济的发展需要产业来带动，产业大体上可分为第一产业、第二产业、第三产业三种类型。第一产业指的是农业，第二产业即工业，第三产业是服务业。其中，又可以将第二产业细分为能源工业、钢铁工业、汽车工业、造船工业、电子工业以及纺织工业六种工业类型。我们所说的污染

企业，主要是指能源工业，这些工业大多在生产过程中会伴随着大量的污染，往往这些工业部门自身不会加以治理，所以这些污染物的排放在很大程度上会对人民群众的安全和健康形成威胁。在污染产业的划分这一问题上，学者们提出了许多方法，有些学者主张根据环境治理成本的多少来加以衡量，有的学者则主张将环境污染程度按照等级进行划分，并依照这个等级对产业加以划分。这些方法综合而言可以归结为以下三点。

（1）对各产业污染物排放程度进行测算，并根据测算结果对各产业进行评级排序。污染排放程度可以根据各种形态污染物的排放量进行测算，对具体的计算数据进行区域划分。

（2）通过计算企业的治污成本，对各产业的污染强度进行估算。根据治污成本占总成本的百分比在很大程度上可以推算出该行业的污染程度，可通过不同的百分比进行污染等级划分。

（3）将工业产业划分为三种不同的等级，然后根据相关行业的污染程度进行具体划分，这些污染可以包含空气污染、水质污染、土壤污染以及健康污染等方面。

污染产业的定义各不相同，综合而言，划分方式就是以上三点。下面笔者将从能源工业的角度对我国污染密集产业以及高度污染密集产业进行划分，以便更好地了解能源工业中污染产业的比重。如表2-1所示。

表2-1 污染产业细化

污染密集程度	分类	行业
污染密集产业	能源工业	煤炭采选业；黑色金属矿采选、冶炼业；有色金属矿采选、冶炼业；某些非金属矿采选业及部分非金属矿物制品；化学原料及化学制品制造业；部分金属制品；部分机械产品制造业
污染密集产业	非能源工业	食品加工业中的植物油加工业、制糖业；饮料制造业中的酒精及饮料酒制造业；部分塑料制品；橡胶制品；电子及通信设备制造业中的部分产品，如电子器件制造业
高度污染密集产业	能源工业	火力发电业；石油开采、加工、炼焦业；部分非金属矿物制品，如水泥、石棉制品、玻璃、陶瓷；煤洗选业；部分有色金属产品采选、冶炼业
高度污染密集产业	非能源工业	纺织印染业；皮革、毛皮、羽绒及其制品业；造纸业；化学原料及化学制品制造业中的化学农药、有机化学品、基本化学品、化肥、某些专用化学品及日用化学品；化学纤维制造业

产业转移是指同一产业在不同区域之间的横向变化,是经济生活中一种常见的经济现象。不同区域之间经济发展水平必然也会有所不同,在产业转移过程中,发展比较好的区域往往占据着主动权,这些区域的企业会利用其在本区域所拥有的优势,如规模、利润等,将自己的产品甚至产业向经济发展较慢的区域转移。在这一过程中,本区域已有的同类产业往往会通过兼并的方式融入转移过来的企业之中。很多区域经济学者对这一现象进行了研究,发现这种规模效应在企业之间非常常见,往往是规模大的企业发展到一定程度时会对中小规模的同类企业进行并购,这样在扩大自身规模的同时也避免了恶性竞争,将中小规模的企业带到了一个更高的平台。

在产业转移过程中伴随着更多的污染产业转移,污染产业转移分为国际和国内两种。国际污染产业转移是指污染产业从发达国家转移到发展中国家的过程。发达国家由于其自身的产业优势以及产业升级的紧迫性,会将一部分自身淘汰掉的产业向发展中国家或地区转移,以便腾出更多的空间谋求更大的发展。国内污染产业转移,主要是指污染产业由我国东部沿海城市向中西部地区转移。由于经济发展水平的不对等,中西部地区急于进行产业承接,往往会降低对产业污染的警惕,更多地看重该产业所带来的经济效益,也正因如此,我国污染产业转移需要从多方面来进行研究。

2.3.1.3 产业结构

产业结构这一概念并不是由单个产业所决定的,而是各产业之间构成关系变化的结果。国际上惯用的产业类型分类,如表2-2所示。

表2-2 三大产业划分

三次产业分类	国民经济行业分类
第一产业	农业(包括种植业、林业、牧业和渔业)
第二产业	工业(包括采掘业,制造业,电力、煤气、水的生产和供应业)和建筑业
第三产业	除第一、第二产业以外的其他各业。根据我国的实际情况,第三产业可分为两大部分:一是流通部门,二是服务部门

产业结构问题是每个国家在发展过程中都要遇到的问题。随着经济发

展速度不断加快，我们对其要求也越来越高，现在我国提出的是经济又好又快地发展，"好"字当先本身就足以体现党和政府对于产业结构问题的重视。经历了改革开放40余年的发展后，我国产业结构不断升级，从最初的以第一产业为主到现在的以第二、第三产业为主的格局，我国迎来了太多的机遇与变化，这不仅体现在我国的国民生产总值上，也体现在环境、医疗、教育等方方面面。

2.3.2 相关影响因素分析

2.3.2.1 能源价格影响因素

（1）煤炭价格的影响因素分析。"十三五"期间，我国的能源消费结构得到了很大程度的调整，煤炭消费总量也基本得到了控制，煤炭产量以及消费量都受到了不同程度的限制。我国2016年12月发布的《能源发展"十三五"规划》提出，到2020年，我国能源消费总量控制在50亿吨标准煤以内，年均增长小于3%；煤炭消费总量控制在41亿吨以内，国内一次能源生产量约40亿吨标准煤，年均增长2%，其中煤炭39亿吨，年均增长0.7%。受我国能源消费结构调整的影响，煤炭消费比重将会下降至58%，煤炭产量也将受到限制。毫无疑问，国家政策对煤炭价格的影响是非常大的。除此之外，新能源的发展、国际政治经济形势对煤炭价格的影响也是至关重要的，但是总体来说，我们可以将这些因素归纳为供给与需求两个方面，如国家政策的变动不是通过减少煤炭供应来对其价格产生影响，就是通过限制使用来对其需求施以影响。从供给方面看，主要有以下几方面因素：我国现有煤炭资源储备状况、全国原煤产量的变化、我国进口煤炭量的变化情况、煤炭价格对其供给产生的影响；从需求方面看，影响煤炭价格的主要因素有新能源的发展、煤炭消费状况与结构的变化、我国节能减排政策的推行。

（2）石油价格的影响因素分析。影响石油价格的因素纷繁复杂，如政治、经济、气候、科技等。石油作为一种商品，从长远发展来看，其价格受供求关系的影响较大。当国际石油市场供给顺畅时，石油价格稳定而且相对较低；当国际石油市场动荡时，石油价格随之上涨。石油作为一种必备能源，除具有一般商品的属性之外，还具有很多商品不具备的功能，如可作为一种战略物资进行储备，国际政治局势以及政治势力对其影响很大。近几年，国际政局相对平和，但是中东地区却战争不断，其中还包含大国间的博弈，这也使油市在平稳中依然动荡不定，但是导致油市动荡更深层次的原因在于各国之间对于石油资源的争夺以及对石油市场的控制。还有多种形式的地缘政治因素也给国际石油市场带来了一定的冲击。除此之外，美元汇率的变化也是石油价格波动的原因之一。美元是国际通用货币，在国际石油交易中各国也都以美元进行交易，因此美元汇率的变化必然会导致油价的波动。

（3）天然气价格的影响因素分析。根据国务院办公厅印发的《能源发展战略行动计划（2014—2020年)》可知，到2020年，我国一次能源消费总量将控制在48亿吨标准煤，天然气消费比重10%以上，相当于3600亿立方米。国产常规天然气、页岩气、煤层气总计目标为2450亿立方米。天然气对外依存度控制在32%以内。天然气的短期供给弹性较小，所以除了有新的大型天然气田被发现或有重大技术创新出现外，影响天然气价格的最主要因素是世界经济发展状况对天然气的需求。决定天然气价格长期走势的主要是天然气供需基本面因素。天然气消费量的增长大于天然气产量的趋势，即对天然气的需求大于天然气的供给，使得天然气价格上涨。从供需两方面来看，可以发现影响天然气价格的因素有天然气库存、天然气生产成本、替代能源的发展、国际突发事件及气候状况等。

（4）电力价格的影响因素分析。随着经济的不断发展，工业生产以及居民日常生活对电的需求量也在不断增长，同时对电的依赖性也越来越强。影响电力价格的因素有很多，具体主要有以下四种（见表2-3）。

表2-3 电力价格影响因素

影响因素	影响机制
电力生产成本与流通成本	电能在生产过程中发生的成本、电能输配与供电成本
科学技术的发展	随着科技的进步，风能、水能、核能、太阳能、潮汐能等发电技术的运用及成本的下降，也会对电价产生较大的影响

续表

影响因素	影响机制
经济发展水平	随着我国居民收入水平的不断提高，劳动力成本也随之提高，对电价也会产生一定的影响，不过这一影响对电价占比较小
自然条件	气候、水文、资源分布等地理因素。我国的"西电东送"战略就与区域间的水文、资源、能源分布与产业结构格局的差异有直接关系

2.3.2.2 污染产业转移影响因素

（1）经济因素。现在我国中西部城市为了经济的发展，从东南沿海城市进行产业承接。在我国东部沿海地区，劳动密集型产业集聚，致使当地劳动力、资源、土地等要素需求也不断上升，进而导致产品成本价格上涨，企业的利润空间下降，促使东部发达城市的相关企业向中西部地区转移，这与国际产业转移规律基本吻合。对于中西部而言，一来拥有廉价的劳动力和土地资源，而且能源资源储量大；二来出于拉动当地经济增长、做大经济蛋糕、增加就业机会等方面考量，中西部地区城市吸引东部沿海产业转入的积极性非常高。诚然，经济发展必然需要更多的产业带来更多的劳动力，从而提高消费水平，提高生活质量。但是在如今进行产业承接的过程中，我们要做的不仅仅是大规模引进，更重要的是做好甄别工作。一家来自河南的企业要想在上海安家落户必然要经过层层把关，而其中关键的一点就是该企业是否会带来污染，这一点甚至比盈利空间更让当地政府看重。现在我国进入了产业转型的新时期，大规模高精尖产业进入产业市场，我国已经是一个有能力、有担当的大国。中共十九大报告为生态文明建设勾画出了一张宏伟蓝图，我们要以一种更加健康、更可持续的方式来弥补地区之间的差距。

（2）政策因素。为保护生态环境，我们从国家层面出台了环境保护标准。但由于我国各地区发展不均衡，该标准只是制定了环境保护的下限，致使有些污染产业在我国各地区间进行转移从而得以保证较高的收益。我国东部地区的大多城市都采取了高于国家环境保护标准的本地标准，从而使那些污染企业缴纳更多的污染治理费用，导致其利润空间下降。为了保证自身利润，多数污染企业会选择将自己的企业转移出去。地区之间政策的差异，也使得这些污染企业得以继续生存。根据我国产业转移方向及特点可以推断出，我国东部地区与中西部地区在环境管制及地方性环境政策或法规制定方面存在很大的差距。从我国的实际情况来看，在产业转移的过程中，中西部地区尤其是那些偏远、欠发达的地区，存在着很多盲目招商引资的行为，之所以说它们盲目，是因为在招商引资过程中，它们将低要求的环保政策作为自己的优势，然而在提升自身发展水平的同时也给环境治理埋下了隐患。

（3）其他因素。除以上两点之外，还有很多因素也对我国污染产业的转移产生了很大的影响，如贪污腐败问题。我国地方环保部门的职能履行以及资金运转都需要通过当地政府的批准才能够进行，甚至有些地方环保部门在人员选择上也要听从地方政府的安排。在这一过程中，政府就扮演了两种角色，一种是作为规则的制定者，另一种则是作为规则的受益者。这也在很大程度上导致厂商寻租的行为盛行，也使得行贿受贿现象时有发生。在这一过程中，污染型的企业有时通过行贿的方式，诱使当地政府改变相关法律法规的执行方式。或者当企业对环境造成污染时，个别的政府相关部门会对投资者采取敲诈等方式，这将对企业以及社会的发展产生不利影响。企业生产成本的差异也是导致污染产业转移的重要因素。我国城市发展水平各异，随着城市发展水平的提高，人们的消费成本也在上升，这就要求企业要拿出更多的报酬来满足员工的基本生活需要，这很明显地体现在我国一线城市与五线城市的差距上。在我国，五线城市的地皮、原材料、劳动力等各方面价钱都与一线城市有很大的差距，这也就意味着很多企业在小城市有更大的发展空间，从而有很多污染企业从东部发达城市向中西部欠发达城市转移。

2.3.3　相关理论分析

2.3.3.1　环境库兹涅茨曲线理论

1966年，美国著名的经济学家西蒙·史密斯·库兹涅茨根据自身经验及推测提出了一个重要的经济学概念，即库兹涅茨曲线理论。该理论以一条曲线的形式体现了收入分配状况随经济发展过程而产生的变化，人们称该曲线为库兹涅茨曲线,又称倒"U"曲线。1996 年,哈佛大学教授帕纳约托借用该理论提出了基于环境质量与人均收入的环境库兹涅茨曲线理论。该理论指出,随着个人收入的增加,环境质量不断下降,直到收入水平上升到一定程度之后,环境水平得到改善。在环境质量与收入水平之间也存在着一种倒"U"形的关系,如图 2 - 2 所示。

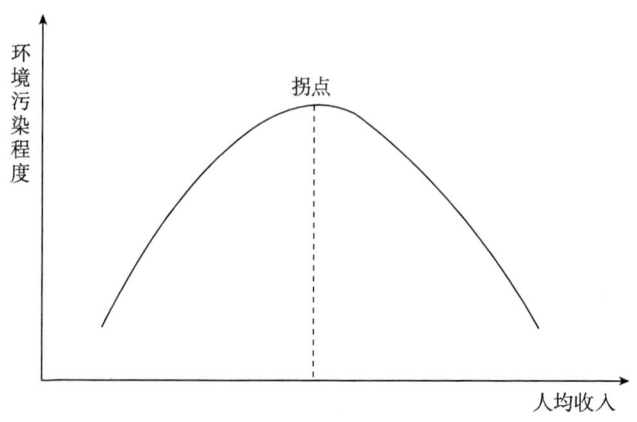

图 2 - 2　环境库兹涅茨曲线

该理论提出后,学界对此褒贬不一。随着实证研究的不断深入,各种各样的结论层出不穷,有些学者认为环境库兹涅茨曲线理论很好地体现了环境质量与人均收入之间的关系;也有的认为两者之间呈"U"形、"N"形或单调上升型等,他们根据实证得出的结果发现,当污染物不同时,收入关系与环境质量之间的关系也表现出很大的差异,这对环境库兹涅茨曲线理论提出了一定的挑战。学术界也开始在理论上对环境库兹涅茨曲线理论展开了批评。

2.3.3.2　"污染天堂假说"

"污染天堂假说"也称"污染避难所"。最初,学者们研究发达国家和发展中国家的贸易结构与污染关系,由此产生了"污染天堂假说"。通俗来说,"污染天堂假说"是指污染密集产业更偏爱于建立在环境标准低的国家(通常为发展中国家)。在经济全球化、贸易自由化的大背景下,产品价格与产地的关系越来越小。当下,在运输成本以及贸易壁垒的综合影响下,贸易自由化使得产品价格渐趋一致。一般来说,发达国家或地区更注重环境保护,对污染产业征收费用更高,也间接决定了污染产业的生产成本在发达地区要高于欠发达地区。与此同时,欠发达地区不仅对污染产业征收费用低,还有相对宽松的环境规制力度,更加低廉的成本等优势。在这些因素综合作用之下,污染产业更倾向于欠发达地区,长期处于经济欠发达的国家和地区也就此沦为发达国家的"污染天堂"。另外,从经济发展阶段和居民收入水平的角度入手,发达地区将污染产业转移到欠发达地区的理论逻辑与环境库兹涅茨曲线理论并不相悖。"污染天堂假说"的提出激发了学者对污染产业转移机理的进一步分析,以及对污染产业转移途径和作用的进一步研究探讨。整体来看,污染产业转移由发达地区到欠发达地区或者说由发达国家到欠发达国家的转移主要通过两种途径来实现,即对外贸易和对外直接投资。对外贸易具有灵活性和机动性,也具有双向互动的特征。因此,在全球自由贸易的大背景下,污染产业转移水平取决于贸易因素的多重影响。新的研究成果表明,在自由贸易模式下,企业为了能够赢得竞争,多选择降低产品环保标准和减少污染处理投入的方法来降低成本。因此,从总体上看,贸易自由化必将导致产业转入地区环境的恶化。

2.4 能源价格对污染产业转移影响的实证研究

2.4.1 区域划分与数据来源

2.4.1.1 区域划分

在对我国的污染产业转移进行现状分析时,必须要对全国地域划分有明确的概念。目前,我国对区域划分主要有以下两种方法:第一,将全国各省(自治区、直辖市)按照东部、中部、西部划分为三大区域;第二,按地理位置将全国各省(自治区、直辖市)分为华北、华东、东北、华中、华南、西北和西南七大区域。本章在研究中采取的是第一种划分方法,将全国分为东部、中部、西部三大区域(见表2-4)。在明确我国各地域划分之后,分别以东部、中部、西部作为整体,主要研究能源价格波动对各区域经济的影响,并深入分析其差异性,而不再考虑区域内部各省(自治区、直辖市)之间的差异。由于本章采取的是案例研究的方法，所以特从三个地区中选出三个具有代表性的省份进行分析研究，其中，东部地区以广东为代表，中部地区以河南为代表，西部地区以甘肃为代表。需要补充的是，在对我国划分东、中、西部区域并且按照区域内的统计数据进行整理和分析时，假设每个区域之间都是相互封闭的，没有影响因素的跨区域作用。

表 2-4 我国区域划分（不含港澳台地区）

地域分类	省（自治区、直辖市）
东部地区	北京、天津、河北、辽宁、上海、江苏、浙江、福建、山东、广东、广西、海南
中部地区	山西、内蒙古、吉林、黑龙江、安徽、江西、河南、湖北、湖南
西部地区	四川、重庆、贵州、云南、西藏、陕西、甘肃、宁夏、青海、新疆

2.4.1.2 数据来源

本章选取 1998—2018 年广东、河南、甘肃三省为研究样本，使用数据来自 2017 年的《中国统计年鉴》《中国能源统计年鉴》《中国工业统计年鉴》和中共十九大报告，以及 2018 年的政府工作报告等，还有一部分数据来自中经网统计数据库以及广东省发展和改革委员会官网。为了确保数据的可比性，本章对难以查询到的数据采用均值法进行补齐。

2.4.2 案例实证

2.4.2.1 案例介绍

（1）广东。在我国东部各省中，广东无疑是发展非常迅速的一个，其发展也独具特色。早在清政府统治时期，广东就因为西方列强的压迫被迫开始了资本主义探索，这也使其成为我国最早出现资本主义生产方式的省份之一。资本主义的过早进入使得该地区工业企业在改革开放初期就快速发展，截至 1987 年，该省的工业产值就将近占到全省地区生产总值的 80%，这在当时是难以想象的。1989 年起，广东省的地区生产总值便连续占据中国 31 个省（自治区、直辖市）第一的位置。其经济总量占到了全国（不含港、澳、台地区）的 1/8，成为中国经济规模最大、经济综合竞争力和金融实力最强的省。除了经济发展方面的独特优势，广东在语言风俗、历史文化方面也独具特色。广州通行广东话、客家话和闽南话三种语言，而且粤、客两大方言的中心都在广东。由于得天独厚的地域优势，广州成为我国内地与香港、澳门之间沟通交流的重要平台。因为经济与文化是一个国家、一个地区综合实力的重要体现，越来越多的学者开始对广州进行深入的研究。本章主要研究能源价格对我国污染产业转移的影响，所以研究重点在能源价格与产业转移两方面。早在2006年我国提出能源价格改革时，广东价格协会的蒋善利、文武汉（2006）就针对"能源价格改革能给广州带来什么"这一问题进行了研究，也就能源价格改革所带来的产业升级的必要性提出了自己的看法。对于既缺能又耗能的广东来说，能源价格改革必定是其产业升级过程中绕不开的一点，而产业升级又是其经济进入一个新阶段过程中绕不开的一点。邓于君、张静（2015）也对广东产业结构的构成进行了分析，并对产业结构与能源利用之间的关系进行了研究。本章将广东作为东部城市的案例，来分析东部地区产业转移与能源价格之间关系的密切程度，在很大程度上得益于之前学者们所进行的数据统计与研究工作，笔者将通过借鉴前人的研究数据，再对近年来的数据进行汇总，进而展开研究。

（2）河南。河南古称中原、中州，被视为中国之处而天下之枢。在新中国成立初期，河南一直是我国重要的农业大省，也是我国的人口大省；近年来，由于承接东部地区的产业转移，工业企业迅速发展，经济实力也明显上升。2016年12月，国家批复郑州入选国家中心城市，并将以河南为主体的中原城市群定为中国经济第四增长极。2017年，国内生产总值稳居中部地区首位、中国第五位。除经济发展之外，河南还是我国当之无愧的文化大省，在中国的八大古都中，河南就占据了四席。21世纪以来，河南的发展非常迅猛，这在很大程度上得益于我国东南沿海城市的产业转移。随着"中原崛起"的口号日渐响亮，河南的发展也越来越引人注目。在前期的产业转移过程中，污染产业也随之而来。本章特以河南这个在全国无论是地域面积还是人口数量都极具代表性的省份作为中部的案例，分析中部地区承接产业转移时的特点及其能源价格的变动特征，并以案例进一步分析能源价格对我国污染产业转移的影响。在学者们对河南省的研究中，我们可以看到关于能源价格的相关研究很少，但是自 2004 年开始，有更多的人对河南省产业转移进行了研究，可见河南省近年来在产业转移方面的发展。学者们对河南省产业转移的研究涉及方方面面，内容涉及产业转移过程中对于转入产业的选择、其所具备的优势及其制约因素。于志文（2014）研究河南省在承接产业转移中的问题及对策中对全省的历史背景进行了深入分析，并以此为前提，对其承接产业转移的现状以及优劣势进行探讨，认为河南省应该对转入的产业进行重点选择，根据各地区特点来发展适当的产业，切不可急于求成、不加选择。陈亢（2017）在研究中将产业转型升级当作重点，认为河南省在承接东部地区产业转移中拥有很大的优势。河南省近几年的经济发展之快也显而易见，只是在产业转移过程中，并没有进行太多的政策性引导，这也导致了污染的加重。所以，在产业转移过程中，要关注工业低碳转型的发展。作为人口大省，河南低碳减排工作量必然很大，陈亢（2017）从全省、地市以及各行业的层面进行分析，针对碳排放现状进行政策性引导。

（3）甘肃。甘肃，简称甘，位于我国西部地区，地形复杂、气候多变、历史悠久、底蕴丰厚。从气候上看，甘肃有着丰富的气候类型，包括高原寒地在内有四大气候类型。甘肃山地很多，重峦叠嶂，郁郁葱葱，其中主要的山脉有祁连山、六盘山等，大多数山脉呈西北—东南走向。山区多林木，全省的森林资源多集中这几个山脉之上，河流也多由此处发源。由于多山多林，其矿产资源也十分丰富，矿业开发就是当地重要的经济支柱。截至目前，甘肃所发现的矿产种类已经占到了全国矿产种类的 74%。甘肃省列全国第一的矿产有 10 余种。拥有全亚洲最大的金矿——阳山金矿。据专家估计，阳山金矿已探明潜在价值达上百亿元。甘肃的水资源十分丰富，分属三个流域，九大水系。甘肃的水力资源蕴藏量居全国第十，水力发电量居全国第四。甘肃的能源种类也很多，除了传统的煤炭、石油、天然气，还有各种新型能源。甘肃是全国太阳能最丰富的地区之一，同时，风能资源总储量排到全国第五位。因此，甘肃作为西部地区承接产业转移的重点省份，具有很强的研究价值。郭强（2013）对甘肃省的产业转移承接力进行了测评。他认为，我国东部地区产业转出给了中西部地区很大的发展机会,但是由于各省份缺乏合理的布局和定位,往往陷入混乱无序的恶意竞争之中,这对转入的产业以及自身的发展都是一种不负责任的表现。因此,这些地区应该从自身出发,充分发挥其资源、劳动力等各方面的优势,这才是承接产业转移的重中之重。他通过因子分析法对甘肃省各方面进行了全面的分析,以提升该地区在产业承接过程中的竞争力。

2.4.2.2 区域间能源价格变动状况

能源价格的变化对污染产业的转移会产生什么样的影响?先要对我国各地区的能源价格变化状况进行充分掌握。众所周知,随着东部地区的发展,国家又分别针对中、西部地区提出了"中部崛起""西部大开发"战略。那么,又该如何吸引企业家前往中西部地区投资呢?中西部地区相对东部而言,有哪些优势呢?本章研究的是能源价格的变化,所以暂且先抛开劳动力、土地等不谈,我们来看一下我国东、中、西部的代表城市在能源上的差异。

表2-5至表2-7分别列出了2007—2016年广东、河南、甘肃三省的煤炭、石油、天然气资源基础储量状况。从中可以看出,我国东部地区能源储量较少,由于工业的发展,东部地区能源消费量很大,所以对能源进口依赖性较强,而中西部地区先天能源储量大,能源优势极其明显,从我国当前产业转移的趋势来看,能源价格必然会影响到产业的转移。甘肃省石油和天然气储量很大,这也在很大程度上反映了我国西部地区的能源优势,西部地区在新能源,如风能、太阳能的开发上潜力巨大,而且自身石油、天然气储备充足,在很大程度上为产业转移提供了便利,尤其是那些对能源需求量比较高的高耗能产业。而我国中部地区也正如河南省所呈现的那样,煤炭储量大,如河南、山西等地,都是我国的煤炭大省,所以在能源产业方面也有很大的优势。

表2-5 2007—2016年河南、甘肃、广东煤炭基础储量

单位:亿吨

年份	河南省	甘肃省	广东省
2007	117.8	58.42	1.89
2008	115.87	60.48	1.89
2009	114.7	58.4	1.9

续表

年份	河南省	甘肃省	广东省
2010	113.49	58.05	1.89
2011	97.46	23.51	0.23
2012	99.09	34.08	0.23
2013	89.55	32.69	0.23
2014	86.49	32.86	0.23
2015	86	32.5	0.2
2016	85.58	27.32	0.23

表2-6 2007—2016年广东、河南、甘肃石油基础储量

单位：万吨

年份	广东省	河南省	甘肃省
2007	8.84	5219.19	9395.18
2008	8	5183	9114
2009	8.3	5051.9	13798.8
2010	8.16	5051.21	16085.39
2011	8.05	5190.34	15529.15
2012	7.9	5160.24	19184.32
2013	13.85	5037.37	21150.01
2014	13.8	4876.8	21878.4
2015	13.7	4631.1	24109.8
2016	16.4	4427	28261.7

表2-7 2007—2016年河南、甘肃、广东天然气基础储量

单位：亿立方米

年份	河南省	广东省	甘肃省
2007	97.22	0.31	106.51
2008	98.83	0.31	106.13
2009	84.1	0.3	163.6
2010	99.21	0.31	191.8
2011	98.51	0.3	191.63
2012	75.08	0.3	224.58
2013	72.09	0.5	241.28

续表

年份	河南省	广东省	甘肃省
2014	70.79	0.5	256.09
2015	72.2	0.5	272
2016	74.77	0.59	318.03

我国能源价格一直以来都由国家制定，虽然能源价格市场化改革已经有了很大的成效，但不可否认的是，我国距离能源市场化还有很长的路要走。目前，随着能源稀缺压力不断增大，能源价格改革势在必行，本书第3章将对能源价格的影响因素进行全面的分析。我国虽然在能源价格上采取政府定价的方式，但是为了弥合区域间的经济发展差距，也存在着一些灵活性，如中西部地区能源资源丰富，所以在运输成本上可以省下很大一笔开销。

图2-3和图2-4是2008—2018年广东省柴油以及燃气价格的变化，作为重要能源，其变化状况在很大程度上可以体现出广东省的能源价格变化状况。从广东的变化中也可以推断出，在11年的时间里，我国能源价格整体波动不大，只有为数不多的高峰和低谷，整体上是稳定发展的。从图中也可以看到，我国能源价格在2016—2017年有一个节点，从那时起，我国柴油以及燃气价格都有一定程度的上升。2009年上半年到2014年上半年间，该地区能源价格也有一个上升的过程，这一时期是国家鼓励东部地区进行产业转移的时期，而另一个上升过程则是我国环境问题大力整治的时期，可见我国政府通过能源价格对于经济以及环境问题所进行的调控。

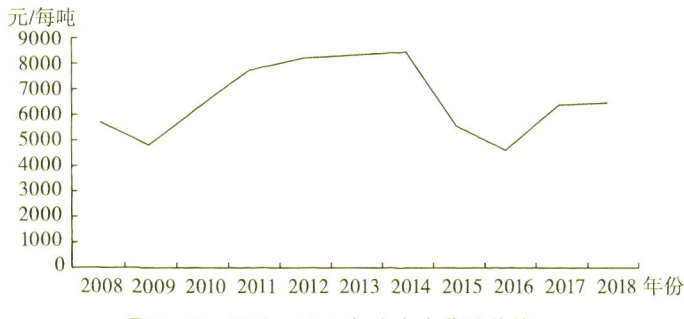

图2-3　2008—2018年广东省柴油价格

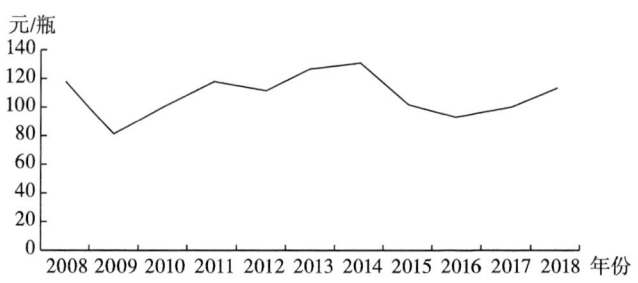

图 2-4　2008—2018 年广东省燃气价格

2.4.2.3　区域间产业转移状况

本章重点研究污染产业转移的相关内容。上一章已经对我国三大产业类型的划分进行了说明，在这三大产业中，第一产业与第三产业属于污染较少甚至零污染的类型，污染产业主要集中在第二产业。所以，从这三个产业的发展趋势中我们也可以了解到该地区的污染产业发展状况。在图2-5至图2-7中，笔者将广东、河南、甘肃三个省1998—2017年的三大产业增加值进行了比较，从图中可以明显地看出我国三个省之间的发展差距。作为东部代表的广东，其第三产业发展速度非常快，第三产业与第二产业增加值之间的差距也越拉越大，可见广东近年来在产业转出以及产业升级方面所取得的成绩；而河南作为中部的代表，由于近年来投入了很大的人力、物力来进行产业承接工作，第二产业与第三产业增速都非常快。作为农业大省，近年来由于粮食育种工作开展顺利，河南农业生产面积下降的同时我国粮食产量仍呈现稳定增长的趋势。甘肃省的产业结构也有一定的变化，但我们可以清楚地感觉到西部地区与中部地区的差距，也正是由于这个原因，西部地区对于环境的规制更为简单，希望以更低的环境要求作为政策优势，吸引大批工业产业入驻。

随着产业转移的进行，我国各地产业结构发生着很大的变化，从图2-5、图2-6和图2-7中也可以明显看出。但是，产业结构的变化会为各地经济带来什么呢？图2-8展示了广东、河南、甘肃三地1998—2017年历年的地区生产总值，从整体上我们可以看出，三个处于不同地区的省份，生产总值都在上升。但是又不难发现其间的差距，其中广东省在

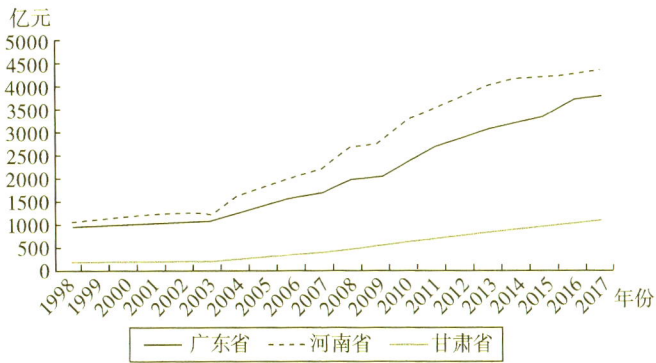

图 2-5　1998—2017 年广东、河南、甘肃第一产业增加值

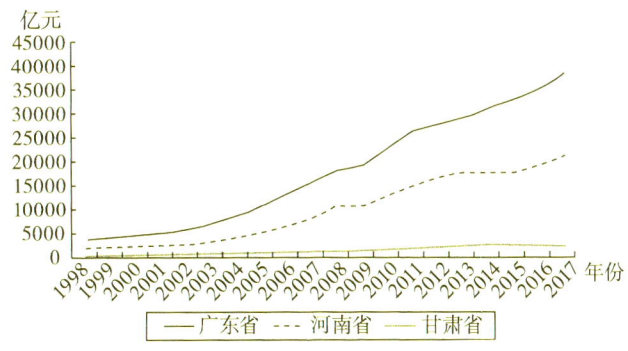

图 2-6　1998—2017 年广东、河南、甘肃第二产业增加值

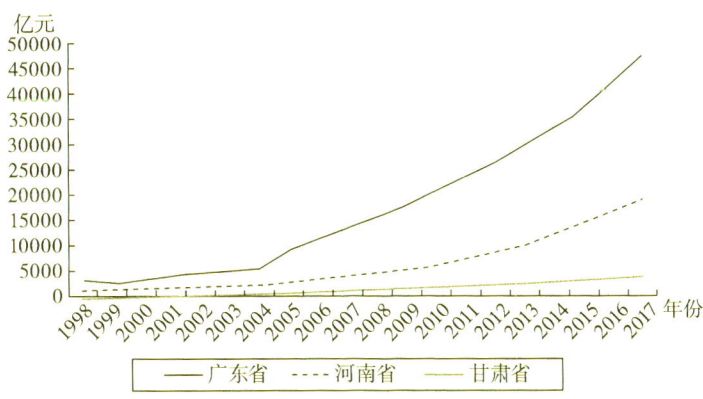

图 2-7　1998—2017 年广东、河南、甘肃第三产业增加值

2016—2017年的增量就比2017年甘肃省的总量还要大。我们可以看到广东、河南两省的地区增长总值增长非常明显，但是在2014—2017年甘肃增速非常缓慢。

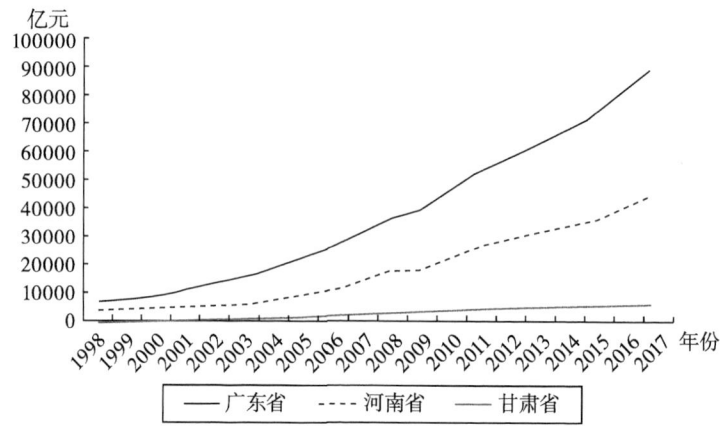

图2-8　1998—2017年广东、河南、甘肃地区生产总值

分析这三个地区的产业发展状况以及经济整体水平后，我们再来看三地污染状况对比，这里仅以当地气体中污染物的含量为参照，根据国家环境监测数据来看，常年PM2.5影响因素中最大的就是空气中的污染物排放。从图2-9、图2-10和图2-11中可以看到，三省整体上废气中污染物的排放量都在下降，尤其是在2016年，所有污染物排放量都有明显的下降。就广东省而言，废气中二氧化硫及氮氧化物的排放量逐年递减，烟尘的排放量虽然小幅上升了一段时间，但是也明显得到了遏制。相对而言，2016年，三省中河南省明显污染更加严重，河南省所排放的废气中烟（粉）尘含量相对较少，主要的污染物是二氧化硫和氮氧化物，而2011—2015年，这两种污染物在废气中所占比例下降，而烟（粉）尘的排放量越来越大。2016年，废气中这三个污染物的含量都有很大幅度的下降，这说明了河南省近年来在产业转移过程中对环境问题由轻视到重视的明显转变。甘肃省废气中污染物的排放量要小很多，这也在很大程度上反映了工业发展问题。在我国还未下定决心对环境问题进行整治时，该地区的环境质量也是越来越差，但相对中东部地区而言环境优势很明显，因为我国的

污染主要是工业企业造成的,而该地区工业企业较少。随着我国东部地区转型升级,一部分工业企业的入驻,导致了该地区环境质量的恶化,但是随着"绿水青山就是金山银山"的提出,我国各地都加强了对环境的保护工作,甘肃的环境状况也有了很大的改善,但是由于该地区污染本身就不算严重,所以其环境改善的幅度与河南以及广东的改变幅度相比,显示出明显的差距。

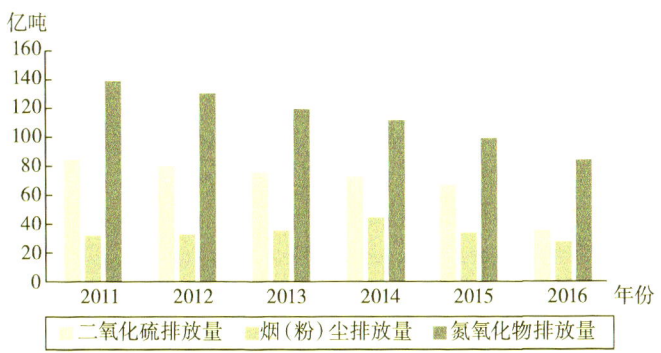

图 2-9　2011—2016 年广东省废气中污染物的排放量

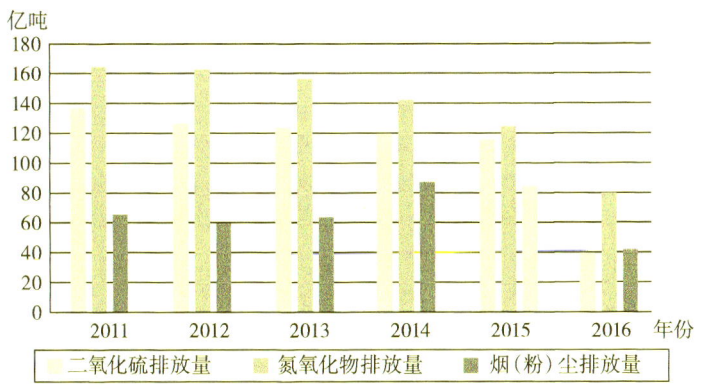

图 2-10　2011—2016 年河南省废气中污染物的排放量

中国低碳经济发展的市场机制研究

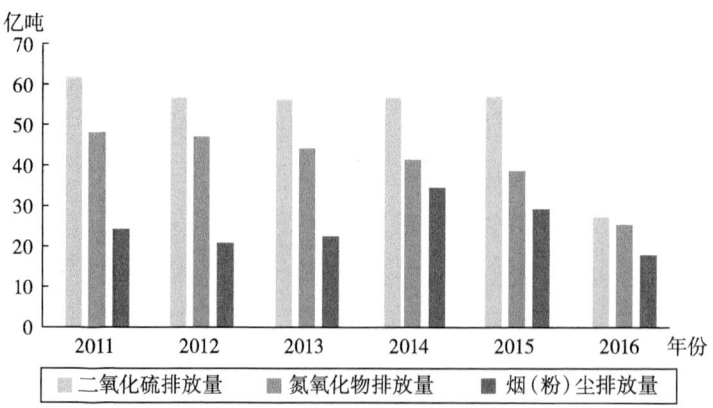

图 2-11　2011—2016 年甘肃省废气中污染物的排放量

表 2-8 展示的是广东、河南、甘肃三省新增固定资产投资状况。广东作为我国东南沿海代表，其在对外贸易以及招商引资方面的优势不言而喻，2007 年之前，其新增固定资产投资金额一直处于领先地位，但是从 2007 年开始，河南省完成了反超。河南地处中原，想要吸引外资的难度可想而知，通过观察河南、广东两省的变化可以看出这一节点就是我国产业从东部地区向中西部转移的节点。广东渐渐缩小了其招商引资规模，转而对产业进行优化升级，并对进入该地区的企业进行严格的审查，包括资产、所属行业、环境问题等很多方面，而中西部地区的代表河南和甘肃在固定资产投资上增长迅速，这也刚好符合我国产业转移的趋势。

表 2-8　2004—2016 年广东、河南、甘肃新增固定资产投资

单位：亿元

年份	甘肃省	河南省	广东省
2004	392.67	1330.48	3123.15
2005	412.34	2362.62	3668.83
2006	342.16	3434.01	4193.18
2007	622.6	5137.08	4093.98
2008	575.18	6413.99	5529.21
2009	1073.7	8177.42	5790.44
2010	1523.12	9062.04	7647.78
2011	2756.74	10999.51	10307.69

续表

年份	甘肃省	河南省	广东省
2012	2994.34	13036.64	11728.32
2013	4069.5	15604.51	13971.18
2014	5317.79	19673.45	17706.14
2015	6752.35	25436.06	18288.63
2016	5934.25	22342.05	17075.72

2.4.3 结果分析

本章通过对广东、河南、甘肃三省的能源价格及污染产业转移进行案例分析，从而将所得结果延伸到我国的东部、中部、西部中来。从本章上一节的内容中可以详细地了解到广东、河南、甘肃三地的发展差距，这也正是我国三个地区间经济发展差距的真实写照。

从上文的实证研究结果可以看出，能源价格对我国污染产业转移的影响是真实存在的。我国之前的能源价格都是以政府定价的方式进行的，所以东、中、西三地的能源价格并没有什么差距，而这一时期国家重点发展东部沿海地区，想要先打造一批国际化大城市，再带动中西部地区的发展。中部地区煤炭储量巨大，西部地区石油、天然气以及各种新能源储量巨大，相对而言，我国东部地区并没有能源优势，但是就当时的煤炭消费而言，主要的生产地在中西部，而主要的消费地却是在东部。改革开放后，大量的工业企业入驻到我国东部地区，而工业的发展必然需要能源的推动，在这一时期，以广东省为例，工业企业每年的增加量不断攀升，到1987年，其工业产值就占到了将近全省总产值的80%。当时我国很多政策导向都向东部地区倾斜，反观当时的中西部地区，落后和贫穷是其代名词，其能源资源虽然丰富但是却难以吸引到很多工业企业。本章先重点介绍了我国能源价格的变动状况，用大量的图表数据展示能源价格在各区域之间的共性和差距，紧接着分析了产业转移状况，将两方面的数据进行综合对比后发现：

在我国东部地区，污染密集型产业仍占很大的比重。本章以广东省为例，尽管2016—2018年能源价格一直在上涨，但是能源消费并没有下降。

2017年第一季度，广东省规模以上工业综合能源消费3403.03万吨标准煤，同比增长10.9%，增速同比加快13.2个百分点，可见能源价格对工业产业并没有造成太大的影响。但从近年来广东省废气中污染物的排放量可以看出其环境得到了很大程度的改变，环境质量越来越好，这就意味着全省能源使用效率的加强，更多的中小型污染企业得到了遏制，但是作为我国工业龙头省份，其大型工业企业的发展必然需要更多的能源投入，这也在很大程度上促进了新能源的开发以及企业的转型升级。我们也可以看到，我国东部地区第三产业增速最快，而且鉴于该地区发展水平较高，本身第三产业所占比重就很高，所以整体来看，第二产业所占比例必然会下降，这在一定程度上也得益于能源价格改革。能源价格改革使得第二产业成本增加，从侧面也会推动第三产业的发展。

在我国中部地区，尽管经济发展与东部地区有很大差距，但是第二产业上升幅度越来越大，加上能源市场化改革后该地的能源优势，完全有能力对东部地区的工业产业进行承接。国家对煤炭行业的管理较为严格，近年来对煤炭行业进行大规模裁员，减少煤炭产量以对其价格、供应情况进行合理控制，所以能源工业的发展必须另辟蹊径，要利用地域优势，大力开发新能源。2007年以后，中部地区新增固定资产逐渐对东部地区形成反超，国家政策以及自身发展潜力的支撑，必然会进一步推动中部地区的发展。在能源市场化改革以及"中部崛起"的口号提出后，中部地区工业总产值飞速增加，不过环境问题也越来越突出。近年来，由于国家对污染产业进行大力整治，中部地区第三产业与第二产业并驾齐驱，共同推动当地的发展。2018年，中部城市污染程度也呈断崖式下降，但是地区生产总值仍稳步提高，可见在产业转移完成后，很多工业企业都对自己的产业链进行了优化升级，在保证将对环境的危害降到标准以内的同时实现盈利。

在我国西部地区，整体经济实力与中东部地区有很大差距，国家曾经对西部地区的支持不够，而且东部地区的发展又难以辐射到西部地区，导致西部地区发展整体动力不足。但是晚发展并不代表发展不好，西部地区有大量的能源资源以及其他方面的先天优势，再加上我国科技实力的提高，完全可以走向更好的发展方向。我国的发展讲究因地制宜，西部地区在农业发展方面有很大的潜力，当地日照时间长、昼夜温差较大，非常有利于瓜果的种植。西部地区在新能源的开发及利用上也具有很大的优势，可以充分地发挥自身优势，推动新能源产业的发展。当地环境污染程度较低，在进行产业承接时切不可操之过急，一定要制定严格的环境准入政策，避免走"先污染后治理"的老路。能源市场化改革以及西部地区环境规制力度不够，使得近几年很多污染产业转移至此，国家和政府一定要对这种现象采取相应的行动，这种行动就包括能源价格的调整。只有对该地区进行合理的管理，才会推动当地走上绿色、协调、可持续的发展道路。

2.5 政策建议

想要做到可持续发展就必须有良好的生态环境作为依托，因此国家提出构建以政府为主导，企业为主体，社会组织和公众共同参与的环境治理体系。以我国东南沿海城市为例，在改革开放后至今40余年的时间里，以长三角、珠三角为代表的一个个经济区域得到了迅猛的发展，涌现出一大批先进示范城市，不仅吸引了国内各地纷纷效仿学习，甚至引起了全世界的关注。但从另一个侧面来看，40余年的快速增长和城市化进程也让其承受了巨大的环境压力，工业污染、生活污染、噪声污染、光污染等环境污染问题比较严重。沿海城市有些河流、湖泊相继受到污染，如太湖、巢湖等，全国范围的雾霾天气时有出现，污染强度也越来越大。可以说，东南沿海有的发达城市已经走上了西方国家"先污染后治理"的老路，也已经为其忽视环境保护的行为付出了惨痛的代价。西方国家既然有这样的先例，我们应以之为前车之鉴。中西部地区必须引以为戒，一定要探索出一条绿色、协调、可持续的发展道路，让我国的发展能够更加有益于人民，让我们的绿色理念更加深入人心。只有集政府、市场及公众之力为一体，我国才能走上一条环境保护和产业转移相协调的可持续发展之路。

2.5.1 对政府的建议

2.5.1.1 转变自身发展理念

新中国成立之初，我国提出了多种多样的发展口号，目的是让我国的综合国力更上一个台阶。但是这一探索过程并不是那么一帆风顺，在遇到挫败后我们静下心来总结，总结过后又一心去谋求发展。正是在这样的循环往复中，党和国家承载起了人民的寄托，将我国的综合国力提升到了一个前所未有的地位。发展理念是发展的核心，党和政府一直强调发展为了人民，发展依靠人民，发展成果由人民共享的理念深深扎根于人民之中，形成了我国当前繁荣稳定的大好局面。随着生产力水平的提高，我们需要全新的发展理念来引领下一阶段的发展，因此找准发展理念，践行新的发展理念也正是这一阶段至关重要的任务。

中共十八届五中全会提出了创新、协调、绿色、开放、共享的发展理念。这就要求各级党组织和政府机关要积极转变自身发展理念，为我国的发展贡献更大的力量。这五大发展理念也涉及我国能源价格以及污染产业的方方面面，创新要求政府进行积极有效的政策调整，加快能源产品市场化进程，不要急政、懒政，要加大创新投入及创新力度，对企业加以引导；协调要求政府对能源价格与污染产业转移之间的关系进行研究查证，通过改变一方来使另一方得到恰如其分的调整，同时也要协调好环境污染与经济发展之间的关系、政府政策与污染产业转移之间的关系等，使能源市场运行更加平稳、高效；绿色要求政府制定严格的环境监察制度，树立"主人翁"意识，践行污染责任制改革，建立更加合理的政府考核机制，将绿色发展放入考核中，并适当加大其所占比例，使我国的发展更可持续；开放要求各级政府积极进行产业承接，打开自己的大门去迎接优质企业入驻，积极与其他地区或国家联系，学习借鉴他人先进的发展经验，有选择、有目的地开放自己，而不是全盘接受；共享要求政府践行政务公开，不仅要与人民共享发展的成果，还要让人民融入发展的过程中，从人民群众中汲取智慧和灵感。

由于我国改革开放的重心曾在东部地区，所以我国面临着非常严峻的发展不平衡问题。在改革开放初期进行产业承接的过程中，对环境问题的忽视以及对发展的迫切需要，使我国成为西方发达国家污染产业的聚集地。40余年的时间，我国产业升级的需要使产业转移问题迫在眉睫，这对我国中西部地区无疑是一个发展的绝佳时机，但是，新发展理念的提出需要我们务必警醒自己，不要再走"先污染后治理"的老路。因此，对于政府而言，转变自身发展理念势在必行。理念是行动的先导，要让理念真正能够引领发展，还需要政府坚守本心的积极转变。

2.5.1.2 完善环境法制建设

如果我们在环境问题上，还只是停留在宣传"保护环境，人人有责"的口号，那么终将一事无成。过往的经验告诉我们，必须通过法律来对污染环境的行为进行惩罚，从而促使人们养成良好的习惯。小到公民个人，大到企业甚至政府自身都应该如此。我国在环境法制建设方面进行了很多有益的探索，但不可否认的是，我国东、中、西三个地区间的环境法制建设也存在着差距，如何弥补这些差距，也是当今学者研究的重要课题。现在的中西部地区，有些城市也以自身较低的环境制度标准为优势，吸引外来产业的入驻。这是一个千载难逢的良机，还是一个舍弃发展的陷阱？这并不需要通过进一步的实践就可以得到真知，因为蒸汽时代西方国家的尝试以及改革开放初期我国东部城市的发展都可以向我们证明，这一条"先污染后治理"的发展道路并不好走。我们必须通过严格的法律规范对这一种行为进行限制，以谋求更有成效的发展。

在环境法制建设中，重点应该放在两个方面：一是针对产业转出地的产业转移行为，二是针对产业转入地的地方法的建立。首先，就产业转出地而言，政府应该在法律中明令禁止污染企业的发展。随着我国产业升级以及环境保护稳步推进，很多污染产业已经不适合我国发展的需要了，这类产业所面临的道路只有两条：主动进行产业升级或被动面临市场淘汰。很多污染产业为了避免政府环境管制对其产生影响而进行产业转移，对这种行为我国应该当机立断，早日断绝。我国对这类企业既寄希望于其能够带来更大的经济效益，为我国就业创业增添活力，又渴望在企业盈利后主动将资金应用于转型升级。但是这类污染企业即使有可观的利润，也很难有能力来更新换代。国家出台了一系列引导性的政策措施，但是效果并不好。要想改变污染产业转移的现状，国家必须出台强制性法律文件，明确法律责任，强化法律意识。其次，就产业转出地的地方法而言，应该从国家层面出发对其进行规划。在我国，产业转移的承接地大都分布在中西部地区。由于自身与东部地区巨大的发展差距，这些地区一直希望能够得到快速的发展，所以往往会选择性忽视。我国虽然对环境进行了法制规范，但是由于区域经济发展不均衡，各地区又会有自己的制度安排。国家针对目前西部地区的发展现状，努力引导产业进行转移，凭借西部地区廉价的土地资源和劳动力，势必会吸引很多企业入驻，所以政府要加强立法，不要以国家制定的环境法为最高标准，而要以此为底线，提高环境质量。在地方法制定上，应该针对各地区特点有针对性地制定。例如，在少数民族比较多的地方，要充分考虑当地的优势，发展相对应的产业，对产业转移的过程进行积极引导，并通过法律的制定将那些不符合地方发展需要的企业拒之门外，做到取精华弃糟粕，切忌全盘接受。

2.5.1.3 能源的市场化改革

我国能源市场化进程缓慢，目前仍有很多能源价格由政府管控。能源市场化改革从 20 世纪初期我国就一直进行着。国家对能源价格进行管控确实会产生很好的效果，我国近几十年的发展也必须要依赖政府对能源价格积极的调节，但在这一过程中，也产生了很多问题，这些问题也越来越暴露出政府控制能源价格的缺陷。众所周知，任何一种产品，都需要根据供需情况来调控其价格，这一调控的主体通常是市场，因为市场瞬息万变，最能体现出产品供需的变动轨迹。当人们对于一个产品的需求上升时，其价格也会随之上涨，而上涨的多少也完全由市场来调节。为了稳固能源市场，我国对能源价格进行了严格的管控，因此能源价格并不能迅速且有效地反映市场上的能源变动状况。改革开放后，为了工业的发展，国家将能源价格调控至市场均衡价格水平之下，较低的能源价格使我国工业的发展迎来了全新的发展，但是同样带来了能源浪费、能源滥用、能源污染等一系列能源问题。一方面，能源价格也很难反映出能源的稀缺程度；另一方面，能源价格无法反映国内或是国际能源供需方面的变动，直到现在这一问题都没有得到有效解决。目前，我国的发展更多依赖市场的调节，所以能源价格改革的需求强烈且时间紧迫。

要想对能源市场进行改革，必须要在了解该项需求的同时有相应的规划。笔者认为，第一步是要弱化政府职能。政府在能源价格方面一直是主导者，随着我国市场经济的进一步发展，能源必须从政府权力结构中分离出来。弱化政府能源定价的职能，尽可能将能源价格回归到能源市场上来。我国能源品种相对较为单一，能源创新不够活跃，很大程度上由政府来引导，并没有充分带动企业以及群众的热情。能源市场化改革，可以加大清洁能源研发投入，使清洁能源真正成为能源市场上的主流，也会引发低价且清洁的能源研发潮流，这也是当今国际能源市场上的一大趋势。能源市场的发展必须要经历去政府化的过程，这不仅需要国家简政放权，对能源市场进行更为积极有效的指导，同时还对我国企业及公民个人提出了更高的要求，这必然需要我国各部门、各行业、各地区通力合作，从各自的角度出发为能源市场化进程贡献出自己的力量。

2.5.2 对企业的建议

2.5.2.1 树立责任意识

对于企业而言，盈利必然是第一位的，一家无法盈利的企业根本无法生存。随着我国环境保护力度不断加大，很多中小型企业在夹缝中生存。对制作编织袋的工厂进行实地研究，更加深了笔者对污染企业发展的理解。在我国的一线城市，由于寸土寸金的地皮以及大量高水平劳动力的涌入，除了私家小作坊，很难有污染企业的立足之地，所以一部分污染企业由于前期的良好收益状况得以更新换代，转型升级为低耗高效的现代化企业，一部分则一直寻找着合适的地方进行转移。中西部的欠发达城市自然而然成为这些企业家的首选目标，但是现在我国决心要整治环境问题，所以即使到了中西部地区，也仍面临着很多困难。在这种局面下，企业家必须要树立责任意识，主动进行选择，不应该专注于行贿托关系或者与检察人员"躲猫猫"等于人于己都不利的行为。树立责任意识，并不是意味着要企业家主动退出，自己承担损失，而是需要他们从企业的长远发展出发，放弃眼前的蝇头小利，积极与国家政策相适应，做于国于民都大有利好的事情。如果仅仅从企业竞争理论的角度进行考量，谁都不愿意做"良币"，为了在市场中占住自己所有的份额而甘心做"劣币"，则必然不利于企业进一步的发展。

在当今社会，人们越来越看重企业的社会责任。企业的社会责任体现的不仅是企业领导者的担当，更是企业文化、企业精神的现实寄托，人们会因为这些而对一个产品、一家企业产生信赖甚至依赖。在严厉打击污染产业的经济环境下，想要继续谋求发展的企业也不可避免地要提高自身技术和管理水平，从而进一步增强企业的竞争力。技术创新对企业竞争而言是至关重要的，在当今日新月异的时代中，大型企业的发展必然离不了创新。积极承担社会责任，提高自身创新意识和能力，企业就会受益无穷。污染产业转移的原因是多方面的，当政府做好应该做的事情时，重任也继而交接到了企业的身上。企业只有树立责任意识，将污染问题彻底解决，实现真正意义上的清洁生产，才能够不负国家和人民所托，迎来更好的发展。

2.5.2.2 加强行业自律

行业自律是指企业自己规范自己的行业行为。维护公平竞争的行业氛围，可以促进行业健康发展。行业自律主要包括两方面的内容，其一是来自国家统一的管理，其二是来自行业内部的规范。俗话说得好："国有国法，家有家规。"这就是行业自律需要做到的。我们可以把一个一个企业看作一个一个家庭，无数个家庭组合在一起形成国家。国家对家庭进行统一的管理，其管理方式就是国法；每个家庭内部也会有相应的管理制度来维持家庭和谐，这些制度就是家规。就我国众多行业而言，国法对应的便是国家的管理，家规对应的便是行业内部的规范。

从国家管理的角度出发，针对各行各业，我国都有相对应的法律法规来进行引导，每家企业都必须严格遵守。相对应的行业规范条例之外，我国还专门制定了《中国管理咨询与培训行业自律十条》，以此来引导各企业加强行业自律，规范自身行为。从行业的角度出发，各行各业的发展都会产生相对应的行业协会。为了对企业在该行业中的行为进行规范，行业协会会制定更为细化的行业规则，一般行业中的细节规范都来自行业协会。各企业必须加强行业自律，遵守职业道德，有自己的职业道德底线，不忘初心，砥砺前行，在为自己争取更大经济效益的同时，推动社会文明的发展。

2.5.2.3 加强内部管理

随着我国对外开放程度的不断加强，很多外资注入我国的市场，在这一过程中，这些外国企业也把先进的管理理念带了过来。通过不断地发展，这些优秀的管理理念早已融入我国的行业管理之中。本章研究的是能源价格对我国污染产业转移的影响，通过实证研究得知能源价格对我国污染产业转移确实有影响，很多污染行业来到中西部地区也是由于该地区能源价格方面的优势。为了鼓励中西部经济欠发达地区的发展，国家也制定了一些倾斜性能源政策，这无疑会吸引很多能源工业企业的加盟。对于这些企业而言，去那里并不意味着可以肆意污染，反而应该借助于当地其他的优势，无论是劳动力还是政策方面的，积极地做出改变和调整。改变和调整必然是一个由内到外的过程，企业必须从自己做起，从企业内部管理做起，只有这样才会让企业的发展上升到一个新台阶。然而加强内部管理并不是一句空话，这需要切实可行的安排和身体力行的实践。

首先，企业应该调整自身发展理念。企业作为环境治理的主体，在追求自身利益的同时一定要积极响应国家政策方针。我国现在所追求的发展是绿色、协调、可持续的发展，而这一发展理念只有与企业相联结才能发挥其功效，所以，企业首先要树立这一发展理念。其次，企业应对自身产业进行正确评估。污染产业转移的源头就是污染企业的存在，因此企业要对自己的产业状况进行合理评估，并根据评估报告及时淘汰更新，进行产业升级。最后，企业的发展必须立足长远，放眼未来。现在很多污染企业的老板只贪图眼前利益，不惜砸掉自己的招牌，也正是因为有这种企业的存在，才致使我国的污染防治工作开展得不够理想。任何一家企业，想要实现长久盈利就必须立足长远，对企业自身进行远景规划，远景规划的核心不只是针对企业自身发展方向问题的研究，更是对国家政策导向的把控。只有正确把握政策方向，紧随国家以及时代步伐，才能将企业做大、做强。

2.5.3 对公众的建议

2.5.3.1 积极参与，强化权利意识

在环境问题上，每个人都应该树立主人翁意识，强化自己的权利与义务，而不应总是习惯于沉默，习惯于忍耐，习惯于接受。主动参与是寻求改变的关键，当前的环境问题是属于全世界的，每个人都应该严肃对待。

我们的教育在不断地发展,观念也在不断更新,所以与其被迫忍耐,不如主动改变。

现在科技的进步以及政务公开的推行,让我们有越来越多的渠道可以利用。其中最简单的方式就是通过朋友圈效应,一传十,十传百,通过不断地感染他人来带动周边人群保护环境。聊天交友软件的出现,使得人们之间的距离越来越近,我们可以将一些好的行为及理念推广出去,在提升自己个人魅力的同时也提高朋友的修养。除此之外,我们还可以参与环保政策的制定,在基层,国家设立了城市居民自治委员会以及村民委员会,每个人都可以参与政策的制定并且提出合理的政策建议,在基层试行成功后进一步推广。只有做到积极参与,不断强化我们的权利意识,将不文明行为一网打尽,才能使我们的生活环境和生活质量得到质的提升。

2.5.3.2 从我做起,践行环保理念

本章研究能源价格对我国污染产业转移的影响,目的就是希望提高我国的生态环境质量,推动可持续发展。在这方面,国家以及企业需要做得更多,但是每个公民也应该努力去践行保护环境的理念。所有政策方针归根结底都要由人来执行,而执行者便是我们每一个人,因此环境保护与每个人息息相关。每个人都要努力从我做起,从自身做起,践行环保理念,为我国的环境保护事业贡献出自己的一份力量。

(1) 增强环保意识,提高环保素养。在当今知识时代,我们不乏先进的理论知识,但是大家的环保意识和环保素养却稍显薄弱。要弥补这一点,就要充分地认识到环境保护的重要性,把保护环境当作自己力所能及的责任,努力坚持环保,践行环保。

(2) 节约资源,绿色消费,从自身做起。当前我国多地环境受到严重威胁,在很大程度上是由于人们的浪费行为导致的,我们必须养成良好的生活习惯。例如,践行"光盘行动",避免餐桌浪费和污染;不使用一次性物品;节约用水,及时关掉水龙头,努力做到重复利用,提高水的利用率。即使是一件小小的东西,我们也要物尽其用。

(3) 宣传环保,让更多的人行动起来。单单自己做到保护环境还远远不够,因为个人的力量是有限的,只有团结动员全社会的人们,才能有效

地解决环保问题。我们可以通过带动孩子们参加环境保护活动，对他们宣传环保理念的方式来使更多的人做到保护环境。孩子的行动不只会使父母受到感染，也会感染每一个看到的成年人，我们可以在教育下一代的同时提醒每一个人。

2.5.3.3 认真学习，努力献言献策

国家的发展需要每个人的智慧，在环境问题已经严重威胁到人类生存的今天，我们能做的是认真学习理论知识，努力参加社会实践，将自己的真知灼见应用于现实生活之中。然而，在应对能源价格对污染产业转移所产生的影响这一话题时，我们需要学习哪些知识呢？

首先，我们要努力学习能源以及产业转移理论。能源的分类多种多样，从多个角度对一种能源进行把握，可以形成更加形象的认识。产业转移是经济发展过程中必然会出现的现象，然而产业转移有什么特点呢？在产业转移过程中我们应该尽可能地避免哪些难题呢？这都是我们参与这一话题必须了解的内容。其次，我们要了解国家政策导向。我国现在对部分能源价格进行市场化改革，确实给能源市场带来了很大的成效，但是也伴随着一些问题的出现，如价格波动难以掌控，我国企业短时间内难以适应等。通过了解国家导向，可以更加有针对性地对相关政策做出回应，也会得出更加深入的见解。最后，要学习保护环境的相关知识。保护环境，人人有责，这句话并不空洞。随着人类活动的加强，环境在很大程度上受到了污染，臭氧层空洞、北极冰融化、极端天气增多等各种各样的环境问题开始侵入我们的生活，只有真正将这句口号付诸行动，我们才能够换回碧水蓝天，才能够真正感到心安理得。也只有掌握了这些知识，我们才能为政府提出更有成效的建议，也只有人人都认真学习，努力献言献策，我们的社会、我们的国家、我们所在的这个星球才会越来越美。

2.6 研究结论

当今世界经济局势瞬息万变，而能源作为驱动经济发展的引擎，其举足轻重的作用自然无须多说。随着能源地位的一步步提高，能源价格和产

业转移之间的关系也得到了越来越多的人关注。能源价格是否会对污染产业转移产生影响，这不仅是目前大多数发展中国家需要研究的重点，更是迎合当今社会发展的重大课题。本章主要利用理论研究以及案例实证的方法对能源价格与污染产业转移之间的关系进行深入研究，其中包括能源价格的变动状况、污染产业转移的影响因素、能源价格与污染产业转移的内在联系等相关内容，笔者希望通过研究分析得出确切的数据信息，以此为我国能源发展以及环境安全问题提出合理化建议。在研究分析后，本章得出如下结论：

（1）通过对能源价格对污染产业转移所产生的各种影响进行分析总结，验证了能源价格与污染产业转移之间具有一定程度的相关性，且通过案例实证的方法证明了我国的能源消费对工业污染的影响较大。在对各类能源价格与其影响因素进行分析后得知：尽管能源种类较多且价格各异，但在我国最为主要的还是煤炭、石油、天然气这三大类。最近几年，天然气消费总量的变化在很大程度上引起了其他能源价格的变动。

（2）利用时间序列分析的方法对能源价格以及污染产业转移进行趋势和波动分析，针对不同的时间序列分别采用不同的组合预测方法，以提高分析的精确度。对于难以搜集到的能源价格数据进行合理的预测，将有助于从整体上把握我国能源发展的态势，从而确定今后一段时间内我国能源政策和能源管理制度的发展方向。在经过理论研究与实证研究后，笔者认为我国能源要坚持走市场化道路，让能源真正回归到能源市场中，政府主动减少对能源价格的调控，过多的行政干预可能会适得其反。

（3）通过对我国能源消费的影响因素进行实证研究，可以看到我国能源市场上一个显著的变化，即能源消费受能源价格影响的比重在逐步增加，两者之间的关系也越来越密切，这在很大程度上得益于我国目前所推行的能源市场化改革。市场是平衡供应与需求两端的天平，我国所推行的能源市场化改革，虽然时间不长，但是效果很明显，所以仍应稳步推进，提高市场的自主定价能力。同时，价格变化必然会对消费产生影响，企业家必然会选择前往成本更低的地方，这也为我国污染产业的转移奠定了基础。

(4）污染产业在一段时间内规模迅速扩大，在我国产业总量中占据着相当大的比重，但是随着我国产业升级的需要以及生态环境的治理，很大一部分污染企业通过转型升级重新适应了国家政策需要，由污染企业成功地转化为绿色企业。但也有一小部分企业由于资金以及重重检查的原因面临倒闭，在产品研发以及产业转型方面，它们丝毫没有优势，所以国家应该出台相应的政策，来帮助中小型污染企业成功转型，渡过难关。

（5）不同产业对于能源价格波动状况的反应是不同的，因为不同的产业对能源的依赖性不同，即使同为污染产业，对能源的依赖程度也会有所不同。因此，能源价格对污染产业转移的影响也要从多个角度来分析，即从高耗能产业、重工业、轻工业等方面来分析。通过研究发现，从总体上来看，受能源价格影响最大的就是高耗能产业，重工业次之，最后就是轻工业、农业和服务业。

当然，能源与产业转移相关内容涉及面极广，而且这个问题本身也很复杂。本章在综合考虑了能源价格的波动状况以及污染产业转移的影响因素之后，通过定性与定量分析考察能源价格与污染产业转移之间的关系，并且选取不同的案例分别对中国的能源价格、产业转移以及对连接能源价格与污染产业转移之间的主要因素进行预测。能源系统本身就很复杂，而我国能源市场化又有自己独特的特点，要对其进行透彻分析难度较大。本章利用案例分析的方法分析能源价格对我国污染产业转移的影响，并取得了一定的研究成果。但受笔者水平以及数据等方面条件的限制，还存在许多问题有待进一步深入研究。

（1）污染产业转移的因素有很多，因此想要完全将能源价格从这些因素中单独分离出来也非常难，本章虽然是从这个角度进行研究的，但是研究结果在一定程度上也会受到其他因素的影响。通过分析比较确定了能源价格对污染产业转移的影响，但是影响到什么程度难以得知，更加具体的信息只能通过模拟运算，将其他因素都剥离出来才可以得到。因此，下一步可以对我国三个地区的能源价格变动状况进行更进一步的研究，以求研究结果更贴近现实情况。

（2）由于数据获取等方面的限制，本章在数据选取过程中，有很多是借鉴其他学者的,虽然有文献支持,但是在一定程度上会致使研究创新性不足。数据的搜集工作本就是研究中的一大难题,虽然现在网络发达,很多数据可以通过网络进行搜集,但是身处这样一个知识付费时代,而关于能源的相关信息,更是价格不菲。笔者虽通过多种渠道查阅信息寻找数据,但还是有若干年的数据缺失。针对这一方面的问题,笔者主要通过计算模拟来解决,因此,希望在更进一步的研究中搜集到更多真实有效的信息。

(3)在实证研究这一环节主要采用的是案例分析的方法,虽然分析过程也包含了一些数理统计运算,但更多是通过案例来进行分析论证的。案例分析可以使研究结论显而易见,读者可以更容易接受文章信息,但是数理统计方面的知识对于此类文献的作用依旧不可忽视,所以在以后研究过程中要加入更多的数理统计数据,使研究结果更加具有说服力。

第3章 我国工业废弃物资源化利用的市场体系建设研究

3.1 绪论

3.1.1 工业废弃物资源化的国际、国内背景

3.1.1.1 国际背景

18世纪,以英国为首,接着是其他欧洲国家、美国及日本接连进入工业革命时期。在西方发达国家,煤炭、冶炼、化工等重工业快速发展,在推进城市化进程的同时,大量工业废弃物被直接排放到自然界中,至此西方国家开始进入工业污染时期。20世纪20—70年代,煤炭消耗量急剧增加,西方各国开始竞相发展经济,加速推进工业化和城市化进程。这段时间开始进入工业污染大爆发时期。一方面,盲目的工业化和城市化进程的推进,带来了资源和原料的大量需求和消耗;另一方面,工业废弃物的肆意排放带来了严重的环境污染,如"日本米糠油""洛杉矶光化学烟雾"等骇人听闻的重污染事件。20世纪70年代末,西方国家意识到了问题的严重性,开始了对环境的认真治理。进入21世纪以来,国际关于工业废弃物资源化利用方面的研究开始爆发式地不断涌现出来,从最初的环境规划与管理开始一步步摸索,配合法律条文监管、协调经济增长与环境保护的关系、合理并充分利用自然资源、废弃资源的循环再利用和资源化利用市场的建立,发达国家在用它们的工业发展道路和治理经验告诉世界工业废弃物资源化利用的必要性。

以日本为例,20世纪50年代开始,就已经基本形成了以市场需求为

导向的工业废弃物市场支撑体系框架，同时政府主要运用财政、货币、法律等手段对市场进行调控，以此来克服价格机制在资源利用与生态环境领域的局限性。日本从1970年就已经开始着手建立并逐步完善废弃物资源化利用的法律体系，并于2000年颁布了具有宪法性质的《建立循环社会基本法》，且法律内容完备，以基本法为基础、专项法为核心、综合性法律为保障，涵盖了法律的三个层面。此外，由于政府在财政和税收等方面的强力支撑，日本在循环经济领域取得了举世瞩目的成就，同时再生资源的回收企业不断发展壮大，再生资源回收市场也呈现出欣欣向荣的景象。数据显示，2007—2017年，日本严格规范废弃物资源化利用市场，废弃资源综合利用比由刚开始的52.5%发展到73%，进步速度惊人。

3.1.1.2 国内背景

改革开放带我们步入了经济大发展的时代，其中的工业发展成果不可忽视，但也凸显出工业污染、生态失衡、资源浪费等许多负面问题。由于疆域辽阔，我国自然资源的数量和种类位于世界前列，但人均资源拥有量却相对匮乏。现代工业的发展，使自然资源被赋予了更高的价值，也逐步成为国家的重要财富。长期以来，我国经济发展一直追求增长数字，却忽略了经济发展的科学性与可持续性。工业废弃物作为工业经济发展的剩余产物，依然是可利用自然资源的一部分，被遗弃在工业生产流程的末端不应该是它们的最终归宿。面对传统经济发展模式的弊端，我们应该深刻地反思，人口、环境、资源、经济与社会的全面协调可持续发展是人类社会长期追求并努力实施的一种全新的经济发展模式。

中共十九大报告对未来做出了长远而且具体的规划，提出了"人与自然是生命共同体"的理念。我们必须学会尊重自然、敬畏自然、顺应自然和保护自然。习近平总书记提出，建设社会主义生态文明，实现工业发展和生态文明的统一。"建设美丽新中国"是我们走向生态文明社会的新任务，也是首要任务。经济发展和生态文明建设并不是对立存在的，把握好两者的平衡点才能协调发展，实现双赢。虽然经济发展仍然是现代社会发展的重点，但是不能单纯地以数字和速度来评估，应该以实现社会的全面发展为目标。实现人与自然的和谐相处并不意味着要放弃发展，而是要切实地去落实好科学发展观，如建设新型工业化产业、大力发展循环经济等。经济转型是现今社会面临的一个重要选择，以往粗放型的经济发展方式应该被逐一淘汰或优化，转而实现循环经济的全面发展。循环经济的贯彻和落实能够从根本上改变我国的经济增长方式，缓解资源有限和发展需求的矛盾，减轻环境压力和生活质量之间的冲突。生态文明建设和循环经济发展应"双管齐下"，配合观念转变和政策引导，不仅要求企业典型示范，还要求社会公众积极参与，为社会建设和社会进步贡献力量。

3.1.2 研究意义

3.1.2.1 理论意义

（1）有利于探索新型工业化发展道路、绿色供应链管理、资源化市场机制、工业生态学等领域的内在规律。将其研究结果应用在实例研究中，能够更好地认识其内在联系与客观发展规律，促进循环经济、资源环境管理等相关研究领域的科学融合。

（2）有利于完整系统地分析工业废弃物资源化利用的市场现状、存在的问题以及市场特征，并有针对性地提出宏观角度和微观角度两方面的可行性政策建议，可以为其他种类废弃物的市场建设和市场网络机制优化研究提供参考。

3.1.2.2 实际意义

（1）有利于提高我国工业废弃物资源的利用率，缓解资源短缺现状。目前，我国工业废弃物资源利用率明显低于世界平均水平，如果工业废弃物能够被充分资源化利用，每年可以为我国经济增长贡献1000亿~1500亿元。

（2）有利于建设生态文明社会。保护环境、防治污染是我国发展经济的过程中必须要时刻注意的问题，但是现有的工业废弃物处理资金投入不到位、处理设备落后、处理水平不达标、处理过程二次污染等问题仍有待解决。工业废弃物资源化利用将是解决工业污染的一个最有效的途径。

（3）有利于协调工业废弃物循环网络，优化产业结构。现有市场中整个工业废弃物循环利用网络中存在着不同主体间的利益冲突，工业废弃物循环利用网络组织间的差异导致了企业与企业之间生态链和经济链的不连续性、不持久性，降低了工业废弃物资源化利用的效率，也限制了资源化利用网络的演变和推进。

（4）有利于完善市场机制，提高工业废弃物资源化的运行效率和管理效果。充分利用工业生产中的废弃物，通过交易机制优化和企业间机制优化可以为相关企业和政府管理层提供决策依据。

3.1.3 研究内容与技术路线图

3.1.3.1 研究内容

本章从我国工业废弃物资源化利用的现状出发，探讨现有资源化存在的问题，为加强工业废弃物资源化利用市场的建设指明研究方向并明确研究目标。本章的核心内容结合国内外已有文献和委托—代理模型，以工业废弃物资源化的市场分析为前提，进而引出工业废弃物资源化利用市场建设的主要障碍因素，同时建立市场交易合约机制模型，分析合约订立、决策权力、利益分配、激励机制等微观因素。最后，有针对性地从微观和宏观两个角度提出加快工业废物资源化利用市场建设的政策建议。

本章分为六个部分：

第一部分为绪论，主要介绍研究背景、研究意义、研究内容、研究方法、总体构架与创新点。

第二部分归纳国内外的已有文献和与本章研究内容相关的研究成果，并对文献进行综述。

第三部分是工业废弃物资源化利用的相关概念介绍。首先，梳理工业废弃物、资源、资源化的理论概念；其次，分析我国工业废弃物资源化模式和资源化市场的现状、存在的问题，依靠市场在循环经济中的作用来探索工业废弃物资源化利用的市场体系建设所应该具备的特点。

第四部分先分析建设工业废弃物资源化市场的障碍因素，主要包括两个方面：资源化网络间的冲突性因素和网络运行的影响因素。为了克服障碍，建立市场交易合约机制模型，进而分析合约订立、决策权力、利益分配、激励机制等微观因素，探求更加合理规范的工业废弃物资源化利用的市场交易合约机制。

第五部分根据本章的研究内容和研究结论，结合我国工业废弃物资源化市场现状，从微观的组织结构优化和宏观的政策法规建设角度，细化到具体的网络组织、企业能力、市场整合、制完善度、科技支撑等五个市场建设相关方面并提出建设性意见。

第六部分归纳并总结出工业废弃物资源化利用市场体系的研究结论，并对未来的研究方向和市场建设进行展望。

3.1.3.2 技术路线图

本章研究技术路线如图3-1所示。

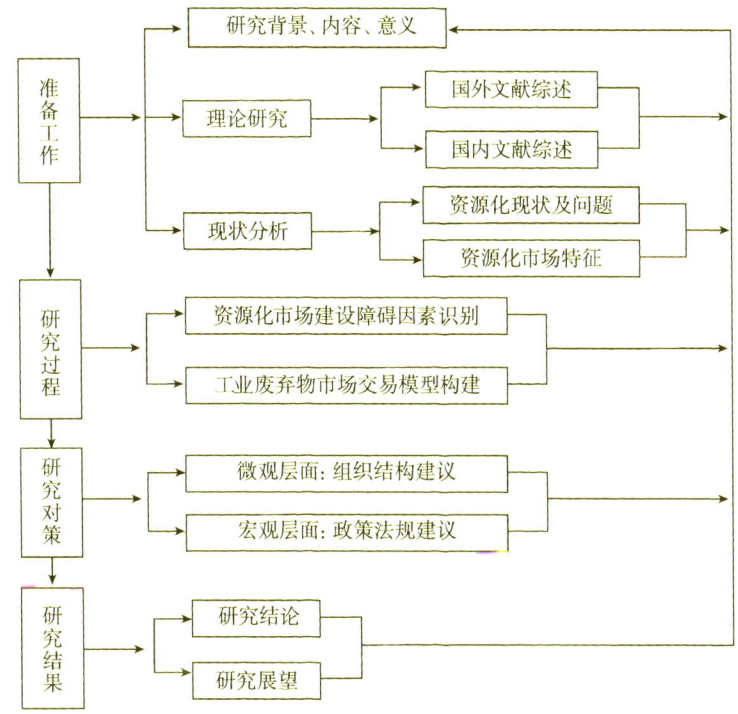

图3-1 研究技术路线

3.1.4 研究方法

为保证本章研究结论的可靠性，本章综合运用多种研究方法，理论阐述结合具体实践，模型分析结合现实状况，从多层次、多维度的视角去发现问题和研究问题。

（1）文献评析法。收集和整理了大量国内外关于工业废弃物资源化研究的期刊文献，结合循环经济理论、网络共生理论等理论研究，探讨工业废弃物资源化利用市场建设的可行性策略和方法。

（2）案例研究。为避免主观价值判断对研究结果的影响，本章借日本废弃物资源化市场建设的实例研究，对工业废弃物资源化利用的有效方式和市场建设的可行方法进行探讨。

（3）委托—代理模型。本章第四部分在对工业废弃物资源化市场的研究中建立以供应商和利用商为基础的市场交易机制，对从工业废弃物生产到再生产品销售的整个过程进行定量分析，运用数学公式推导，结合现实假设，对不同市场下的交易合约进行研究分析。

3.1.5 创新点

本章的创新之处主要有以下几个方面：

（1）研究视角的创新。传统的关于工业废弃物资源化利用的研究大多是关于政策、管理、供应链、网络机制等方面的，本章以工业废弃物资源化利用的市场为研究对象，对我国工业废弃物资源化利用市场的特征、关系、存在的问题等三个方面进行分析。

（2）研究方法的创新。通过构建委托—代理数学模型，从微观层面对工业废弃物再利用市场的交易机制进行定量分析，利用模型分析合约订立、决策权力、利益分配、激励机制等微观因素，探求更加合理规范的工业废弃物资源化利用市场的交易合约机制。

（3）建议角度的创新。从工业废弃物资源化利用市场与资源化利用网络两方面出发，提出具有创新性的意见，包括资源化网络组织企业间的交易机制优化、组织内部成员企业间的关系和能力柔性强化、市场与资源化网络的内外整合等。

3.2 国内外文献综述

3.2.1 国外文献综述

3.2.1.1 关于工业生态和循环经济的研究

20世纪中期，由美国经济学家Boulding（1969）"宇宙飞船理论"演变和引申而来的循环经济的概念，开启了资源循环利用理念的起点。其观点认为，循环经济本质上是以节约资源和综合利用为核心的生态经济的一种方式，循环经济的目标是实现自然资源和生态资源的高效利用。Frosch和Gallopoulos（1989）认为工业系统应该朝可持续发展方向前进，模拟自然生态系统，实现系统内物质和能源的无限循环利用。此外，社会还应鼓励创建不会对生态环境造成影响的一体化工业生态系统。Schwarz和Steininger（1995）在研究中提出工业生产企业之间可以实现上下游之间相互匹配的关系，从而彼此关联形成工业循环网络。相互关联匹配的工业网络间的废弃物综合循环利用会更高效，能够弥补单个企业生产能力不足和产业范围有限的限制。Li（2010）等结合工业企业现状提出了加工企业（包括冶金企业、煤炭企业等）的循环经济发展模式；同时，他首次给出了明确的循环经济评价指标体系，推进了循环经济的发展进程。D. Romero和A. Molina（2012）提出了绿色虚拟企业饲养环境（GVBE）的概念，它是一个长期的战略联盟绿色企业及其相关支持机构，旨在提供必要的条件，有效地促进资源的共享和回收，同时GVBE可整体运用可持续工业发展模式去实现循环经济与绿色企业共同发展。作者建议在微观层面进行绿色虚拟企业创建，在宏观层面进行智能网络和资源管理，最终从循环经济的发展角度来创造可持续的价值。Ryan Bradley（2018）指出，为了缓解循环经济所面对的挑战，需要建立一个生命周期成本模型（TLCCM），此方法便于根据再生产品的生命周期做出各方面的决策。

3.2.1.2 工业废弃物循环利用网络影响因素研究

Klein（1992）认为，契约订立的非完备性和企业间的"敲竹杠"行为会增加企业成员之间发生利益冲突的风险概率。M. Anderson（1995）以环保法律法规作为影响循环网络稳定运行的研究对象，得出其能够对企业的日常生产行为起到约束和规范的作用，从而实现对生态环境保护的结论。Chertow（1999）认为工业废弃物的资源化利用受多个因素的影响：法律政策、技术支持、经济效益、产业分布、企业经营状况等。Korhonen、Niemelainen 和 Pulliainen（2002）认为企业依靠社会资源和环境资源获取利益，理应承担相应的社会责任。同时，接受社会公众的监督和法律法规的约束更有利于社会责任的形成。Pierre Desrochers（2002）认为网络上下游企业相互合作的本质是利益的可获取性，包括收益增加、生产成本降低等因素。所以，利益是驱动网络上下游企业成员相互合作的关键动力。Murat Mirata（2004）以技术水平为网络研究的切入点，认为技术水平是产业共生网络上下游企业能否相互匹配并达成合作的基础，也是网络中企业达成合作的门槛。这两点关系企业能力，同时影响彼此间合作的稳定性与可靠性。Gibbs（2007）认为企业间合作关系的亲密程度也是循环网络运行成功与否的关键性因素。N. Jones 和 K. Evangelinos（2010）研究了公众行为对工业废弃物回收网络的影响。他提出了四个社会资本的影响参数，分别是社会信任、制度信任、社会网络和社会规范。Lu Fucai（2015）提出由于管理、生产、资源获取能力等方面的局限性，单一企业很难形成一个废弃物回收网络的封闭循环。所以，网络核心企业在工业废弃物回收网络的建设和工业废弃物回收网络的运行中起着举足轻重的作用。K. Karmakar（2018）认为决策者循环利用网络中的重要影响因素，他们必须专注于再制造和回收，以减少污染和创造就业机会。同时，企业应该调整 TDFLS 规则，以减少社会经济可持续发展的污染和经济损失。

3.2.1.3　经济环境政策研究

经济环境政策并不是强制约束企业或个人行为规范的法律法规，它更多的是强调市场机制，依靠市场调节作用来约束企业或个人行为，通过间接影响作用让企业自觉选择正确的行为决策。"市场的力量"是一只无形的手，正确地加以利用，能对工业废弃物的资源化利用起到很大的促进作用。P. Christmann（2004）认为目前社会的环境保护政策主要是针对某个社区的有害排放限制,局限性较小。他提出了"非机构自然资源制度"(INRR)的概念,以资源为基础,结合公共政策分析的管理优势与制度资源经济学的产权理论。此概念为工业国家制定自然资源使用规则和查明阻碍可持续资源管理的障碍提供了多方面的分析参考。Nikoleta Jones(2009)等认为经济刺激强度关系到经济环境政策贯彻和实施的深入程度。政府机构的经济手段必须"软硬兼施",包括消极方面的罚款制度、积极方面的补贴制度、混合型的押金—返款制度等。部分学者认为,人类社会污染和浪费行为的发生与商品生产、流通、消费过程中不合理的定价机制有关;政府经济刺激手段的运用,如税收、补贴和许可证等制度可以实现环境、经济、社会协调发展的目标,也可以通过构建成本—效益分析数学模型计算出社会中生产和消费行为中隐藏的对环境的影响因素。H. Prechel(2012)通过企业对环境政策进行分析,认为企业应该在政治上进行动员,以推进其经济议程,加强环境政策建设。国家结构的建立以及公共政策的执行,为企业提供了社会政治的合法性,以进一步促进其经济利益。与新自由主义主张相反,在重新监管时代,企业与国家的关系导致几个地区消费者的能源成本上升。I. M. Stelzer和 P. R. Portney(2015)曾出版了一本名为"*Making Environmental Policy*"的书籍,主张通过以市场为基础的政策工具和市场自有的调节作用来促使企业做出正确的行为决策,关于污染治理和再利用的法律法规只是辅助。他们把基于市场的环境政策工具划分为四种类型:污染物排放收费制度、废弃物交易许可证制度、降低废弃物交易市场进入障碍、增加政府对于环保和再利用企业的补贴。W. T. Jiao(2016)认为环境政策的持久性很重要,可持续发展是一项复杂的任务,需要政府做出长期和持续的努力。环境政策必须在几十年内得到足够的支持,要抵御破坏或终止的反噬力。

3.2.2 国内文献综述

3.2.2.1 工业生态和循环经济研究

由于我国工业化进程起步较晚,关于循环经济方面的研究一直处于较为空白的阶段,直至20世纪末在国外经济思想的刺激下,我国循环经济相关理论的研究才逐渐萌芽。马世骏、王如松等(1993)从工业生态学的角度出发，提出了国内著名的产业复合生态系统概念和有关生态规划的方法。不同国家和不同学者都有着自己对循环经济的理解与定义。马凯（2006）认为循环经济的概念有狭义和广义之分，广义上指产品被利用和消费后变为废弃物，经过再加工和再处理，废弃资源变为再生资源的演化过程，是今后社会经济发展和经济转型的新方向。狭义上指废弃物的回收再利用。王兆华（2007）指出循环经济可以分为三个层面：微观层面，从源头上解决废弃物产生的问题，推进各企业对于资源化、循环利用和清洁生产的认知和实践研究；中观层面，将各个企业间的生产关系进行相互衔接配对，以废弃物流通、交换、再利用为目的建立生态产业链；宏观层面，提高社会公众的整体意识形态，从个人角度提升到整体社会高度，见图 3-2。刁晓纯、苏敬勤等（2009）指出，工业生态网络应该以工业废弃物在生产利用中的价值流动循环为基础，才能更好地促进工业与生态环境的协调发展。目前，我国对循环经济进行的实践主要有两种形式：生态工业园区的建设和区域副产品交换网络的构建。王兴琼（2015）指出，我国在管理学方面缺少关于循环经济在实际应用中的研究，研究层面整体上缺乏对循环经济内涵的解析，企业管理层对循环经济发展的重视程度不够。此外，管理学研究者与企业管理者也很少联合参与循环经济实践。朱先明（2018）认为目前我国循环经济的发展进程缓慢是因为绿色金融机制发展不够完善，绿色金融机制和循环经济一样，同样以环境保护为发展理念。同时，它可以把循环经济发展的环境影响程度作为金融决策的参考标准。

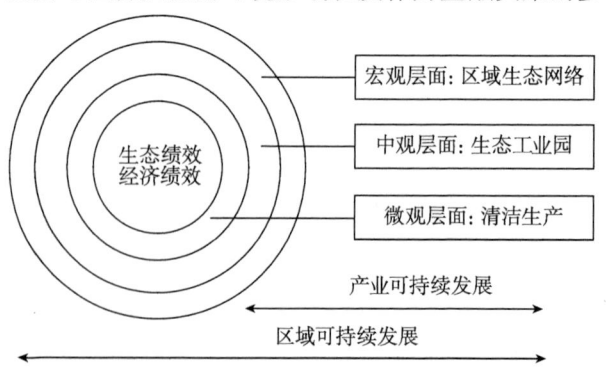

图 3-2　循环经济层面

3.2.2.2 工业废弃物循环利用网络影响因素研究

杨蕙馨等（2007）认为市场中废弃物交易网络上下游企业之间产生利益冲突的主要原因是价格控制权不公平和竞争结构存在差异，这些差异导致企业间利益分享不均。吴槐庆和牛艳玉（2008）认为由于购买新资源的过程更为简单，且价格比再利用的废弃物价格低，成本效益的失衡造成循环利用网络上下游关系的断裂。高君、程会强（2009）认为企业间的合作关系是购买新、废原料的成本、费用、收益之间利益权衡后的结果。赵涛、杨立宏等（2009）提出循环经济网络中上下游企业的依赖性影响了网络运行的稳定性；而且由于法律法规和市场交易机制的不完善，废弃物市场供需失衡现象显著且未得到有效改善。汤吉军（2010）对影响网络间企业利益关系的原因进行分析，指出由于企业个人利益目标私有性和网络企业资产的非透明性，一定程度上致使企业投机行为和风险行为的发生，最终导致网络中的利益争端出现。孔令丞（2010）指出，在企业产品结构改变的同时须对生产方式与规模进行对应调整，从而影响原有的利益关系。朱文兴（2013）针对循环利用网络内的组织间冲突进行了研究，从经营性和结构性的角度解释了网络内产生冲突的原因，并提出了针对不同类型冲突的处理策略。王丽平、栾慧明（2017）对工业废弃物的产生、回收、资源化的过程中各主体之间的联动脆弱性进行了比较系统的分析，其研究目的在于寻求解决机制来降低网络间的联动脆弱性。

3.2.2.3 经济环境政策研究

孟慧君、滕有正等（2003）指出国家环境政策的演变过程从依靠政府调节开始过渡到依靠市场调节，后期转变为依靠法律和经济政策来调节经济发展与生态保护之间的关系。吴荻、武春友（2006）通过对我国经济政策的发展和演变进行分析，总结出其在手段、作用机制、理念等方面的规律性；同时，文章指出我国环境政策在制定、执行、管理、监督和公众参与等方面存在着诸多问题。张坤民等（2007）对中国环境政策的形成和演化过程进行了总结，阐述了中国环境政策的特点和不足之处，同时对中国的环境政策进行了梳理、评论，提出了相关建议。刘蓉（2008）指出经济利益是企业生存和发展的内在本质,环境政策的制定要考虑企业的经济动机,以此达到企业自觉承担责任的目的。经济手段的使用要比较企业的成本和效益,让企业有利可图且利益可观,才能达到资源再利用和保护环境的目的。刘安国(2011)认为环境政策和技术创新对环境保护有着至关重要的作用,一方面它们可以明显促进工业企业的废弃物减排行为;另一方面环境政策和环境技术创新相互支撑,彼此具有双向促进作用。李筱乐(2015)研究认为,当废弃物市场化水平较低时,大量集聚的工业企业会无视市场肆意污染环境,但是只要废弃物市场化的程度开始提高,集聚企业的污染行为就会随之减少;当废弃物市场化水平达到一定限值时,工业企业的集聚现象就能加快废弃物市场化进程,同时改善环境。因此,经济环境政策的制定要以不同地区的市场化进程为参考,不能一概而论。王毅、程多威(2018)在《中国人大》上发表专稿,认为现有的循环经济促进法难以满足时代需求,需要与时俱进,进行修订。只有完善的法律保障才能促进经济向高质量发展转变,健全绿色低碳循环发展的经济体系。

3.2.3 现有文献简评

上面分别从工业生态和循环经济、工业废弃物循环利用网络影响因素、经济环境政策三个角度介绍了关于工业废弃物资源化利用的国内外研究状态。从不同时期的研究成果来看,关于循环经济的研究已接近半个世纪,相关理论不断丰富,具体实践也在不断尝试中。工业废弃物资源化作为循环经济的重要组成部分,国内外研究学者已经从不同方面进行了探索,这些研究成果为本章的研究内容提供了丰富的可参考内容,也为本章关于工业废弃物市场体系研究的撰写奠定了坚实的基础。综上所述,研究学者为世界的循环经济发展做出了不可估量的贡献,尽管他们的研究角度和研究方向各有差异,但是都偏重于生态、资源、管理等方面,并不全面。现有的国内对工业废弃物资源化整个领域的系统性、完整性研究很有限,其中对工业废弃物资源化利用的市场研究更是比较缺乏,这些空白与不足为本章提供了可研究的空间。

3.3 我国工业废弃物资源化现状及存在的问题

3.3.1 相关概念简介

3.3.1.1 工业废弃物的界定

关于工业废弃物的概念并没有明确的定义，我们可以认为工业废弃物是工业企业在生产活动进行过程中产生的除"主产品"以外的对本工业企业没有再利用价值的废渣、废水等物质。以化学领域划分物质存在状态的条件为依据，可将工业废弃物划分为固、液、气三种类型，俗称工业"三废"。

固体工业废弃物通常涵盖各种工业生产和加工过程中产生的固体形态的废料，包括各种废石、钢渣、橡胶碎屑等。由于这些固体工业废弃物没有得到有效的再处理和再加工，转变成了所谓的工业废渣和工业垃圾。固体工业废弃物的普遍特性是成分复杂、体积庞大、极难处理，目前我国多以消极堆存为主要固体废物的处理方式，且只有有限的几种能够得到再利用。

液体工业废弃物通常涵盖各种工厂排放的未处理和未达标的液体形态废料，通常被称为工业废水。这类企业在生产和加工过程中一般需要使用大量的水资源，再混合大量复杂的化学成分，转变为毒害性液体，对水资源和土壤资源的可再生性造成了严重的破坏。

气体工业废弃物通常涵盖各种工业生产和加工过程中排放的气态废料，包括二氧化硫、二氧化氮等物质，通常被称为工业废气。工业废气是造成大气污染最主要的原因，当大气中的废气达到有害标准时，会对地球的生态环境和人类的生存造成极大的威胁。近几年，普遍的雾霾天气和高发的呼吸道疾病就是大气污染的表现。气体工业废弃物主要来源于发电、冶炼等过程中燃烧大量燃料所带来的废气排放。

事实上，所谓"废弃物"不过是一种相对的概念，并不代表是"无用的废物"。工业废弃物作为工业生产和加工过程中的副产品，可能在某一个工业生产流程中被弃之不用，但也可能会是另外一个工业生产过程中的原材料。这也就体现了废弃物的本质———一种错位资源，它有着无限的可开发潜能。

3.3.1.2 资源及其分类

从广义上讲，资源是指一切可以开发为人类社会生产和生活所需的各种物质的、社会的要素，包括信息、劳动力、光和热等多种多样的物质；从狭义上讲，指大自然赐予的能被人类利用的各种自然物质，也包括再生物质。

资源可分为无限和有限两类。

（1）无限资源，通常指用不完、用不尽的资源，如风能、海水等，是人类社会永恒的珍宝。

（2）有限资源。根据其性质，又可分为不可再生型和可再生型：①不可再生资源，通常指能被用光和耗尽的资源。虽然现阶段能被不断地发掘和开采，但其总量是有限的，用得越多，剩得越少。②可再生资源又可划分为可更新型和废弃物型：可更新资源通常指耕地、草场等可以被重复再生利用的资源。废弃物资源包括两种类型：一是可以经过再加工变为再生资源，一是成为彻底没有可利用价值的废弃物。根据以上分析，资源的分类可以用图3-3表示。

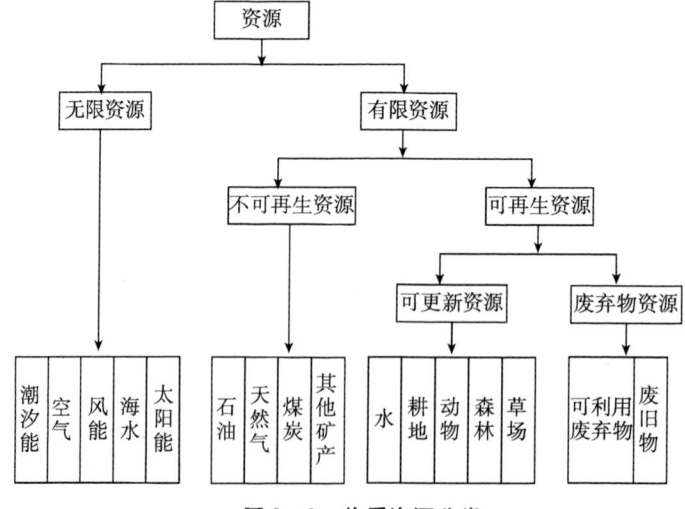

图3-3　物质资源分类

3.3.1.3 资源化

所谓"资源化",是指把传统观念上认为的已经被利用过、没有利用价值的"废弃物"通过各种管理措施和技术加工使之具有再利用的价值,或者说是从"废弃物"中分类筛选出有用的物质进行回收利用,总的来说就是赋予"废弃物"再利用价值的过程。循环经济的"3R"原则是资源化的前提条件,是从源头上减少废弃物的产生、废弃物处理加工进行再循环、无用的废弃物无害化处置,最终达到资源充分、高效利用的目的,实现自然资源价值的最大程度发挥。

资源化的思想起源于荷兰,当地人以"废物交换"为想法,发掘潜在废弃物使用者的存在,并与之进行交易。"废物交换"的思想出现不久,"资源循环"的概念被日本提出并展开实践,他们认为每种废弃物都可能实现不断重复利用。到20世纪末,循环利用的观念开始引起全球的关注;1992年,联合国在里约高峰论坛上开展了以"可持续发展"为主题的全球会议,强调了发展与环境的统一性。

废弃物资源化有初级和次级两种方式。初级资源化是指将废弃物回收、再加工成为与原来相同的物品,如废弃报纸、废弃玻璃等。次级资源化是指将废弃的物品回收加工成为另外一种物品,这种物品可以是面向消费者的再生产品,也可以是其他生产企业的生产原料,如石膏、炉渣等。

3.3.2 我国工业废弃物资源化现状

我国自然资源种类繁多,储量丰富,但是由于人口众多,消费基数大,也面临着资源有限和环境保护任务重的双重压力。工业经济是我国经济增长的重点,长期以来为了大力发展生产力,追求 GDP 的增长,工业领域进入了膨胀式的发展期,工业生产和环境资源的矛盾日益凸显。我国的工业化和资源化进程起步都晚于西方发达国家,但是工业废弃物排放量和储存量却很高。数据显示,我国工业废弃物的资源化利用水平明显低于世界平均水平,仅为世界平均水平的 1/3~1/2,已经堆积的废橡胶、金属矿渣、碎玻璃制品等工业废弃物数量很大,同时每年还在以约 7 亿吨的数量继续增长。这些工业废弃物如果弃之不用,就会对环境和生态造成极大的破坏；如果加以资源化利用，则可以每年为我国带来 1000 亿元左右的经济增长量。

2013—2017 年全国工业"三废"产生及排放情况，见表 3-1。在我国，工业废弃物的资源化利用已经越来越受到重视，相关"三废"的治理工作也在进一步加强中。从表 3-1 中的数据可以看出，虽然废水的总排放量在逐年递增，但是其中工业废水的排放量却是相应递减的，由此可以看出污水治理的效果显著。工业废气中主要污染物二氧化硫和氮氧化物排放量都呈现出逐年递减的趋势；但同时又不可避免的是，伴随着国家工业化进程的发展，工业废气的总排放量和工业固废物的总产生量仍在不断增加中。

表 3-1　2013—2017 年全国工业"三废"排放情况

指标	2013 年	2014 年	2015 年	2016 年	2017 年
废水排放总量/亿吨	659.2	684.8	695.4	716.2	735.3
工业废水排放总量/亿吨	230.9	221.6	209.8	205.3	199.5
工业废水占比/%	35.0	32.4	30.2	28.7	27.1
工业废气排放总量/亿立方米	674509	635519	669361	694190	685190
工业二氧化硫排放总量/万吨	2017.2	1911.7	1835.2	1740.4	1556.7
工业氮氧化物排放总量/万吨	1729.7	1658.1	1545.6	1404.8	1180.9
工业烟（粉）尘排放总量/万吨	1100.9	1029.3	1094.6	1456.1	1232.6
工业固体废物总产生量/万吨	326204	332509	330859	329254	331055
工业固体废物排放量/万吨	433.3	144.2	129.3	59.4	55.8

资料来源：中国统计年鉴（2013、2014、2015、2016、2017 年）。

从表 3-2 中的数据可以看出，国家的工业"三废"治理状况可谓效果显著，固、液、气体废弃物的资源化利用量每年都在大幅度增加。2017 年的工业"三废"资源综合利用价值约是 2013 年的 1.7 倍，5 年内几乎增长了将近一倍，可见其资源化利用前景光明。我国对于工业废气和废水的治理以及工业固废物的控制和管理起步较晚，相关法律政策和技术处理水平都存在很大的不足，相对于发达国家来说较为落后。作为工业废弃物中的主要部分，工业"三废"可利用价值巨大，工业固废物的资源化利用工作是十分必要的。2013—2017 年全国工业"三废"资源综合利用情况，见表 3-2。

第3章 我国工业废弃物资源化利用的市场体系建设研究

表3-2 2013—2017年全国工业"三废"资源综合利用情况

指标	2013年	2014年	2015年	2016年	2017年
工业废水排放达标量/亿吨	217.8	226.1	223.4	220.9	226.4
工业废水排放达标率/%	90.7	91.7	92.4	94.2	95.3
工业二氧化硫去除量/万吨	1439.0	1942.6	2286.4	2889.9	3304.0
工业烟尘去除量/万吨	23564.6	25166.4	30542.8	32848.1	38941.4
工业粉尘去除量/万吨	7279.9	7669.6	8471.2	8722.6	9501.7
工业固体废物综合利用量/万吨	196988	204467	207616	206392	200857
工业固体废物综合利用率/%	59.8	60.9	62.2	62.1	60.2
"三废"综合利用产品价值/亿元	1026.8	1351.3	1621.4	1608.2	1778.5

资料来源：中国统计年鉴（2013、2014、2015、2016、2017年）。

2017年国家统计年鉴的具体数据如表3-3所示，从中可知，我国工业固体废物的综合利用水平因地区和城市发展水平不同呈现出较大的差别。西宁、哈尔滨、济南、石家庄等地的综合利用水平较高；呼和浩特、拉萨、昆明、贵阳等地的综合利用率相对较低，总体上呈现出"中部地区利用率高，西部地区利用率低"的现象。上海工业废气和工业废水的排放量均居于较高水平，太原是工业固体废物产生量最高的城市。

表3-3 2017年我国主要城市工业"三废"排放量及工业固体废物综合利用比例

城市	工业废气排量/万立方米	工业废水排量/万吨	工业固体废物产生量/万吨	工业固体废物综合利用量/万吨	工业固体废物综合利用比例/%
北京	36762883	8978	709.86	591.56	83.3
天津	83551525	18973	1545.66	1523.97	98.6
石家庄	84803851	20080	1604.97	1591.38	99.2
太原	47860750	3544	2560.14	1435.14	56.1
呼和浩特	44108105	3111	1165.09	379.62	32.6
沈阳	22936410	7990	692.31	660.39	95.4
长春	21146982	3769	387.90	297.85	76.8
哈尔滨	20889030	4809	461.42	460.63	99.8
上海	128017194	46939	1868.07	1796.18	96.2
南京	87821344	23206	1426.02	1290.58	90.5

续表

城市	工业废气排量/万立方米	工业废水排量/万吨	工业固体废物产生量/万吨	工业固体废物综合利用量/万吨	工业固体废物综合利用比例/%
杭州	42043564	33807	649.23	575.25	88.6
合肥	20731375	5335	817.96	749.73	91.7
福州	31348024	4439	601.73	573.74	95.3
南昌	14635225	10016	240.28	233.28	97.1
济南	35666659	7415	857.26	851.97	99.4
郑州	34511836	17580	1548.05	1175.77	76.0
武汉	60110506	15453	1334.23	1324.05	99.2
长沙	4803775	5102	107.64	92.71	86.1
广州	35509166	18959	459.63	436.00	94.9
南宁	15960183	7198	256.89	244.92	95.3
海口	780194	697	4.60	4.06	88.3
重庆	99280728	35524	2827.99	2423.85	85.7
成都	17108727	11454	293.07	281.48	96.0
贵阳	23219390	2700	1200.98	578.25	48.1
昆明	19950012	3917	2396.90	871.48	36.4
拉萨	575792	368	331.53	11.86	3.6
西安	11084802	5204	235.55	216.40	91.9
兰州	35765680	4138	607.75	598.41	98.5
西宁	30477788	2200	469.70	469.79	100.0
银川	19123649	4874	803.32	353.52	44.0
乌鲁木齐	32196188	3521	778.46	703.53	90.4

资料来源：中国统计年鉴（2017年）。

工业废弃物的资源化利用是解决现有工业污染问题最有效、最经济的方式。最新数据显示，国家在最近的5年里投入了大量的资金来解决环境污染的问题，尤其是在2017年，对于工业固体废物处理的投资数额是以往每年的2~3倍，具体见表3-4。

表 3-4　2013—2017 年全国工业废物投资治理情况

单位：亿元

项目	2013 年	2014 年	2015 年	2016 年	2017 年
环境污染治理投资总额	8253.46	9037.2	9575.5	8806.3	9219.8
工业污染治理投资总额	500.5	849.7	997.7	773.7	819
治理废水	140.3	124.9	115.2	118.4	108.2
治理废气	257.7	640.9	789.4	521.8	561.5
治理固体废物	24.7	14	15.1	16.1	46.7

资料来源：中国统计年鉴（2014、2015、2016、2017、2018 年）。

3.3.3　我国工业废弃物资源化存在的问题

（1）废弃物信息渠道上下流通不畅。工业废弃物资源化利用的主要途径是企业间协作，将工业生产过程中的废弃物自上而下地沿着网络进行加工处理，成为下游企业的生产原料，以达到废物减排、废弃资源再利用和保护生态环境的目的。工业废弃物作为下游企业的生产原料或者流向废弃物回收企业的整个过程需要信息交流机制的紧密配合，这直接关系到工业废弃物循环利用网络能否稳定运行和上下游企业联动性的强弱。一方面，上游工业废弃物供应企业信息发布平台陈旧、信息发布不全面和下游处理企业所需信息缺乏、冗余或陈旧导致网络企业成员获取信息的有效性和及时性的不足；另一方面，工业废弃物信息和资源在网络间的障碍性流通增加了废弃物回收的难度，进而直接影响到工业废弃物资源化利用的有效程度。由此可见，循环利用网络上下游企业间信息的不对称性增加了废弃物资源化流通过程中的搜索、物流和交易成本。

（2）市场工业废弃物供需矛盾凸显。一方面，工业废弃物的利用企业无法准确根据市场需求确定再生产品生产数量，矛盾冲突上延至工业废弃物的供应商和利用商之间：当市场对工业废弃物的需求量供大于求时，上游供应企业可能会面对下游利用企业拒绝合作的态度和高额环境处置费用的双重压力；供不应求时，下游利用企业可能会面临无原材料可用、更换再生产品种类和欠缺与上游供应企业合作交易的机会等多方面的压力。另一方面，工业废弃物资源化利用的过程较为复杂，再生资源集散中心只能回收符合处理要求的工业废弃物，工业废弃物深加工处理企业要求企业对其工业废弃物进行规范化处置，进而导致许多不履行合约内容甚至毁约行为的发生。

（3）下游利用企业的利益决策难题。一方面，下游利用企业需要付出一部分的成本去购买上游供应企业生产的废弃物作为自家产品的生产原料；另一方面，下游利用企业也会接受来自再生资源集散中心和深加工企业供应的再生原料。两个供应方对下游企业同时进行的资源供应使下游生产企业不得不在购买工业废弃物与购买再生原料的费用间进行权衡。如果上游供应企业供应的工业废弃物对于下游企业来说再利用难度较大，且加工成本较高，效益微薄，即使在技术上没有难度，此时企业间的合作态度也仍有很大的不确定性。

（4）企业应变能力较差。首先，资源化利用网络的上下游企业间由于长期合作已经形成了在生产方式和生产技术方面的依赖，一旦上游企业产生的副产品和工业废弃物的成分发生变化，下游企业将不得不改变自身的生产工艺、生产环节甚至生产产品。受自身技术水平的限制，下游企业的应变能力较差，处理加工副产品和工业废弃物的能力不足，造成网络企业节点之前断层现象的出现，致使合作双方之间的联动性和匹配适应性下降。其次，工业废弃物资源化网络上下游企业之间的信誉、理念、偏好、社会责任会带来合作动机的不一致性，进而产生利益冲突。

（5）市场中工业废弃物资源化处理技术与生产工艺瓶颈。一方面，工业废弃物成分复杂，又受技术水平限制，其分类提炼、加工处理、回收利用资源化过程复杂，再加上废弃物资源化的成本较高等问题，很多废弃物加工企业望而却步；另一方面，再生资源集散中心和深加工企业中的再生废弃物处理技术和装备水平比较落后且更新不及时，工业废弃物分类及分级处理工艺也不完善，最终导致再生产品技术含量和产品附加值较低。

（6）工业废弃物资源化行业金融资本匮乏。工业领域发展迅速，废弃物的处理需求日益增长，公众对环境的要求日益提高，相对应的加工处理设施的建设规模和速度却无法及时跟进，两者之间日益凸显的矛盾反映出工业废弃物资源化处理资金的严重匮乏。一方面，工业废弃物资源化的整个过程中收集、运输及规范化处理设施建设投资费用巨大且资源化运行成本较高;另一方面,政府投入资金不足限制了工业废弃物的技术研发,而资源化利用网络的上下游企业又无心自费投入技术研发,导致资源化利用技术不能得到有效的推广与应用。就目前而言,工业废弃物资源化企业融资方式单一且融资渠道受阻,迫使资源化利用开展工作困难重重。

(7)工业废弃物资源化循环利用领域相关政策滞后。市场的规范化发展需要一定的外部约束力,首先,相关政府部门执法不严、监管不力,致使部分工业生产企业宁愿直接承担排污费用也不愿意将工业废弃物资源化利用;其次,政府在工业废弃物再利用处理行业的税收优惠、资金投入等方面的支撑政策存在不足之处和无法落实到位的现象,导致工业废弃物处理企业的设备、工艺和技术都较为落后,总体发展态势较为缓慢;最后,国家对再生产品的认定缺乏统一的标准且无相关质量认证体系,再生产品无法得到质检单位的统一认证。

(8)工业废弃物循环利用后再生产品销售受阻。再生产品的销售作为工业废弃物资源化利用过程中的最后一个环节决定着整个资源化市场的走向。消费者的消费行为和消费态度对再生产品市场起着极为重要的作用。然而,目前的市场现状是消费者企业和公众对工业废弃物的认可度普遍偏低,会对再生产品的质量和毒害性产生顾虑,怀疑产品的使用价值,导致工业废弃物资源化再利用产品的销售受到严重影响。

3.3.4 工业废弃物资源化利用的市场特征

3.3.4.1 生物链特征

王兆华(2007)以生物学中的共生生物圈为参照,以废弃物为纽带将不同的企业连接在一起形成"工业生态链",达到工业废弃物循环利用、提高资源利用率、保护环境的目的。徐大伟(2005)认为"工业生态链"是构成生态网络的基础,它连锁式的生产模式使生态链中的企业相互制约、相互依存。工业废弃物的循环利用既代表着能量的转换,也意味着物质的传递。工业生态链有着生物链的特征,生态链中的上下游企业作为主体带动着工业生产中物质流和能源流的逐级流动。企业网络生产过程中的原材料、废弃物等多种生产要素相互关联，上下流通，进而演化成为立体环流结构。能源和资源在"工业生态链"中不断地实现循环利用，使工业废弃物在资源化的同时达到再生增值的目的。为此，本章结合自然界中的生物链，综合分析介绍工业废弃物资源化利用市场的"工业生态链"中各个角色及其相互之间的关系。

（1）生物链结构——工业生态链结构。构成生态系统的必要条件除生物链以外还包括生态群落和生态栖息地两个重要指标。在工业废弃物循环利用网络中，"生态群落"代表着工业企业集聚区以及集聚区里相关配套的贸易和服务企业；"生态栖息地"代表着与再利用产业等相关的集聚区区域环境；和工业废弃物流通相关的工业产品生产厂、工业废弃物加工或者转化厂、再生产品供应商等"生物群落"所处的区域环境，主要包括设施状况、环境资源、信息系统以及交通系统等。

（2）生物链主体——企业。在生物学中，生态系统中的生物链由三部分构成，分别是生产者、消费者和分解者，它们也是构成生物链的主体。工业生态链的主体按照企业主营业务的不同也可以分为生产者企业、消费者企业和分解者企业。生产者企业可以分为两类：一类是对原材料进行加工生产出满足市场需求的产品供消费者企业使用；另一类为能源生产者，直接对自然资源进行开采。消费者企业不直接生产任何产品，而是商品的使用者，消费后将废弃物排出。

（3）生物链连接的客体——产品。生态圈中以食物链为纽带将各个生物主体进行连接从而构成生物链，以此类比，工业生态链的客体是上下游企业的产物：主产品和副产品。主产品为企业经营的主要收入来源，工业废弃物是企业生产和加工过程中产出的副产品。废弃物作为副产品经过再生产和再利用的过程就构成了工业生态系统中的能量流与物质流。

（4）工业生态系统的合作关系。生态系统中的关系为共生、寄生和互补。在工业生态系统中企业上下游的合作关系可划分为正面、负面、中立。

3.3.4.2 网络结构特征

市场中不同的成员企业为了实现合作目标，往往会彼此之间进行合作，合作数量增长、期限延长和稳定性增强会形成长期的契约关系，无数企业间的契约关系组成了网络。

传统"生产—排放"的单线条产业发展模式使资源短缺与环境保护的矛盾日益凸显，工业废弃物循环利用网络的建立很好地缓解了这一矛盾。所谓的工业废弃物循环利用可以简单地理解为上游工业生产过程中产生的废弃物经过一定的加工处理后可以形成下游厂商产品生产的原材料，这个过程赋予工业废弃物以新的再利用价值，从而转化为新的可利用资源，也就是所谓的资源化；不具有再回收和再加工价值的工业废弃物也不意味着要肆意排放，而是要经过一系列的规范化和无害化处理，最终才能被允许排放到自然界中而不会对生态环境造成破坏。循环经济的发展是人类经济发展史上的一次重大转折与改革，实现了社会发展、资源节约和环境保护的协调统一、共同发展。以循环经济为理论指导，工业废弃物循环网络的形成是以单个工业废弃物的循环周期为基础的。所谓的单个循环周期明显区别于传统的工业废弃物流通模式，在传统生产、处理、排放的基础上增加了回收和再生产两个资源化途径。单个循环流程可以分为两个部分：第一部分，工业制造厂在使用原材料生产产品的过程中，伴随着主产品的形成，副产品废弃物会被遗留下来，其中一部分废弃物经过处理可以再利用到生产的过程中，另一部分没有再加工价值的废弃物在经过规范化和无害化处理后排放到自然界中；第二部分，专门的回收商负责工业制造商的工业废弃物排放，双方以交易的方式达成合约，回收商对工业废弃物进行专门化的加工和处理，使其以再生产品的方式流通到制造加工企业或者终端消费市场中，剩余的不能再利用的工业废弃物在经过规范化和无害化处理后排放到自然界中。工业废弃物在经过处理后可能会重新进入上游制造商的生产过程中，也可能在处理为再生产品后进入另外一种类型的制造商原料中，也可能直接作为产品流向消费者手中，从而形成工业废弃物循环利用的闭环，如图 3-4 所示。

工业废弃物资源化利用市场是由多个循环利用的闭环交叉重叠形成的一种复杂的形态网络，其以单个工业废弃物循环链为基础构架，旨在实现工业废弃物的重复利用。工业废弃物循环利用网络的各个连接节点是多种

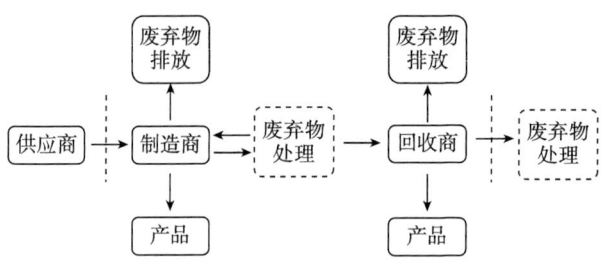

图 3-4 工业废弃物的单个循环过程

行业、多种类型的企业，如工业企业、深加工处理企业、服务企业、再生产品销售行业等，以工业废弃物为"物质流"发挥纽带关系将各个企业上下匹配、有序连接。同时，伴随着网络技术的加快升级，工业废弃物循环利用网络在物质形态的基础上开始出现网络技术合作的虚拟化。循环利用网络从简单的物质流连接转变升级为包含多种要素的复杂交互网络，包括信息、政策、公众、资金、技术等。整体网络环境结构，如图 3-5 所示。

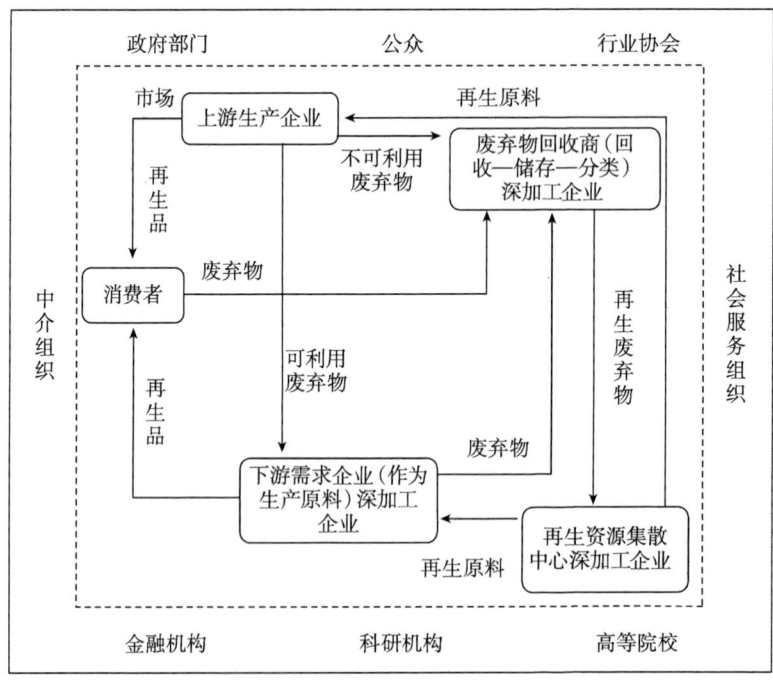

图 3-5 工业废弃物资源化利用网络关系结构

3.3.4.3 网络交易特征

目前,解决工业废弃物资源化利用问题的途径并不复杂,根据其企业间的合作方式,主要分为企业内减排和循环利用、市场中商业循环利用和集中处理、副产品企业间协作和处理三种,具体见表3-5。

表3-5 工业废弃物资源化利用网络合作方式

类型	企业内	市场中	企业间
副产品的回收 (有价废弃物)	循环利用	商业循环利用	副产品企业间协作
废弃物的治理 (无价废弃物)	废弃物减排	废弃物集中处理	企业间协作处理

工业废弃物循环利用网络中的相互合作方式并不单一存在,且由于受单个企业主营业务、技术水平、规模效应等因素的影响,企业内循环开始逐步向企业间循环转变。由于企业间的各种内外资源较为丰富,组成的生态产业链较长,很容易形成工业废弃物资源化利用的闭合网络。除了企业内和企业间的合作方式,另外一种较为常见的是市场中专门的工业废弃物回收企业,它们与工业废弃物产生企业进行普遍合作,通过市场交易的方式进行交换,然后集中收购或处理工业废弃物,又称"交易—回收"工业废弃物资源化利用模式。这些工业废弃物回收企业或个人依据废弃物的品质确定价格进行回收,但是需要经过多次交易后才能最终完成回收利用,这无疑增加了工业废弃物市场交易的成本,进而影响到资源化利用的有效程度。要想解决这个障碍因素就要对工业废弃物的回收标准、技术要求、市场需求量进行严格的把控。就三种方式比较而言,企业间协作的资源化利用模式更为有效。工业废弃物作为原材料被其他企业直接使用的类型有两种:一类是工业废弃物经过处理可以再利用到生产过程中,成为原材料;另一类是回收商对工业废弃物进行专门化的加工和处理,使其以再生产品的方式流通到终端消费者市场中。企业间循环的实现需要对整个相关行业进行综合规划,使不同企业间能形成有序的供应链来共享资源以及交换副产品。这种精心匹配过的企业形成的网络组织可以达到使上游企业生

产过程中的废弃物成为下游企业产品原材料的目的，实现废弃物的资源化利用、企业间资源的优化配置、企业内清洁生产、与生态环境和谐相处的目标。企业间紧密协作的实现是工业废弃物资源化网络稳定运行的基础，要求网络成员的企业受益必须明显优于整个资源化过程中的交易成本。

3.3.4.4 经济链特征

刁晓纯、苏敬勤（2009）指出企业间的合作关系是工业生态网络构架的基础，在内外部利益与合作稳定性的推动下，企业间的废弃物协作关系会逐渐演化成废弃物循环利用网络。在特定情况下，企业间副产品的利用会给企业带来额外的收入。例如，一个采矿厂在对矿产进行加工时会排出含有某种金属的尾矿砂副产品，但这种尾矿砂正是一家生产青砖混凝土的主要原材料，关系到青砖生产的硬度与强度。王兆华（2007）对工业生态网络的利益关系进行了分析，认为企业间经济链的关系主要分为企业间的寄生、互利共生和偏利共生三种。工业生态网络中企业间的利益关系中最主要的是经济链的关系，利益互惠和交互合作以废弃物的循环利用为起点。在工业生态系统网络中，上下游企业尽管类型不同，但是能够以物质流为载体、信息流为媒介，进行组织和衔接，最终实现工业废弃物的资源化利用，伴随在价值流中不断增值的过程，同时带动整个经济流的流动。工业生态系统中的物质流包含资源的开采、加工、生产、转移、分配、消耗、废弃物回收等过程，整个循环过程中企业间的技术转换使废弃物得到增值和再利用，在降低生产经营成本的同时获得经济效益；信息流带来信息的及时性和共享性，在一定程度上降低了商务谈判和合作摩擦等交易成本，提高了网络中企业成员的自我调节能力和交易弹性，从而达到经济和环境协调发展的目的。

3.3.4.5 动态性特征

Teresa Domenech 和 Michael Davies（2011）提出工业废弃物循环利用市场建设的开始是以获利为目的的松散交易合作组织，最后逐渐向彼此信任的紧密嵌入式关系进行变化的渐进过程。整个过程分为共生交易出现阶段、试合作阶段、发展和扩张阶段、嵌入阶段等，见图 3-6。在萌芽阶段,为了产业和生态的和谐发展,政府会出台对应的法规政策促进循环利用网络的出现;另外,在上下游企业的供需匹配下,企业为了自身利益可能会用自发式形成共生网络。此外,工业废弃物循环利用网络的形成需要政府建立良好的企业外部交易环境,如产业信息系统的构建、初始合作机制的规范、共生企业商业机会的强化。在试验阶段,政府会进行试点工作,建立生态工业示范园、循环经济试验区等生态试验园区来跟进前期工业废弃物共生企业的发展状况,并提供相应配套的服务和技术支持工作;企业根据最初的工业废弃物资源化利用合作最终的反馈结果,对于后期是否继续合作、与谁合作做出决策,在长期的磨合、参与、合作的过程中,共生企业间逐步建立起稳定的信任机制与合作机制。在发展和扩张阶段,政府强化监督和制度体系,完善网络综合治理机制,加强共生网络企业间的信任程度,进而扩大共生项目的试点范围。在嵌入阶段,政府结合前期实验结果进一步完善共生网络的制度设计,并建立相关工业废弃物资源化利用市场的支持体系,如资金、技术、项目合作等,建设基础支持并打造合作平台,同时建立和完善相关标准。工业废弃物循环利用网络的运行机制可转化为市场化运作和以政府调控为主的动态网络机制,如图3-6所示。

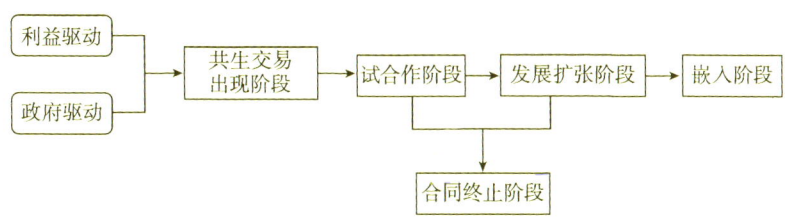

图3-6 工业废弃物资源化利用网络的发展阶段

3.3.5 市场经济和循环经济的关系

工业废弃物资源化利用是我国循环经济发展中的重要部分,要加快工业废弃物资源化利用的市场体系建设,首先要从宏观的角度分析市场经济在循环经济发展中的作用,这对工业废弃物资源化利用市场的建设有重要的指导意义。

3.3.5.1 市场经济和循环经济具有同一性

市场经济和循环经济具有同一性。首先,二者都受国家指导经济运行和维护经济秩序,即法治经济。其次,二者都以成本效益为基础原则。再次,循环经济的发展离不开特有市场体系的支撑。健全的工业废弃物资源化市场体系可以使市场机制的激励作用得到充分发挥,经济手段的灵活运用能有效约束和激励企业和公众的行为。最后,以法制来保障循环经济市场体系的建设和运作。市场经济与循环经济的同一性都要求彼此遵循成本—收益原则,利用资源的稀缺性特点,以价格机制为杠杆,达到调节生产者与消费者行为和影响供求关系的目的。西方国家对于经济学的研究大多以资源的稀缺性与欲望的无限性假设为基础,资源稀缺的程度决定了市场需求,决定企业应该生产什么、生产多少、价格高低等问题。

当前,世界各国都面临着资源稀缺的问题,只是随着经济和社会的发展,自然资源的紧缺性和生态环境的超负荷性代替了工业发展最初的人力资源的稀缺性问题,生态产品开始成为市场中最短缺和最珍贵的要素。在市场经济中,市场要素往往遵循"物以稀为贵"的法则,其稀缺的程度决定着对应价格的高低,节约开发使用该要素才能长期获利。循环经济不仅是一种经济发展模式,更是一门结合生态学和经济学的综合性学科,有其内在的基本原理和运行规律,按照"3R"原则,要减小市场中资源要素稀缺性的影响。资源循环的经济发展模式,在使资源得到高效利用的同时保证了市场的经济效益,市场经济和循环经济的同一性由此体现。

3.3.5.2 市场体系支撑循环经济的发展

传统的经济发展模式是单向性的,要求在生产末端进行治理;循环经济的发展模式则要求全方位治理:源头预防、全程治理、循环再利用,从根本上解决工业发展和资源紧缺的问题。"减量化、再循环、资源化"是现今工业领域发展的长期目标,也是循环经济发展的基本原则和根本要求,同时离不开市场体系的支持。实现循环经济的健康发展需要健全两种类型的市场:一是一般意义上的市场,包括再生产品销售市场、资源化利用信息咨询服务市场、资本引进市场等；二是生产源头工业废弃物减排市场、绿色产品健康消费市场、废弃资源回收再利用市场与资源化利用科技研发市场等。工业废弃物相关配套市场的完善可以激发市场活力，使价格的杠杆作用得以发挥，实现工业废弃物资源的充分利用，促进经济、环境及社会效益统一协调，共同发展。

需要强调的是，必须形成以生产源头无废市场为前提的工业废弃物资源化利用市场，才能支撑整个"绿色制造"产业的发展。以日本为例，循环经济发展初期，许多企业都是迫于法律的压力而不得不应用绿色生产技术。值得肯定的是，管制措施的实施具有明显的有效性。处于日本政府长期监督下的生产企业为了解决环境治理成本上升和公关社会成本上升带来的问题，不得不主动研发"绿色技术"和推行"绿色生产"，这种独特的竞争优势得到了全社会的普遍关注。由此清洁生产技术成为日本生产企业的最新竞争态势，生产源头无废市场的形成由最初的行政管制转变为顺应市场需求。

要达到工业废弃物再循环和再利用的目的，工业废弃物资源回收市场和资源化科技产品市场的支撑也是必不可少的。工业废弃物的回收再利用不仅能缓解我国资源紧缺的现状，还能达到保护生态环境的目的。但是关于再生资源的回收虽然有部分公益性组织，仍然是商业性的企业占比较多。由于工业废弃物回收成本较高，再加上现存企业的资源化技术水平有限，再生产品和工业废弃物价格不稳定，工业废弃物再利用企业收益微薄且风险较大，难以实现长期盈利的目标。所以，建立和完善工业废弃物资源回收市场必须要有政府机构的多方面支持。

3.3.5.3 市场经济保障循环经济的可持续性

中共十九大报告提出建设美丽中国的目标，更加肯定了推动循环经济是我国寻求可持续发展道路的必然选择。目前，不良生产方式和消费模式在我国仍然普遍存在，很大原因是支撑循环经济发展所必需的市场体系不够健全和完善。因此，工业废弃物资源化利用市场的建设必须依靠深化改革，优化我国社会主义市场经济体制，依靠政府的宏观调控调动市场主体的积极性。完善的社会主义市场经济可以保障循环经济的可持续发展，充分发挥社会主义市场经济的保障性需要做到以下三点：

（1）健全市场体系，发挥市场机制的激励作用。虽然我国社会主义市场经济体系已经建立，但是其作用发挥得并不完全，原因是市场体系的不完善，如政府和市场的合作与支持问题、生产要素的人为干扰问题、再生产品的质量认证问题、政府监管的越位和缺位问题等。交易市场具有优化资源配置的作用，但是受很多外界因素的影响，需要在各方面相关和配套设施完备的情况下得以发挥，以价格为手段、竞争为动力促进循环经济在我国的发展。

（2）政府部门灵活运用经济手段，激励市场中工业废弃物资源化利用行为和交易的进行，并对高能耗企业进行管制和约束。循环经济的发展和资源化市场的建设都离不开财政政策的支持。政府财政政策的支持可以矫正市场中扭曲的资源价格，更好地优化市场在资源配置中的作用，既有利于循环利用经济发展模式的构建，又使企业成员在资源化利用的市场中有利可图，保证利益的长期有效性，促进循环经济的长期发展。

（3）以法制保障资源化利用市场体系。从整体上看，我国的循环经济立法比国外较晚且相对落后，存在一些不够完善的地方；同时，相关部门在执法和施法的过程中力度不够，使我国的循环经济法和环境保护法律管制作用无法有效发挥。这些不足影响了我国资源化市场建设的进程，加速了环境污染所引发的社会矛盾的凸显，同时也要求我国立法机关能够全面科学地制定法律，司法机构能够严格贯彻实施法律，政府部门能够公正而严明地执行法律。

3.4 工业废弃物资源化利用市场建设的障碍因素识别及交易模型分析

3.4.1 工业废弃物资源化利用市场建设的障碍因素识别

目前，我国工业废弃物资源化利用市场的建设还不够成熟和完善，存在信息渠道不畅、供需失衡、技术水平受限、融资困难等亟待解决的问题，认清这些问题有利于加快我国工业废弃物资源化利用市场的建设，但是在市场建设过程中会遇到这样那样的障碍影响或阻止市场建设进程。因此，完善工业废弃物资源化利用市场建设要认清问题所在，加快工业废弃物资源化利用市场建设要识别并清除那些障碍因素。

3.4.1.1 资源化网络组织间合作的冲突性因素

工业废弃物资源化利用市场建设的目的在于依靠资源化网络上下游企业的相互匹配合作，实现工业废弃物或副产品的再利用。工业废弃物资源化网络是市场建设的核心，工业废弃物沿着网络流通变为下游接收企业的生产原料，这种"变废为宝"的组织网络形式注定了其上下游关系的整体性要求和复杂性问题，从而引发了工业废弃物资源化利用市场中的"冲突性"这一障碍因素。从现实情况来看，工业废弃物循环利用网络的组织间冲突影响了企业间的合作关系，妨碍了废弃物资源的再循环与再利用，制约了资源化网络的形成与发展，导致了经济链和生态链的断裂，最终减缓了工业废弃物资源化利用市场建设的步伐。

（1）利益冲突因素。在工业废弃物资源化利用网络中上下游的各组织成员间存在着明显的利益冲突：①下游企业接受来自上游企业的工业废弃物需要付出一定的费用，又受工业废弃物处理加工成本较高和处理加工技术有限的影响，下游接收企业往往会在购买工业废弃物或者是直接购买原材料的费用之间进行利益权衡，且工业废弃物市场波动性较大，提高了废弃物资源再生利用产品的价格，致使工业废弃物接收企业为避免成本效益失衡不愿意采取合作策略，资源化网络的合作关系断裂带来了利益冲突的凸显；②标准工业废弃物资源化利用系统的建立涉及生产、加工、渠道、销售等多个环节，对相关工业废弃物资源化利用设施和设备的技术性方面要求较高，且存在投资规模大、资金到位不足、投资回收期长、投资效益不明显等问题，现有设施设备闲置和缺乏现象并存，致使工业废弃物资源化网络不成熟；③工业废弃物资源化市场达不到废弃资源和投资收益的优化配置，工业废弃物网络中的组织成员责任划分不公平、企业参与权丧失、利益分配不合理也是利益冲突的主要来源。

（2）交易行为冲突因素。一方面，一个完整的工业废弃物资源化网络的建立涉及各种产业企业组织的参与，网络中的各个企业为了工业废弃物资源化产业的健康运行会投入大量资金，由于现有交易契约的不完备性，双方企业处于互不干涉状态，一旦某个企业所属的外部市场发生剧烈变化，企业交易目的的变化就会导致交易行为的偏离，进而给工业废弃物资源化利用网络带来"危险投资"，且多数工业废弃物加工处理企业在区域布局上较为集中，不良交易行为"连锁反应"可能会带来比较严重的后果，进而影响到废弃物资源化利用网络的共生性。另一方面，不同行业和地区的工业废弃物资源化利用标准存在一定差异性，网络中的企业组织往往会根据自身利益选择工业废弃物的最佳流向，受工业废弃物资源化网络上下游信息的不对称性影响，加上工业废弃物价值、用途等性质存在很大的不确定性，增加了工业废弃物流通成本，致使网络中的交易行为存在很大的不稳定性，导致交易行为冲突的发生。

（3）企业适应性冲突因素。工业废弃物资源化利用技术水平是资源化产业发展的核心所在，也关系到企业在工业废弃物资源化网络中适应能力的强弱。首先，下游利用企业所需废弃物的数量与质量、再生产品的生产工艺专项技术科研能力等技术需求因素都会影响到工业废弃物资源化网络上下游企业的合作方式、频率与质量；企业生产的副产品最佳用途、废弃资源流向、资源化时间和周期、技术革新和工艺优化等问题都会引发企业间冲突。其次，上下游企业间的应变能力会加剧冲突的发生，因为工业废弃物资源化利用的整个过程需要保持各个企业节点间的连贯性和一致性，某一个企业人员调动、市场变化、工艺改进都会影响企业与企业间的匹配性和衔接性，增加合作与收益的风险性，严重的可能会从再生产品结构的调整改变为再生产品种类的调整，进一步增加企业的运行成本。最后，企业领导阶层个人处世风格差异也关系到企业的适应性，企业家的经营理念、文化理念、发展观念和行为偏好等都会影响到双方企业合作的可能性；同样，企业间关系、企业间人员关系、网络与网络关系等都会影响工业废弃物网络的运行，关系到网络适应性冲突的发生。

（4）公共性冲突因素。工业废弃物循环利用网络的构建是工业废弃物循环利用市场建设的基础，再生产品的流通必然涉及市场交易的进行，受到交易的外部性和公共性因素的影响。市场中人为建立的交易标准会促使企业无限制地追求利益的最大化，无视资源可再利用性和生态环境的污染现状。市场有自我调节的能力，却难以保证合作企业间利益分配的公平，其市场的外部性和公共性会导致企业节约私人成本、浪费社会成本、扩大私人收益、无视社会收益行为的发生，最终引发市场失灵，无法优化工业废弃物市场的资源配置。废弃物资源化网络在不断地演进，由几个企业简单合作到多个企业共生合作，由单一产业到多产业联合，这个进程会带来双面影响。一方面，废弃物资源化网络越完整，上下游企业对彼此的依赖性越强，下游企业对供应企业的可选择性会越多，对工业废弃物的要求也会越严格；另一方面，整个网络涉及大量的工业废弃物信息与企业信息的流通和交换，其网络复杂性会造成信息不对称、企业业务对接较难、工业废弃物和再生产品质量优劣难辨等问题，将会促使企业触碰道德风险和逆向选择风险发生。

3.4.1.2 资源化网络运行的稳定性影响因素

无论是单个企业还是组织网络，都是生存在外部环境下的，加快工业废弃物资源化利用市场的建设要以网络的平稳运行为前提，良好的外部环境有利于加快市场建设的步伐，恶劣的外部环境则会成为市场建设的障碍。政府机构和企业组织应该灵活运用外部环境促进工业废弃物资源化利用市场完善，建设过程中尽可能改善外部环境，减少市场建设过程中的障碍。Chertow（1999）认为工业废弃物资源化利用网络的外部影响因素主要有政府的政策因素和社会的公众监管两个方面。Gibbs（2003）提出网络是一个有机整体的观点，认为网络组织成员之间的相互关系是关系到工业废弃物资源化利用网络平稳运行的最关键因素。网络运行状态的主要决策者是工业废弃物资源化利用网络中的各个节点企业，尤其是核心企业起着更为重要的作用。

（1）外部因素。包括：

（a）政策支持。在我国工业废弃物资源化利用市场建设的初期，政府运用一定的经济政策实现对资源化市场的宏观调控是很有必要的，利用减免税收、增加补贴、放宽信贷等经济手段辅助市场的自我调节机制，引导上下游各个企业朝促进工业废弃物资源化网络稳定运行的方向决策和发展。资金支持是网络和市场建设的根本问题，政府机构直接的投资政策或间接的融资政策可以很好地引导社会资本向工业废弃物资源化利用产业流动，解决网络中资源化利用设施和设备落后的问题，推进产业技术研发和创新，保证网络的平稳运行。完善我国绿色税收政策体系，如对污染性原材料增加消费税、废弃物排放增加生态税、再生利用环保补贴等税收措施，调整市场资源价格体系，提高企业生态环保意识自觉性，促进废物资源化的有效再利用，优化工业生产加工产业升级。

（b）环境压力。环境压力来自多个方面，包括企业工业废弃物排放和处理的压力，以及社会公众监督和环境需求的压力。一方面，企业社会资源利用和销售的主体，在获取利益的同时必定要承担一定的社会责任，其中便包括环保责任。环保材料的购买、污染物的处理、副产品的再加工等环保措施会增加企业的经营成本，缩减经营收益，如何在保证企业高收益的同时保护好生态环境是企业所要面对的来自环境方面的压力。另一方面，迫于社会公众的倡导和监管压力，企业不得不承担相应的环境保护压力，因为公众作为再生产品的终端消费者，一旦对于生态产品的需求减少，工业废弃物资源化网络就面临崩溃的风险。随着全社会环保意识的提高，绿色产业和绿色产品的市场认可度也会越来越高，企业的生态化发展会进一步加快。

（2）网络因素。包括：

（a）网络利益。废弃物资源化利用网络是一个企业组织网络，每家企业都是一个独立的经济人，以利润的最大化作为企业经营的目标，网络中各个节点企业都会在进行利益分析和权衡后决定是否继续采用工业废弃物资源化利用这一生产加工模式。总的来说，利益是废弃物资源化网络上下游企业密切合作的根本动力因素，也是工业废弃物资源化网络平稳运行的直接保障因素。工业废弃物资源化网络的构建以工业废弃物的循环再利用为目的，同时要求实现企业经济收益。受废弃物加工处理成本较高和可替代资源较多且价格不稳定的影响，网络整体收益会受到直接影响，阻碍生态网络链的完整性。经专家研究，工业废弃物的资源化利用可以给企业带来额外收益，不过额外收益要综合考虑相关者的利益和利益均衡两个方面问题。

（b）网络信任。企业个体往往都会处于庞大而复杂的关系网络中，这些企业彼此间的合作关系建立可能是扩大生产、降低成本、产业整合等多方面的原因,但是合作关系的长期维持肯定是以信任为基础的。关系网络的建立能够实现企业间工业废弃物信息的共享,降低技术障碍门槛,为合作的成功提供便利。网络间的信任度高,合作关系亲密,不仅能够拉近企业间的合作距离,而且可以很好地协调对方的决策行为,保持工业废弃物资源化利用网络运行的稳定性。企业信任建立的最初可能是因为企业信誉和声誉,随后的长期合作则需要长期的磨合。

(3) 企业因素。包括:

(a) 核心企业。目前,我国的工业废弃物循环利用网络还不够完善,其建立主要是以一个或者几个核心企业为基础,在整个网络中处于核心主导地位。核心企业的选择对于网络的共生状态有着决定性作用。所谓的核心企业并不是指规模有多大,而是网络中物质流、能量流、信息流最为集中且流量规模最大的企业,能够带动或牵制网络中其他企业的决策和发展。核心企业对工业废弃物资源化利用网络的支配性影响主要通过自身实力体现,包括企业产品生产能力、技术水平、工业废弃物资源化利用效率以及再生产品的市场规模等。

(b) 企业技术。企业技术决定了整个网络的工业废弃物资源化利用效率,包括企业和政府的技术研发创新能力、信息技术支持性、综合技术现实可行性。工业废弃物资源化利用网络中能量流和物质流的循环流通限度在很大程度上依赖于相关工业废弃物处理加工设施和设备的先进性和可行性。受资源化技术发展水平的影响,下游企业不一定有处理上游企业工业废弃物的能力,或者不能很有效地将废弃物转化为生产原料,进而因技术水平有限导致废弃物资源化成本较高,再生产品利润较低。一旦上游企业生产过程中技术变革、工艺调整都会导致工业废弃物成分和性质的变化,下游企业短时间内很难实现技术契合,造成工业废弃物资源化网络的断裂,无法稳定运行。

3.4.2 工业废弃物资源化利用市场的交易模型分析

国家环保政策强制性规定,企业生产加工过程中的废弃物必须要经过规范化处置，在对生态环境无害的情况下才可以排到自然界中，但是受工业废弃物成分复杂、性质特殊的影响，企业所要支付的环境处置成本较高。受循环经济思想引导，在技术可行性和经济性的前提下，工业废弃物作为一种废弃资源，经过一定的技术处理可以使其资源化，进行二次或多次再利用。结合上述两方面内容，可知如果工业废弃物产出企业与利用企业之间进行交易合作，废弃物产出企业不仅能够节约部分环境处置成本，还能获得额外的收益，从整体上缓解资源有限和环境保护的压力。然而，工业废弃物并不是传统意义上的商品，其特殊性决定了工业废弃物供应商与接收商之间交易的复杂性。鉴于此，本章构建基于工业废弃物交易的委托—代理模型，模拟工业废弃物基于价格和利用量的市场交易合约机制，实现工业废弃物和获取最优资源化利用效益的目的。

3.4.2.1 研究问题描述与假设

鉴于工业废弃物资源化利用网络的复杂性无法进行模型分析，本章简化网络，考虑一个废弃物供应商和一个废弃物利用商组成的工业废弃物市场交易模型，如图3-7所示。

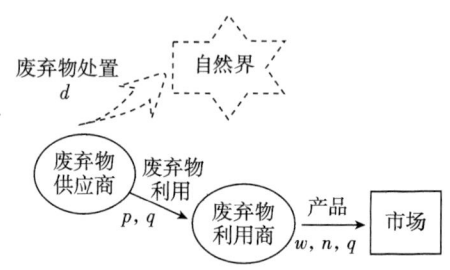

图3-7 工业废弃物市场交易模型

在工业废弃物市场交易中，我们假设工业废弃物供应商和利用商之间价格是关系工业废弃物利用数量的最关键因素，设计基于价格和利用量的市场交易合约。在交易合约中规定，当下游工业废弃物的需求量为 q 时，供应双方以价格 p 达成交易合约。如果交易合约达成，则上游工业废弃物供应商可以同时获得额外的工业废弃物销售收益和环境处置成本节约收益（以下用 d 表示单位环境处置成本）。

在下游利用商对每单位的工业废弃物进行加工处理的过程中可以产出 n 单位的再生产品,且再生产品的市场销售价格为 w 。交易合约能否成功签订取决于上游企业制定的价格高低和下游企业的成本效益高低。首先,上游供应商提供数量为 q 价格为 p 的工业废弃物合约,随后下游利用企业会根据合约的价格和数量综合分析企业对于废弃物的再利用所需要支付的成本与获得的收益,如果收益明显大于成本就签订合约,反之则拒绝签订合约。同时,上游供应商在提供合约时希望利益最大化,包括工业废弃物销售的额外收入与节约的环境处置成本收益之和。

完成数学模型构建后,为便于对模型做出定量分析,需要对相关外部条件进行一定的假设:

(1) 工业废弃物的提供商和利用商既不主动追求风险,也不会回避风险,双方决策的标准是预期收益的大小,均是追求利益最大化的理性主义者。

(2) 在工业废弃物的采购成本和再生产品市场销售价格一定时,下游利用企业的资源化技术水平决定了工业废弃物处理加工的成本,进而决定了工业废弃物再利用价值的高低。考虑上述条件,本章假设单位工业废弃物的处理加工成本为 c (不包括采购成本),受技术水平的影响,假设加工处理成本只有高和低两种情况,c_1 表示高处理加工成本,对应工业废弃物的再利用价值较低,c_2 表示低处理加工成本,对应工业废弃物的再利用价值较高,明确规定 $c_1 > c_2 > 0$;同时,在上游供应商和下游利用商签订交易合约时,利用商的技术信息处于安全保密的状态,供应商不能确定利用商的工业废弃物资源化技术水平和处理加工成本,假设供应商确定工业废弃物再利用价值较低的概率为 ρ ($0 < \rho \leq 1$),再利用价值较高的概率为 $(1-\rho)$。

(3) 不考虑原材料市场,工业废弃物资源化利用网络中的下游工业废弃物利用商对上游供应商的依赖性较大,如规模性的稳定产量、稳定的工业废弃物性质和成分,同属需要外部或者内部的专用性投资,所以利用商在网络中的从属地位使其受制于上游供应商。因此,本章假设工业废弃物供应商在提供交易合约 (p,q) 时,利用商基于一定条件考虑有权选择接受或拒绝：当利用商接受交易合约的效用不低于其保留效用时，则接受，反之则拒绝。在本章建设的市场交易模型中保留效用对模型分析的影响不大，可以忽略，假设利用商的保留效用为 0。

（4）再生产品的市场价格取决于市场规模和市场需求的大小，同时供应商提供的交易价格与市场产品价格的敏感度有一定的关系。假设市场规模大小为 a，消费者对再生产品的市场需求为 D，市场再生产品价格敏感系数为 φ（$\varphi > 0$），则再生产品的市场销售价格 w 与市场需求之间的逆需求函数可以表示为 $w = (a - D)/\varphi$。再联系工业废弃物流通的前端，下游利用企业能根据市场需求进行足够的产品生产和产品提供，根据上下游交易合约 (p, q) 可得 $D = nq$，从而得出 $w = (a - nq)/\varphi$。

3.4.2.2 基本模型及均衡解

若工业废弃物供应商和利用商之间达成交易合约 (p, q)，则提供商可以获得来自工业废弃物销售和节约环境处置成本两个方面的额外收益，分别用 pq 和 dq 表示。假设供应商对企业产出的工业废弃物不做任何预处理，直接销售给下游利用商，则供应商的期望利润函数可以表示为

$$\prod_s(p, q) = pq + dq \tag{3-1}$$

一旦下游利用商接受交易合约，根据假设（4），对应的工业废弃物利用商的期望利润函数为

$$\prod_m(p, q) = nq(a - nq)/\varphi - pq - cnq \tag{3-2}$$

如果下游工业废弃物利用商再利用技术信息泄露，供应商能确切获取工业废弃物处理加工的成本信息 c，这时供应商若要实现自身利益最大化，必须保证下游利用商收益可观，愿意接受交易合约。根据上述条件，优化后的交易模型为

$$\max_{(p,q)} (pq + dq) \tag{3-3}$$

$$\text{s.t.} \ (a - nq)nq/\varphi - pq - cnq \geq 0 \tag{3-4}$$

式（3-4）表示下游利用商因为工业废弃物的再利用效用不低于其保留效用，愿意接受交易合约，构建以 λ 为乘数的拉格朗日函数

$$L(p, q, \lambda) = pq + dq + \lambda[(a - nq)nq/\varphi - pq - cnq] \tag{3-5}$$

已知其是关于 q 的凸函数,相应于 p、q、λ 的拉格朗日一阶条件为

$$q - \lambda q = 0 \tag{3-6}$$

$$p + d + \lambda[(an - 2n^2q)/\varphi - p - cn] = 0 \tag{3-7}$$

$$(a - nq)nq/\varphi - pq - cnq = 0 \tag{3-8}$$

联立方程式解 (3-6)、(3-7)、(3-8),可得出模型通解为

$$\begin{aligned} q^* &= (an + \varphi d - \varphi nc)/(2n^2) \\ p^* &= (an - \varphi d - \varphi nc)/(2\varphi) \end{aligned} \tag{3-9}$$

所以,当上游供应商确定工业废弃物的处理加工成本较高为 $c = c_1$ 时,下游利用企业接受交易合约的最优工业废弃物利用量为

$$q_1^* = (an + \varphi d - \varphi nc_1)/(2n^2) \tag{3-10}$$

下游利用商接受交易合约的最优价格为

$$p_1^* = (a\sigma - \varphi d - \varphi \sigma c_1)/(2\varphi) \tag{3-11}$$

对应地,当上游供应商确定工业废弃物的处理加工成本较低为 $c = c_2$ 时,下游利用企业接受交易合约的最优工业废弃物利用量为

$$q_2^* = (an + \varphi d - \varphi nc_2)/(2n^2) \tag{3-12}$$

下游利用商接受交易合约的最优价格为

$$p_2^* = (an - \varphi d - \varphi nc_2)/(2\varphi) \tag{3-13}$$

由上述求得的关于工业废弃物处理加工成本 c 和环境处置成本 d 的利用量、价格函数可知,c 和 d 两个未知变量是影响 p 和 q 的两个关键性因素。将上述通解分别对 c 和 d 求偏导得

① $\partial p^*/\partial c < 0$,$\partial q^*/\partial c < 0$;

② $\partial p^*/\partial d < 0$,$\partial q^*/\partial d > 0$。

①表明,当环境处置成本 d 一定时,利用量 p 和价格 q 都是关于处理加工成本 c 的单调递减函数,即工业废弃物的处理加工成本越低,上游供应商提供交易合约的价格和利用量越高;反之,供应商提供交易合约的价格和利用量越低。②表明,当工业废弃物加工成本 c 一定时,工业废弃物的环境处置成本越高,供应企业提供交易合约的价格越低,利用量越高。供应企业会迫于环境处置成本的高额费用压力,以尽可能低的价格将工业废弃物售卖出去,甚至当环境处置成本高于一定限度时,供应企业会以费

用补偿（$-d \leq p < 0$）的方式将工业废弃物售卖出去，从而实现工业废弃物的高效资源化利用。因此，政府和环保部门机构可以通过提高工业废弃物排放标准和加大对有害工业废弃物排放的处罚力度来迫使企业主动进行工业废弃物资源化和再利用交易。

3.4.2.3 对称信息下不同交易市场的交易合约

命题1 若供应商明确知道工业废弃物的处理加工成本信息 $c(c=c_1$ 或 $c=c_2)$ 证明以下子命题：

（1）当工业废弃物处理加工成本满足 $c_1 < c_2 \leq (an+\varphi d)/(\varphi n)$ 时，供应商和利用商达成的最优交易合约为 (p_1^*, q_1^*) $(c=c_1)$ 或 (p_2^*, q_2^*) $(c=c_2)$，即无论工业废弃物处理加工成本高或者低，都会有利用商愿意接受供应商提供的交易合约；

（2）当工业废弃物处理加工成本满足 $c_2 \leq (an+\varphi d)/(\varphi n) < c_1$ 时，供应商和利用商达成的最优交易合约为 (p_1^*, q_1^*) $(c=c_1)$，即此时只有处理加工成本较低的利用商愿意接受供应商的交易合约；

（3）当工业废弃物处理加工成本满足 $c_1 > c_2 > (an+\varphi d)/(\varphi n)$ 时，供应商与利用商无法达成交易合约，市场的交易无法进行。

证明 工业废弃物提供商愿意提供合约参与交易的条件是必须有额外收益：$\prod_s(p,q) = pq + dq \geq 0$，可得 $p \geq -d$，即供应商与利用商达成的单位工业废弃物的价格不能低于其单位工业废弃物的环境处置成本，否则，提供商宁愿选择自行处置工业废弃物。所以，双方达成交易合约的前提条件为 $p^* = (an - \varphi d - \varphi nc)/(2\varphi) \geq -d$，化简后得 $c \leq (an+\varphi d)/(\varphi n)$。结合3.4.2.2基本模型，将不同条件下的工业废弃物环境处置成本代入通解公式中，可得出对应达成的工业废弃物交易合约的价格和利用量的求解结果，命题1得证。

命题1的证明结果表明，工业废弃物处理加工成本的高低关系到工业废弃物再利用价值的高低，决定了其经济性，从而形成了不同的工业废弃物交易市场的交易状态。

当工业废弃物的处理加工成本满足 $c_2 < c_1 \leq (an+\varphi d)/(\varphi n)$ 时，单

位工业废弃物的交易价格远高于单位工业废弃物的环境处置成本,且单位工业废弃物的处理加工成本很低,说明工业废弃物的可利用价值较高,现有市场中工业废弃物资源化技术水平普遍较高,无论其资源化利用的过程中企业所需支付的处理加工成本是高还是低都有利可获,不过因其成本高低,市场中同时存在高、低收益的利用商。在对称信息的市场交易机制下,根据工业废弃物处理加工成本的高低,供应商分别提供合约 $(p_1^*, q_1^*)(c=c_1)$ 或 $(p_2^*, q_2^*)(c=c_2)$。

当工业废弃物的处理加工成本满足 $c_2 \leq (an+\varphi d)/(\varphi n) < c_1$ 时,单位工业废弃物的交易价格在一定程度上大于单位工业废弃物的环境处置成本,且现有市场中工业废弃物资源化技术水平有限,单位工业废弃物处理加工成本并不低,这时只有技术水平较高即处理加工成本较低的利用商才能达成交易并获利,从而迫使高成本利用商无法生存,逐渐退出市场。此时,工业废弃物供应商选择与资源化技术水平较高、处理加工成本低的利用商达成交易合约 $(p_2^*, q_1^*)(c=c_2)$。

当工业废弃物的处理加工成本满足 $c_1 > c_2 > (an+\varphi d)/(\varphi n)$ 时,单位工业废弃物的交易价格小于单位工业废弃物的环境处置成本,且单位工业废弃物的处理加工成本很高,说明工业废弃物的可利用价值较低,现有市场中工业废弃物资源化技术水平普遍较低,此时要保证工业废弃物资源化交易的顺利进行,利用商能正常获得利润,供应商不得不补偿利用商高于环境处置成本的费用,即 $p^* < -d$。在这种情况下,供应商合约交易的利益为负,企业宁愿去选择自行处置工业废弃物,也不愿意去做工业废弃物资源化交易,在没有限制的条件下,自发交易是无法实现的。结合我国现实工业废弃物资源化利用的现实状况,事实上,之所以存在某些工业废弃物无法被资源化利用和资源化利用效率较低的情况,就是因为资源化技术水平有限,导致资源化利用成本较高,因此工业废弃物资源化发展遇到瓶颈。因此,为了资源与环境的效益实现统一,工业废弃物资源化利用交易网络一定要给予一定的经济手段支持,如减免税收、给予环保补贴等。在资源化市场网络、法律、技术等各方面发展不完善的情况下,工业废弃物资源化利用的交易合约机制应包括第三方政府参与。

推论1 在完全信息市场下，即供应商能确切知道工业废弃物的处理加工成本信息 c ($c = c_1$ 或 $c = c_2$) 时，双方达成的交易合约 (p^* , q^*) 能够实现市场中工业废弃物的最优利用量。

证明 在3.4.2.2的基本模型求解中解得 $\lambda = 1$，故模型求解所得的 q^* 即为工业废弃物交易市场的最优利用量。

3.4.2.4 非对称信息对交易效率的影响及设计激励合约的必要性

命题2 在 $c_2 < c_1 \leq (an + \varphi d)/(\varphi n)$ 限制条件下，若工业废弃物供应商不能明确知道利用商的处理加工成本高低，则利用商不管处理加工成本是低还是高，结果都会选择高成本合约 (p_1^* , q_1^*) 完成工业废弃物交易。

证明 由4.2.3中的命题1证明可知，当工业废弃物处理加工的成本满足 $c_2 < c_1 \leq (an + \varphi d)/(\varphi n)$ 时，不受技术水平高低的限制，高成本和低成本的工业废弃物利用商都有能力接受供应商提供的交易合约，此时合约类型为 (p_1^* , q_1^*) 或者 (p_2^* , q_2^*)。对于处理加工成本较低类型的利用商，选择适合自身企业类型的交易合约 (p_2^* , q_2^*) 时，则利用商可以获得的期望利润为

$$\prod_{m}^{2}(p_2^*, q_2^*) = (a - nq_2^*)nq_2^*/\varphi - p_2^* q_2^* - cnq_2^*$$

如果其伪装成高处理加工成本类型的利用商，然后逆向选择交易合约 (p_1^* , q_1^*) 时，则利用商可以获得的期望利润为

$$\prod_{m}^{1}(p_1^*, q_1^*) = (a - nq_1^*)nq_1^*/\varphi - p_1^* q_1^* - cnq_1^*$$

要证明命题2，只需证明

$$\prod_{m}^{2}(p_1^*, q_1^*) > \prod_{m}^{2}(p_2^*, q_2^*)$$

因为 $q_2^* - q_1^* = \varphi(c_1 - c_2)/(2n)$

即 $q_2^* = q_1^* + \varphi(c_1 - c_2)/(2n)$

故原不等式可以化简为

$$q_1^*(p_2^* - p_1^*) > \varphi(c_1 - c_2)[a/(2\varphi) - nq_1^*/\varphi - (c_1 - c_2)/4 - p_2^*/$$

$(2n) - c_2/2]$

因为 $p_2^* - p_1^* = n(c_1 - c_2)/2$

将不等式进行整理可得

$3nq_1^*/2 > (an - n\varphi c_1 + \varphi d)/(4n)$

因为 $an - n\varphi c_1 + \varphi d = 2n^2 q_1^*$

即 $3nq_1^*/2 > nq_1^*/2$，该式成立，也即 $\prod_m^2(p_1^*, q_1^*) > \prod_m^2(p_2^*, q_2^*)$ 成立，由此证明命题2。

命题2表明，对于一些经济性较好的工业废弃物，其可利用价值高，处理加工成本较低，即满足 $c_2 < c_1 \leq [(an + \varphi d)/(\varphi n)]$，这时利用商会在利益的诱导下伪装成高处理加工成本类型的企业，逆向选择交易合约 (p_1^*, q_1^*)，导致工业废弃物在交易市场上显示出高成本特征，迫使供应商只能提供低价格和低用量的交易合约，造成工业废弃物不能被充分有效地利用。

推论1表明，在完全信息市场下，(p^*, q^*) 工业废弃物交易合约的效率较高，能够促进工业废弃物充分资源化和再利用，同时实现供应商利益最大化的目标。然而，命题2更符合现实情况。废弃物交易市场中的上下游交易信息是非对称性的，关于工业废弃物如何资源化利用方面的信息，利用商占据优势，供应商很难知道利用商加工利用工业废弃物成本的高低。在这种不完全信息交易的市场下，由于利用商的逆向选择性，供应商只能低价出售工业废弃物（$p_1^* < p_2^*$），工业废弃物资源化效率高也无法完全激发自身潜能（$q_1^* < q_2^*$），从而导致工业废弃物资源化利用效率较低，不利于实现经济发展与环境保护的统一，造成资源浪费。因此，在现实工业废弃物资源化利用的市场交易中，政府应当利用一定手段激励高效率工业废弃物利用商，设计合理的市场交易激励合约避免利用商逆向选择行为的发生。

3.5 提升我国废弃物资源化利用的政策建议

3.5.1 微观层面：组织结构

3.5.1.1 交易机制优化

面对工业废弃物的资源化利用网络信息渠道不畅、供需不平衡和再生产品销售困难等问题，线上和线下相结合的一体化交易机制能很好地优化资源化利用网络的信息流通与共享，有效促进市场交易的达成。传统的工业废弃物市场交易网络仅限于线下，优化后的线上线下交易机制以网络技术为核心可以打造一个以工业废弃物信息交流和共享为主的线上和线下结合的第三方交易平台，依托这个中介机构可以很好地简化循环利用网络中企业所需的交易信息并优化交易流程，提高企业对未知变化的感知能力和应变能力，及时调整行动方向和策略选择，进而提高循环利用网络的敏捷性，为市场交易提供坚实的基础，具体机制如图 3-8 所示。

（1）工业废弃物信息共享机制。信息共享机制的建立需要线上服务平台和线下服务平台的密切配合，线上服务平台主要是对工业废弃物的信息进行收集、分类和发布等，主要包括订单预约、在线沟通、平台管理等；线下服务平台主要是对工业废弃物进行回收处理网络进行构建以及对物流资源进行整合。线上线下结合的信息共享机制使工业废弃物的信息能够得到及时、有效的流通；同时，工业废弃物供需企业通过在线互动可以享受预售和预约服务，一定程度上提高了工业废弃物的资源化利用效率和服务质量。这种线上交废、线下回收的交易模式更加科学、合理、经济、有效，减少了企业间的合作障碍，也降低了企业间合作的门槛。

（2）工业废弃物供需市场对接机制。该机制借助于大数据网络的支持，以工业废弃物在线交易为核心，按照循环利用理念，将市场中的工业废弃物供应方和需求方进行匹配组合。交易平台通过对循环利用网络中的企业相关信息进行收集建立工业废弃物动态信息库，确定上下游企业的供给与需求关系，进而对接供需市场，通过虚实结合的方式实现工业废弃物的绿色流通。废弃物上游供应商和需求商可以在工业废弃物交易平台上各

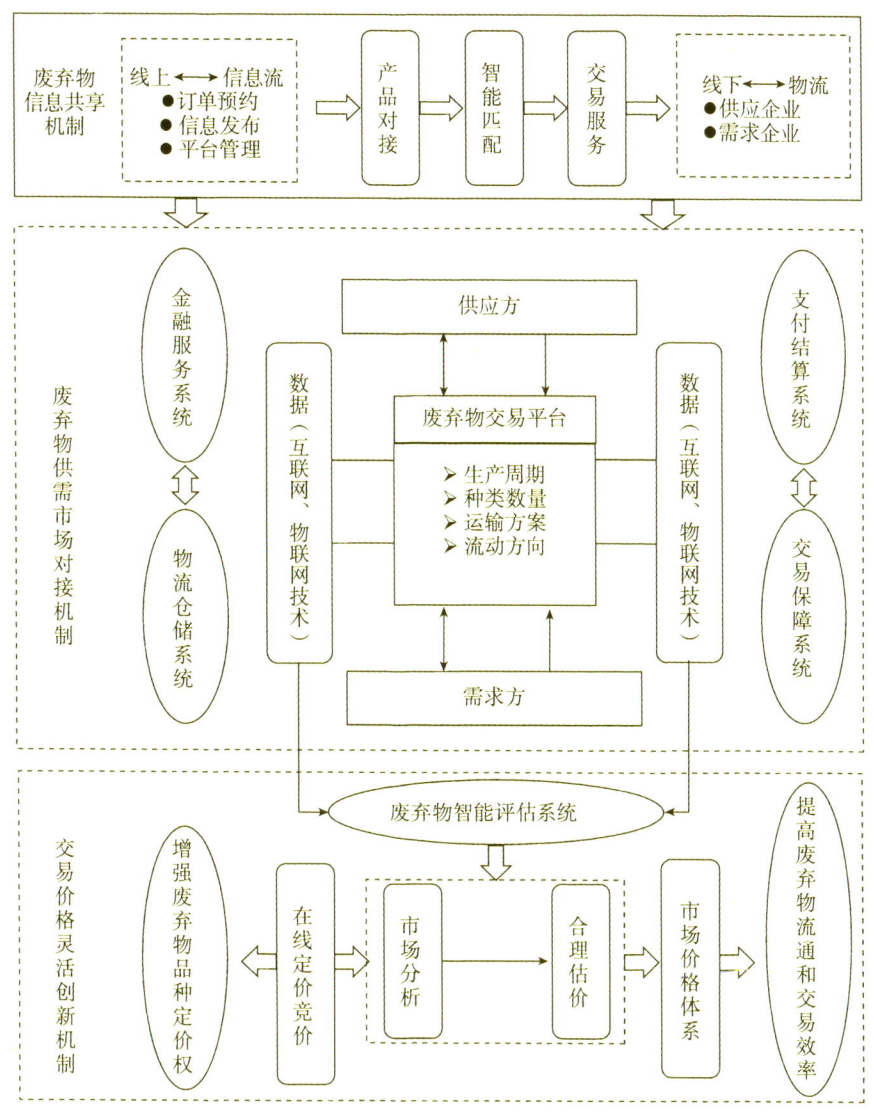

图3-8 工业废弃物线上—线下一体化交易机制

自发布自己需求的信息,和自己心仪的企业在线沟通废弃物处理技术、产生周期、需求量等细节,寻求企业自身的匹配企业。基于信息共享的工业废弃物激发了供应商和需求商的自主交易意识,并将有潜在合作可能的信息反馈到供应商和需求商的个人信息库中,通过商务谈判使彼此合作成为可能。

（3）交易价格灵活创新机制。工业废弃物交易平台不仅可以实现交易信息的共享性，还可以对市场交易价格进行灵活创新。除了基于成本效益的市场定价方式，工业废弃物交易市场还应积极开展在线竞价和定价的交易方式。根据近期工业废弃物市场交易行情，废弃物智能价格评估系统会对市场做出准确分析，给出合理估价并定期发布不同种类废弃物的市场交易参考价格，为交易双方提供合作参考。大数据下的市场价格体系融合了多种交易模式，有效激发了市场活力，提高了工业废弃物的流通和交易效率，为工业废弃物的市场建设提供了交易标准。

3.5.1.2 企业关系与能力柔性机制强化

企业关系与能力柔性机制强化的目的在于强化循环利用网络中上下游企业间的合作质量，提高企业自身应变能力，加快消除不良事件的影响。网络内企业成员间的柔性机制强化依赖政府、行业协会和第三方信用评级机构的参与来提高工业废弃物循环利用过程中各个企业成员面对外部未知环境下的适应能力，进而加强网络中各节点成员之间的柔性，具体机制如图3-9所示。

（1）企业关系契约双向机制。资源化利用网络企业间的双向契约可以有效协调和约束契约双方的责任和利益。一方面，资源化利用网络中的上下游企业间签订明确的双向契约能够有效防止双方冲突的产生。即使相关利益主体间会不可避免地产生冲突，双方也不得不依法遵守契约内规定的内容和程序，强制性地限制和规范企业行为，减少不必要的抵赖推诿，提高双方企业间的合作效率；另一方面，工业废弃物的供应商和需求商之间应保持长期良好的合作关系，双方企业在交易过程中应明确工业废弃物的回收种类和价格，确定责任和利益划分、互惠互持，保证工业废弃物资源化利用链条的完整和良好运行。

（2）企业信用评级保障机制。首先，工业废弃物资源化行业协会可以和第三方信用评价机构联合，依照一定的科学标准流程和科学的分析方法对工业废弃物资源化利用网络中各个企业的资本实力、技术水平、质量信誉等进行全方位的评估和综合考察，并对企业的考评信息建立动态数据

第3章 我国工业废弃物资源化利用的市场体系建设研究

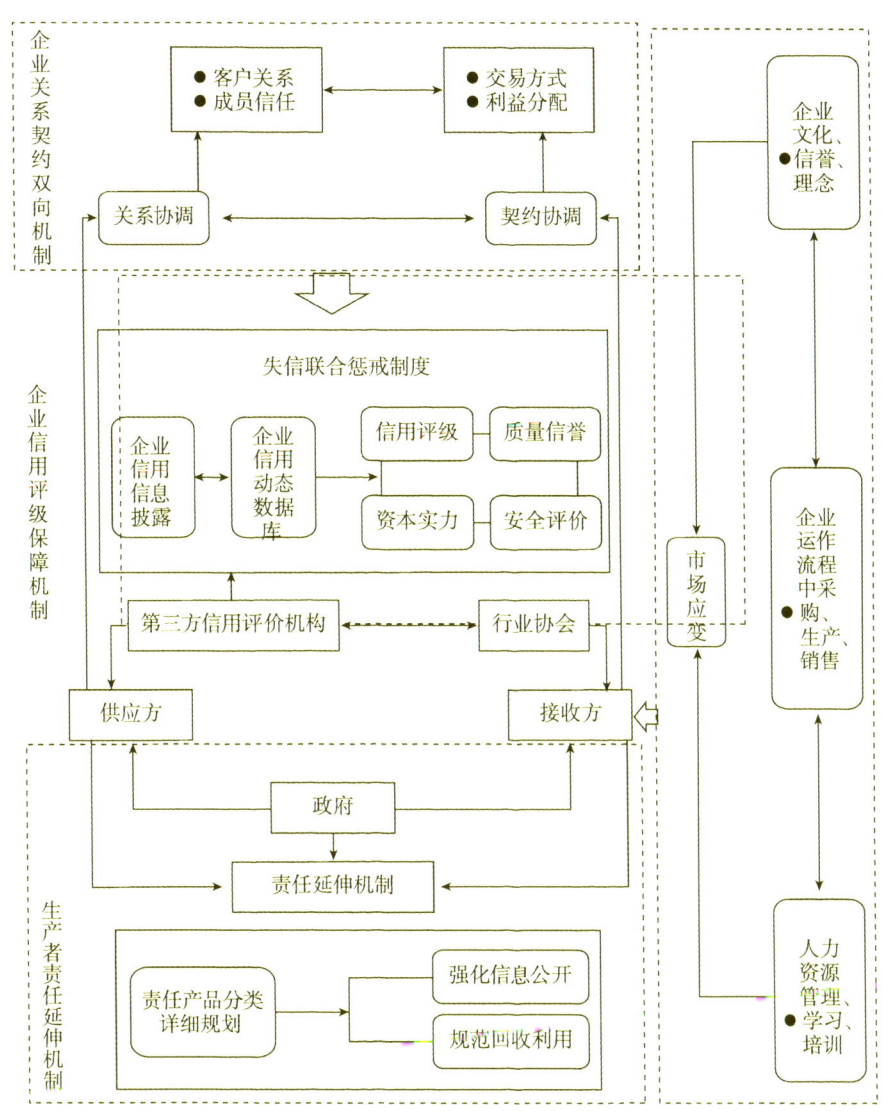

图 3-9 企业关系与能力强化柔性机制

库;其次,为提高资源化网络中企业对自身信誉的重视程度,需要在动态信息库新建立和完善公开透明的企业信用信息披露制度,有效防止企业机会主义行为,使废弃物资源化网络的上下游供应、需求、处理、回收企业能够有效连接;最后,政府部门可以通过建立失信联合惩戒制度对资源化网络中的上下游企业行为进行事前、事中和事后监管,对企业失信和守信行为给予对应的惩戒和奖励。

（3）生产者责任延伸机制。工业废弃物资源化利用的责任问题不能只是单纯地划分给源头生产企业，还应延伸到资源化网络下游的回收和加工企业，将工业废弃物的毒害性成分和回收利用流向等信息进行公示，公开责任信息，使下游废弃物回收和利用企业能够明确废弃资源来源信息，做好规范回收利用和责任产品分类工作，防止企业"搭便车"行为的发生。

（4）企业柔韧应变机制。一是提高在工业废弃物资源化流通过程中的工艺调整和技术革新的应变能力；二是注重企业管理者能力培养和企业文化建设，提高企业员工的资源化理念、风险应对能力和问题分析处理能力；三是企业面临外部风险时人员结构的调整需要依靠企业的人力资源管理者对企业员工的培训与学习机制进行深化管理，从整体上提高企业面对市场变化的及时应变能力。

3.5.1.3 市场与网络的内外整合

工业废弃物资源化利用网络的有效运行离不开网络内外部的交互整合，加强网络内外部整合的弹性能够使工业废弃物资源化利用网络的内部环境与外部环境更加协调，增加对外部环境资源的利用程度可以增强网络弹性，使资源化网络在受到外部不良干扰后能够更加快速地恢复到起始状态或良性状态。具体机制如图 3-10 所示。

（1）多部门联合协作机制。首先，针对工业废弃物资源化利用产业，政府部门应该对工业废弃物生产企业、深加工企业、回收企业以及集散中心等提供政策和资金支持，以法律政策对产业进行监管、保护和激励，鼓励企业对工业废弃物实施资源化和再利用。同时，政府部门应该灵活运用经济手段，如在降低贷款利率、放宽还款条件、折旧抵押等方面针对工业废弃物资源化利用企业实行优惠政策，降低企业经营成本，充分调动资源化利用企业的积极性。其次，国内对于再生产品的质量认定缺乏统一的技术与质量检验标准，目前迫切需要建立专门的质检单位和专业的再生产品质量认证体系对工业废弃物再生产品进行质量与性能的跟踪、检验以及认证。再次，环境部门监管不力、执法不严的现状需要环境部门加强监督和

第3章 我国工业废弃物资源化利用的市场体系建设研究

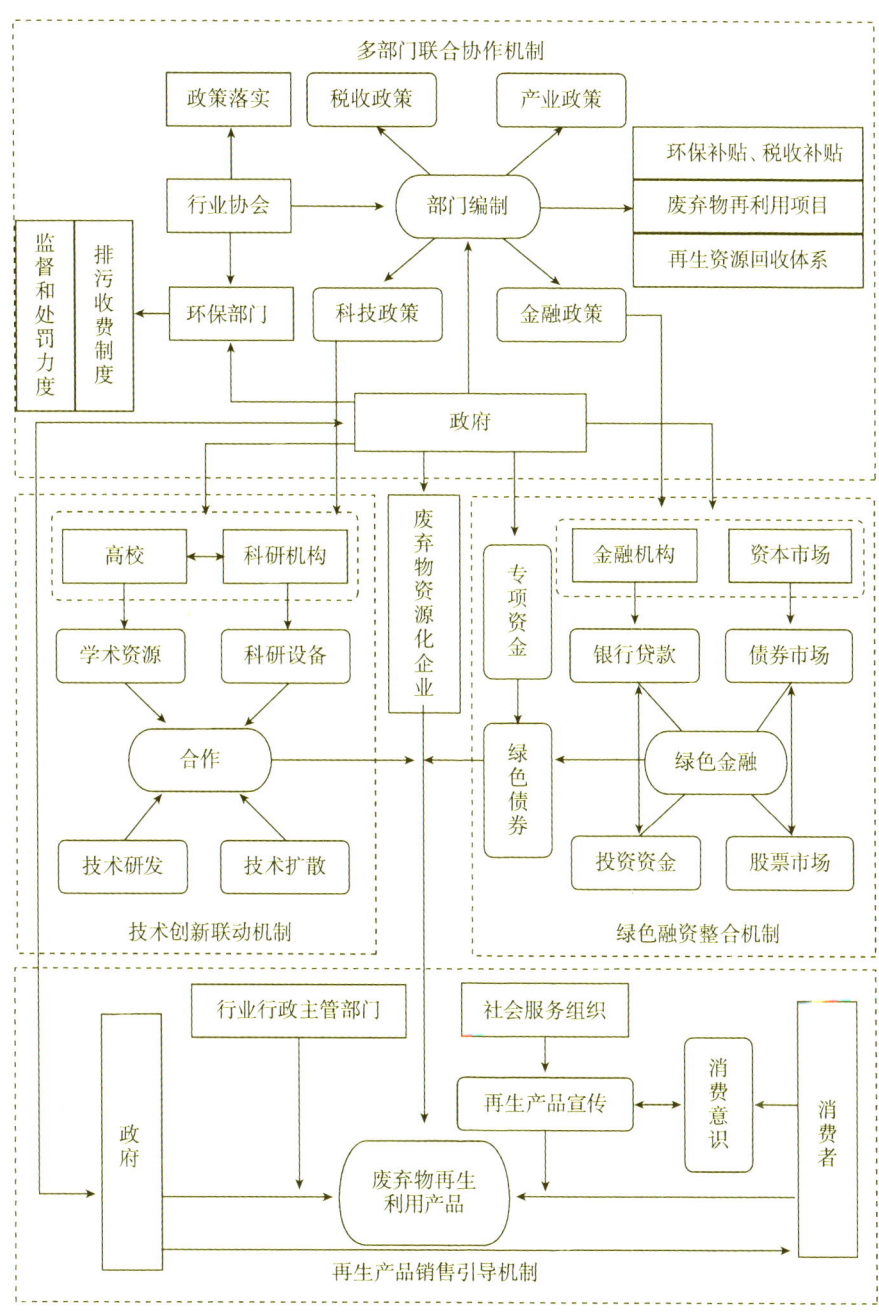

图 3-10 资源化网络内外部整合弹性机制

处罚力度。政府应坚决严格限制工业废弃物生产企业与环境监管部门的互通互惠行为，通过环境部门政务信息透明化公开管理和完善大众环境污染监管与投诉制度，提高我国循环经济和环境治理政策实施力度，对企业的污染行为实行全方位的严格监管治理。最后，工业废弃物资源化利用产业协会应积极发挥在企业与政府之间的纽带作用，帮助有关部门编制规范处理工业废弃物准则、工业废弃物资源化利用行业准入条件、工业废弃物回收细则等内容，细化相关政策的制定、接洽和落实，并以行业协会组织形式推广和贯彻企业工业废弃物循环利用和资源化利用，进而推动整个工业废弃物资源化利用行业健康、有序、快速的发展。

（2）绿色融资整合机制。资金的配置问题关系到整个工业废弃物资源化网络能否健康有序的运行，行业资本匮乏、融资困难的问题亟待解决。引导社会资本向废弃物资源化利用行业领域流动需要政府的投资支持或政策支持。尤其是在工业废弃物资源化利用市场建设初期，政府应积极发挥宏观调控作用，采取税收、补贴等经济手段激励金融机构设立工业废弃物资源化企业信贷优惠服务和专项投资基金服务，扶植私人资本企业进入工业废弃物资源化利用市场，提高金融机构在绿色产业中的参与性，积极扶持资源化利用行业设施设备的升级改造，促进绿色金融发展。

（3）技术创新联动机制。技术创新是工业废弃物资源化利用产业发展的瓶颈，网络企业应积极利用社会资源与科研机构、高等院校等建立合作关系，形成技术创新联动机制，以联合力量突破技术困境。一是政府科研机构和高等院校拥有大量的科研项目、丰富的学术资源和先进的研发设备，很多科研工作者专业从事工业废弃物资源化利用的技术研发与推广，如"零排放"技术、煤炭脱硫技术、固体废物有效储存技术等；二是我国可以积极开展国际学术交流会议，与国外工业废弃物资源化企业进行技术与工艺上的交流与合作，学习并引进国外先进工业废弃物资源化利用技术，促进产业技术创新、革新与应用发展。通过技术创新联动机制的应用可以刺激资源化过程中的各种技术全面发展，不仅能够使工业废弃物变废为宝，还可以降低工业废弃物资源化利用的成本，推动循环经济的发展。

（4）再生产品销售引导机制。基于市场终端消费者对于再生产品的怀疑态度，我国需要设立再生产品认证体系，由国家权威机构对再生产品进行质量和成分的审核、公示与认证，最大可能消除消费者的疑虑。一方面，政府可以帮助工业废弃物再利用企业拓宽再生产品销售渠道，如消费者企业采购过程中的公开招标、谈判式采购以及竞争性招标等形式；另一方面，相关社会服务组织应积极利用各种宣传媒介，如广告、微博、微信等加大对再生产品的宣传力度，改变消费者对再生产品的传统认知观念，引导市场绿色消费，以此促进工业废弃物再生产品在社会生产和生活中的应用，以及再生产品市场的正常流通运转。

3.5.2 宏观层面：政策法规

3.5.2.1 夯实政策与制度基础

目前，我国对工业废弃物资源化利用的重视程度还不够高，而推进整个工业产业资源化利用的自主意识需要把工业废物资源化利用理念提升到国家生态文明建设层面的高度，积极部署，落实规划，将工业废弃物产出率、废弃资源循环利用率、再生产品销售比例等量化指标纳入生态文明建设评价指标中，与政府部门绩效考核体系和经济社会发展水平评价挂钩。不断健全和完善我国社会主义工业废弃物资源化法律体系，提供有利的外部发展环境，促进资源化利用产业和市场的健康运行。利用法律制度要求，对工业废弃物生产源头加以控制，对深加工过程和回收利用过程中相关企业要明确对应的管理责任和法律要求，补全现行法律制度体系中的监管漏洞和盲区，加强生产、加工、消费以及回收过程中的责任延伸制度建设。健全和完善生产加工企业的污染控制监管体系、综合再生产品质量认证体系，打开再生产品消费市场。建立新型工业废弃物资源化利用产业监管模式，避免"邻避效应"的发生，社会各部门联合监管惩戒，优化工业废弃物资源化利用产业市场。

（1）健全和完善促进工业废弃物资源化利用的法律法规。目前，我国已经制定了一些鼓励企业开展工业废弃物资源化利用的政策措施，但资源化工作的开展缓慢，效果不佳。工业废弃物资源化利用的前提是要求我国实现由"粗放型"向"节约型"转变的经济发展模式，逐步提高经济、社会、资源、效益等多方面发展的统一性。鉴于我国处于经济转型阶段,借鉴国外循环经济发展经验,必须制定相关法律法规对工业废弃物资源化利用和循环经济的发展加以引导与规范,同时要避免建设阶段急功近利和短期行为的出现。2003年1月1日,国务院颁布并出台了《清洁生产促进法》,这代表着我国循环经济和经济转型的良好开端。国家经贸委组织研究提出了《中国资源综合利用法律法规体系框架》,之后《资源综合利用法》《废旧物资回收利用法》《清洁生产法》《工业废弃物综合利用法》等相关法律相继被列入我国立法规划建设中,并逐步出台了工业废弃物资源化利用相关法律法规,加快了资源环境立法步伐建设和我国循环经济法律体系框架构建。[①]

(2) 灵活运用经济手段,形成资源化市场发展的激励机制。党政部门可以采用经济手段对工业废弃物资源化市场进行宏观调控,采取价格、税收和补贴等,激励和刺激工业废弃物资源化利用市场的发展。发达国家常用经济手段保护生态,严格的"污染企业给付费"政策使资源化利用网络的下游处理、加工以及回收企业可以获得来自上游工业废弃物生产企业的高额资金补贴,责任机制的有机延伸在网络中得到了很好的体现。我国激励政策的制定并不完善,而且总体上并未起到良好的效用,主要原因在于:第一,我国多采取的是"谁污染谁治理"的政策,工业废弃物生产企业只负责对污染的治理,关于废弃物是否被资源化再次利用承担很小的责任或者说并不承担责任;第二,工业废弃物的再利用成本较高,废弃物生产企业还要向需求企业索取一定的使用费用,在很大程度上打击了废弃物再利用企业的积极性;第三,不同地区的工业废弃物再利用优惠政策存在不同程度的差异,而且普遍难以具体落实,党政部门和生产企业的配合程度较低。因此,激励工业废弃物资源化利用产业所要采取的经济手段需要结合实际,有关党政部门和金融机构需要通过加大对绿色产业的投资力度、放宽资源化利用企业的信贷条件、增加高成本工业废弃物处理企业的补贴金额等手段激励废弃物再利用企业的内部融资和研发。根据国家循环

---

① 冯良. 关于推进循环经济的几点思考[J]. 节能与环保,2002(9):18-21.

经济发展纲要和规划目标，为了推动资源的再生利用，党政部门应该以不同种类工业废弃物的应用前景及获利能力为基础条件，制定相对应的投资、信贷、税收以及价格等多方面的财政优惠政策，具体有减免税收、低息贷款、价格补贴、信贷担保等。

（3）建立工业废弃物资源化利用产业服务机构。一方面，我国现阶段还处于工业废弃物资源化战略的初期，相关专业加工处理技术还不够先进和完善，在应用过程中的性能、可靠性和使用寿命等方面都可能会存在一些问题，需要相关配套服务体系提供支持；另一方面，工业废弃物资源化企业员工对资源化理念、利用过程和操作技术都还缺乏整体性认知，需要建设工业废弃物资源化网络的信息库、企业培训机构以及企业咨询机构。因此，建立工业废弃物资源化利用的服务机构是必要的，可以为资源化利用企业提供金融、信息、技术、管理及政策等多方面、全方位的咨询服务，促进工业废弃物资源化利用产业的国内外技术交流与业务合作。产业服务机构帮助工业废弃物资源化利用企业开展国内外业务合作的内容主要有生产合作、技术开发、销售支持和工程承包等多种形式。其中，生产合作与技术开发包括：积极开展与国内外的科研机构、高等院校等单位的合作，联合技术研发和科技创新，推动生产工艺优化；利用规模效应，开展工业废弃物资源化产业的横向合作，建立生产、经营型的股份公司或联合企业，降低企业科研成本，共享信息技术，专门从事工业废弃物资源化利用技术的研发。

3.5.2.2 强化科技支撑

设立国家专项科研计划，加强工业废弃物资源化利用市场建设的科技支撑，提高废弃物资源化利用效率。鼓励工业废弃物资源化利用的重点设备和核心技术研发，如废弃物高效提取技术、自动加工控制工艺、再造技术等，引导产业资助创新意识。以工业废弃物资源化利用试点工程为基点，加快创新技术的推广与应用，推进我国工业废弃物资源化利用市场建设进程。结合高科技网络信息技术领域的云计算、大数据、"互联网＋"、物联网等手段，建设工业废弃物综合管理系统、公共信息服务系统、线上线下一体化交易平台，并将这些智能系统纳入智慧城市建设，提升工业废弃物资源化利用与生态环境管理的信息化水平。

（1）培养专项人才，建立科研生产基地。第一，要保证科研生产基地的完整性，首先要吸引工业废弃物资源化利用网络上下游企业、专业工业废弃物利用科研单位和各层次专业工作人员的共同参与。第二，要将有相关工业废弃物资源化科研经验、技术业务水平较高、能安排企业组织生产活动和提供企业技术服务咨询的科技人员，以及先进的科研设备和先进的生产加工仪器集中起来，供科研基地统一调配和使用。第三，要建立工业废弃物资源化利用专属的实验加工厂和综合实验室，以供研制工业废弃物资源化新技术和工业废弃物再利用新产品，同时满足企业的技术研发与产品生产要求。

（2）加强工业废弃物应用基础和应用开发研究。废弃物资源与天然资源相比，成分更为复杂，加工处理难度更大，不同工业废弃物适用技术差别很大，其资源化技术和再生产品利用途径还有待进一步研究和探索。我国工业废弃物资源化利用产业起步较晚，已积累的资料和经验相对较为匮乏，再加上不同地区和企业生产所用原材料、加工流程工艺以及产品种类和品质等方面的差异，所排放的工业废弃物存在很大成分和性质方面的差异，明显增加了其资源化再利用的复杂性和难度，无法用同一种方式对工业废弃物加以处理加工和推广应用。所以，针对这一问题要进行多领域、多学科的联合攻关，对不同种类的工业废弃物（尤其是占比较大的固体废物）的性质、成分，可再利用物质的结构、含量进行更深层次的研究。联合研发减少工业废弃物源头生产的工艺与条件、分类筛选提纯的工艺与技术、毒害成分物化清除的方式与流程、工业废弃物安全处置的有效方法与途径、循环利用新途径、新再生产品、新生产设备、新加工工艺等，优化配置工业废弃物资源化产业和市场。同时，我国要积极引进和开发新兴科技如化学修饰（物质表面活化与改性）、生物工程（如美国 CBS 系统）、绿色化学等手段来处理和利用工业废弃物，并使之有效资源化。

（3）运用循环经济的思路促进工业废弃物资源化利用。将资源的再利用理念纳入我国城市化、工业化进程的设计思路中，加快高新技术园区的建设，降低生产及消费过程中的资源浪费和污染物排放。着眼于全局从单个企业、工业园区到全社会推动清洁生产技术的应用。激励资源循环利用和资源化利用的技术研发,如重复利用与替代技术、能源综合利用技术、废弃物回收和再利用技术、环境监测与管理技术等。参考循环经济发展理念,从源头上考虑,在企业的生产过程中积极采用无害或低害的生产工艺和技术,实现整个工业领域的少投入、高产出、低污染,尽可能地将环境污染物和工业废弃物的排放消除在生产和加工过程中。

3.6 研究结论

本章以工业废弃物资源化利用的市场为研究对象,深入分析了资源化市场的特征、市场经济与循环经济的关系、现阶段资源化市场存在的问题;同时,通过建立工业废弃物基本市场交易模型,对对称信息下的交易合约、非对称信息下的交易合约和激励合约的必要性进行了模拟与分析,得出了以下结论:

(1) 我国现阶段工业废弃物资源化利用市场建设缓慢的原因主要有八个方面:废弃物信息渠道不畅、废弃物供需矛盾凸显、下游利用企业的利益决策难题、企业应变能力较差、市场中工业废弃物资源化处理技术与生产工艺瓶颈、工业废弃物资源化行业金融资本匮乏、工业废弃物资源化循环利用领域相关政策滞后、工业废弃物循环利用后再生产品销售受阻。八个方面涉及了市场的渠道、供需、销售,企业的能力、财力、技术和政府的法规、政策等三个层面。

(2) 交易模型的研究结论表明,工业废弃物的经济价值、再利用成本和合作收益是市场交易进行的根本动力,决定了其市场交易的状态。对于那些再利用成本较低、经济价值较高的废弃物,市场中的再利用交易能够自发地进行;相反,对于那些再利用成本较高、经济价值较低的废弃物,自发性的交易很难实现,需要一定的外部激励刺激交易的进行,此时政府作为辅助交易的第三方是至关重要的存在。

(3) 废弃物的资源化利用从循环经济的角度来看,作为源头的工业废弃物供应商应实施清洁生产,阻断和减少废弃物的产生;废弃物的需求方可以横向合作,利用规模效应和技术共享来降低工业废弃物再利用的边际成本。整个循环利用网络中的上下游企业应积极开展对外合作，利用社会资源，如政府科研单位、高校智库等，提高企业废弃技术研发，使工业废弃物资源得到高效利用。

（4）合理的价格有益于从根本上解决工业废弃物资源化利用难的问题。循环经济发展和工业废弃物资源化利用市场形成的初级阶段，工业废弃物价格的形成不能只是单纯地依赖市场规律。政府作为市场宏观调控的主体应积极发挥自身作用提供配套的服务措施，如环境治理标准、人才培养、科技研发、税收补贴等，促进工业废弃物资源化利用市场的形成，实现废弃物的减量化、再利用和再循环。

第4章　我国绿色产品标识认证体系的建设研究

4.1　绪论

4.1.1　绿色产品标识认证体系的国际、国内背景

4.1.1.1　国际背景

（1）在自然环境背景方面，全球环境面临着污染，人们的生存环境遭到破坏。如今，随着时代和科学技术的发展，人们在享受更多便利的同时，对资源的索取也越来越多，对环境的破坏也越来越严重。不可回收的物资越积越多，不断地挑战大自然的净化能力，而大自然对这些生活垃圾吸收的速度远远低于人们制造垃圾的速度；生产制造中产生的废弃物远远超过了大自然的承载能力，工业污染导致了大气层中臭氧层的破坏和局部消失，紫外线增强，危害着人们的健康，同时也引起酸雨的形成。温室效应的出现，造成海平面上升、雾霾增多等一系列的不良征兆，而且，随着人口的日益增多，资源的开发程度也会日益增强，工业废弃物也会随之大量增加。我们所处的地球遭到了巨大的破坏，层出不穷的环境问题日益严重，这需要各国共同加强环保意识采取行动来呵护我们共同的地球，因此全球出台了许多环境保护的政策，绿色设计、绿色制造、绿色产品等概念不断地出现在人们的视野中。

（2）在经济环境背景方面，绿色产品的认证在消费升级中占据着重要的地位。近几年来，绿色产品标识在国际发展迅速，不仅影响了人们的消费价值观，而且对没有实施绿色认证的国家产生了巨大的影响，具体体现在品牌影响力、国际贸易、消费者决策等方面，人们对绿色产品的观念也在逐步加

强。据调查显示，目前许多用户都将绿色产品放在了购买因素的首要位置。许多发达国家为了维护本国企业的利益就将有无绿色产品标识作为贸易保护的手段，单方面地设置绿色贸易壁垒，使得许多发展中国家在出口贸易上面临许多的限制，绿色贸易壁垒的主要表现形式有：提高进口产品的绿色监测标准，在数量和价格上限制没有绿色标识的产品进口，严格审查进口产品在其使用过程中对自然环境的影响等。

（3）在政策和环境状况方面，欧盟出台了绿色产品认证标准，虽然是自愿性的认证标准，但仍有不少企业对自己的产品进行绿色体系认证。20世纪70年代以来，德国共出台了五类产品标准，大约共3500个产品通过了"蓝天使"标志的认证体系。1992年，欧盟出台了一种名为"欧洲之花"的生态标签。这种生态标签的认定是为了鼓励企业生产绿色产品，用户使用绿色产品，提升整个欧盟的绿色环保意识。2005年，欧盟又加强完善了生态标签的认证体系。不仅如此，欧盟还提出了《建立绿色产品单一市场》公告和《更好促进产品和组织环境绩效信息》建议案，计划运用全生命周期评估的方法统一产品的认证体系。与此同时，还发布了评估产品生产环境过程评判标准和建立环境过程评判标准，建议使用这两种方法对产品的生产环境进行评估。2013年5月30日，欧盟启动了为期3年的产品环境足迹试点工作。2013—2016年，280多家公司和组织自愿参与到对这种方法的检测中，旨在于新政策提出前了解这种方法的真正潜力。另外，还有日本、韩国、澳大利亚、加拿大等一些国家也都建立了自己的生态标识。

4.1.1.2　国内背景

（1）在自然环境背景方面，我国的自然环境也面临着巨大的危机。随着我国工业的发展，对外开放引进的一些工厂，在生产过程中的主要目的是利润最大化，忽略了环境保护，不断地向自然索取资源，出现了绿地变荒漠的问题，出现了沙尘暴，最严重的是雾霾和酸雨，不仅危害着人们的健康，还扰乱了社会秩序。人们在雾霾天都不敢出门，雾霾和酸雨的形成归咎于工业生产排放的污染物，这些污染物不断地被排放到空气和水中，也缺乏一定的监督。时间长了，以前的绿水有些就散发出一股股臭味，水里的植被、鱼虾等都消失不见；以前经常是蓝天白云，现在天空经常是灰蒙蒙的；我国有些地区出现严重缺水的问题，影响着人们的生活环境。随着人口的增长和经济开发的需要，人们对"地球之肺"的索取也在日益加剧，湿地范围也在慢慢地缩小。环境问题不得不引起国家的重视，绿色产品标识的推出也是大势所趋。

（2）在经济环境背景方面，绿色产品标识认证的不完善，导致我国在国际贸易中处于不利的地位。我国在经济的发展过程中，对绿色产业的发展没有产生足够的重视，对工厂生产以及产品在使用和回收过程中没有进行相关的监督和检查，在这方面也没有形成对应的管理体系。一些厂家和企业的资源利用、损耗和废气、废水的排放不符合生产标准，这些现象严重影响着人类与自然环境的友好相处，也影响着中国产品的出口情况，使我国的产品在国际竞争中处于不利的地位。近几年，我国认识到了这个问题，也在逐步改善，关闭了一些高污染的企业，倡导企业节约资源，控制污染物的排放。据统计，在对外出口上，由于我国产品不符合国际绿色标准，产生的亏损高达260亿元人民币。虽然我国也有自己的环境标志，如中国环境标识、中国节能标识、中国节水标识、绿色食品标识等，但我国涉及的绿色产品的相关指标、认证过程和绿色标识是由多个机构分开建立的，有着认证标准不一致、绿色标识不统一、认证程序不相同、中国消费者和外国机构信任度低等问题。

（3）在政策和环境背景下，我国近几年一直重视产品的绿色认证。2015年9月，中共中央发布的《生态文明体制改革总体方案》提出建立统一的绿色产品体系，将目前分别设立的产品环境绿色标识统一整合为绿色产品标识，建立起统一的绿色产品标准、认证、标识体系。另外，中共十九大报告也着重强调了生态绿色建设，鼓励绿色生产和绿色消费，完善了相关政策，制定了相关的法律制度，建立了可持续发展的经济体系。中共中央提出，要鼓励企业进行绿色制造，提高企业创新能力，推行清洁、效率高的生产流程，提高原料的利用率，缩减生产过程中的消耗，避免对生态环境产生污染。国家认监委2018年3月发布了《国家认监委关于发布绿色产品认证标识的公告》，其中包括一些绿色产品认证清单以及绿色产品认证的一些相关事项。由此可见，国家在这方面越来越重视。

4.1.2 研究意义

4.1.2.1 理论意义

(1) 绿色产品认证评价体系对策的研究理论完善了相关理论的研究。目前，在绿色产品认证体系研究领域内，尚未形成统一的认知，都在不断地进行探索和研究，大多数研究是在产品生命周期理论基础上不断地创新和完善。本章对绿色产品认证体系进行研究，分析相关理论的优势和不足，提出自己的见解，完善绿色产品标识体系的对策研究。

(2) 绿色产品认证评价体系对策的研究理论为以后人们研究绿色产品认证体系提供了参考依据。绿色产品的概念一直在更新，随着科技的进步和社会形态的变化，人们对绿色产品的认知也存在差异。从现阶段的角度去研究绿色产品标识认证体系，不仅是满足人们对现在理论指导的需要，还为以后人们研究绿色产品标识认证体系提供了参考依据，让人们在以后的探索中有迹可循，可以更进一步地思考总结、发现问题并提出完善的建议。

(3) 绿色产品认证评价体系对策的研究理论为政府开展绿色评价体系构建提供了理论支持。现在，随着消费者观念的升级和环境的恶化，人们对绿色产品的需求越来越大，全国都积极开展了绿色产品标识认证，而开展这个工作，需要一定的理论为基础，这样才便于政府开展绿色产品标识认证工作，因此绿色产品标识认证体系的研究是重中之重。

4.1.2.2 实际意义

(1) 改善人与自然的关系，创造一个生态文明的环境。绿色产品标识认证体系的提出，会对企业的生产活动进行规范化，使企业在产品的研发、设计、生产阶段参照绿色产品标识体系，合理地选择原材料，控制废弃物的产量，从根本上解决污染的源头，也有利于人们在购买时选择绿色产品，真正做到人与自然和谐共生，建设文明的生态环境，真正做到合理利用大自然的资源，不过度索取、不铺张浪费，改善我国稀有资源的短缺问题和温室效应、酸雨、雾霾等一系列环境问题，让人们生活在一个健康、绿色的生态环境中。

(2）指导企业进行绿色生产制造，推动我国制造业生产水平和产品质量的提升。制造业无疑是对环境污染最严重的行业，只有对制造业的生产活动进行监督和控制，才能促进我国的可持续发展。绿色产品标识认证是对企业产品整个生产活动进行绿色认证，以便于监督和检查企业的生产过程和技术，形成精细化的生产模式，实现高效率生产，使各生产要素的配置效率得到提高，紧跟时代的步伐，逐步淘汰落后的生产模式，促进传统企业的转型。

（3）满足人们不断进步的产品需求，提供优质绿色的高质量产品。如今，消费者的绿色观念越来越强，对绿色产品的需求比较旺盛，完善我国绿色产品标识的认证体系是人们迫切需要的。绿色产品的核心理念是注重产品质量，满足当下需求，符合时代进步。建立一个完善的绿色产品标识认证体系，有利于推动我国产品质量的提升，整合我国认证标准，满足消费者升级的需求，增强对国产产品的信任感，也能指导企业以消费者的需求为标准，推出符合消费者期望的产品，拉动我国经济的增长，更好地为消费者谋福利。

4.1.3 研究内容与技术路线图

第一部分论述了本章研究的背景，主要从两个方面进行分析——国际背景和国内背景，通过对研究背景的分析，明确目前绿色产品标识认证体系面临的一些问题，从而更有针对性地研究绿色产品认证标识体系，同时也阐述了研究绿色产品标识的意义，主要体现在环境保护、企业管理、消费者升级等方面。

第二部分将对国内外研究绿色产品标识体系相关文献进行综述、分析、总结，这样可以使人们更清楚目前国际绿色产品标识认证体系的研究方向和进度，以及在实际应用中的实用性，为本章研究提供方向和指导。

第三部分主要研究绿色产品的概念、特征及其和传统产品的区别，绿色产品标识认证的发展，影响绿色产品标识认证体系的相关因素，以及目前绿色产品标识认证体系的研究方法并做出评价和分析。

第四部分主要研究绿色产品标识认证体系中的内容和评价指标体系的

构建，通过问卷的方式，调查人们对绿色产品标识的认识，对绿色产品的购买意向度，对绿色产品的态度，对国家绿色产品统一认证的支持力度，以及对进行绿色产品认证企业的态度和对评价指标的评价。

第五部分主要是针对前面应用绿色产品标识的评价体系模型存在的问题提出的建议，这些建议包括对国家的、公众的和企业的。

第六部分主要是根据研究绿色产品标识认证体系相关理论和套用模型得出的结论进行总结。

本章研究的主要内容，可概括为图4-1。

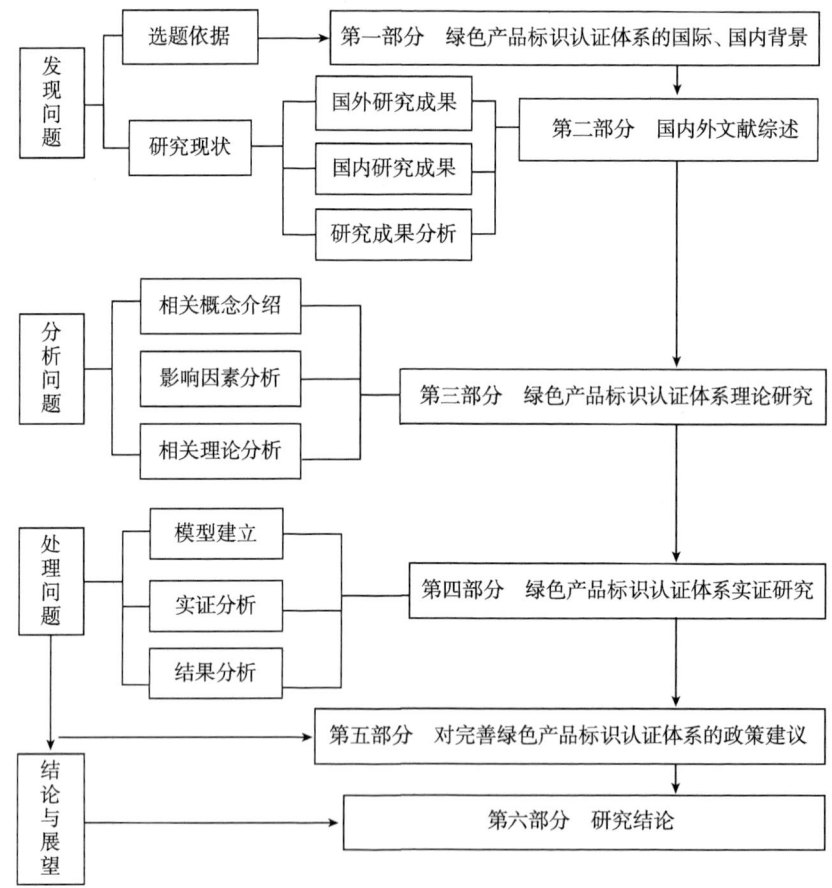

图4-1 技术路线

4.1.4 研究方法

4.1.4.1 文献资料法

通过在各大学术网如知网、百度学术、万维网，以及国家的一些官网搜集一些与绿色产品认证相关的文献并对这些文献进行鉴别、整理，找出一些有价值的信息，主要参考范围有绿色产品的概念、绿色产品标识、绿色产品认证体系。从官网上寻找一些最近国家出台的关于绿色产品认证相关文件，以及产品材料绿色度的标准数据，为本章提供研究思路和数据支持。

4.1.4.2 描述法

通过描述国内和国外对绿色产品认证体系的研究内容，以及描述现有绿色产品认证的理论，对这些理论进行分类研究，从而更清楚地知道他人研究理论的方向和侧重点，为本章研究方向提供参照。

4.1.4.3 比较研究法

比较了许多参考文献以及欧盟和其他国家或地区对绿色产品认证体系的研究进程，通过比较，更有利于发现我国绿色产品认证体系的不足之处和与其他国家或地区的一些差距。通过比较研究，可以更快地汲取一些其他国家或地区的经验，从而确定我国绿色产品认证体系的对策，为本章的研究提供一些参考和启示。

4.1.4.4 生命周期评价与指标评价相结合评价方法

通过生命周期评价与指标评价相结合评价方法，对企业生产设计、生产制造、使用维护、回收利用全过程进行绿色标准评价，严格控制企业在每一阶段的生产过程，从而起到监督核实的作用，指导企业的生产过程，为企业、环境、消费者安全做出保证。

4.1.4.5 市场调查法

运用市场调查法，调查人们的基本信息、对绿色产品标识的认知，以及绿色标识在人们生活中扮演的角色和对评价指标、绿色产品评价重要度的看法，获得第一手数据。

4.2 国内外文献综述

4.2.1 国外文献综述

4.2.1.1 绿色产品的消费行为研究现状

绿色产品标识的认证不仅是为了改善目前人们所处的恶劣环境，还与消费者的消费行为息息相关，产品的利润来源还是依靠市场和消费者。国外进行绿色产品的消费行为研究是因为长期以来，企业在绿色营销实践过程中遇到了重重阻碍，问题的根源在于研究和实践领域，对绿色产品的消费行为研究得不够透彻，有关绿色产品消费行为的理论研究不足以支持和指导企业的绿色营销活动。

许多美国公民都以成为"环保主义者"为荣，他们在消费产品时更愿意支付更多的费用在环保产品上，而且随着时代的发展，这种现象越发普遍。据调查，70%的消费者在购买绿色产品时，受环保产品的广告宣传影响，但有些消费者表示，对于广告宣传，他们并不完全信任，在购买产品时会关注产品包装上的绿色产品认证标识。长期以来，外国学者从人口统计角度和心理统计角度对绿色产品的消费行为做过一些研究，其中包括消费者的年龄、消费者的性别、消费者的收入、消费者的教育、消费者的环保意识、消费者的利他主义等。得出的最终结论是：消费环保产品的群体大多是年轻化、收入处于中高等水平、接受教育程度高的城市女性。然而，这种说法是片面的，没有详细地涉及人们的心理因素，现在文献研究的结果是绿色产品的消费与人口统计特征相关系数不显著，因此用人口统计特征来描述绿色消费行为存在不足。如果结合消费者的心理和对绿色产品的态度来描述消费者的绿色消费行为会更合理。

4.2.1.2 绿色产品的评价方法

从国际角度看，生命周期评价作为多个国家公认的评价工具被广泛应用于各大领域。生命周期评价法最初应用于美国的可口可乐公司，1969年，可口可乐公司应用生命周期评价法对不同饮料容器的资源损耗和环境影响进行分析；之后，其他各国如德国、英国、日本也开始进行了相关的研究。2002年4月28日，由欧洲塑料制造商协会、美洲塑料委员会、加拿大政府、德国政府、美国通用汽车公司等发起，SETAC 和 UNEP 联合制订了生命周期促进计划，目的是在 ISO 14000 系列标准的基础上获得可持续发展，开展和推广产品生命周期评价的方法和标准，该计划主体由生命周期管理、生命周期清单分析、生命周期影响评价等三个项目组成。

4.2.1.3 绿色产品标识研究

绿色产品标识来源于20世纪70代，1978年德国开始采用图4-2所示的"蓝色天使"的绿色标识。

图4-2 德国的"蓝色天使"标识

1989年，北欧建立起了白天鹅标签，挪威、瑞典、冰岛和芬兰组成了全球第一个跨国性环保标章系统。认证细则由它们共同制定，但通过其中一国的认证就可以免除其他成员国的认证。1992年4月，欧盟也公布实施了欧盟"生态之花"绿色产品标识。当今时代，世界上已有20多个国家和地区实施或正在实施绿色标识体系，这些国家的绿色标识产品种类已达几百种，合格的产品近万种。目前，仅仅德国获得的绿色标识产品就达7500多种，占据其全国商品的30%。绿色产品标识已经成为防止发达国家建立贸易壁垒的有力工具。

4.2.2 国内文献综述

4.2.2.1 绿色产品的消费行为研究现状

直到20世纪80年代中期，我国国内的一些学者才开始引入有关绿色产品消费的相关理论，然后将国外的理论进行翻译和简要介绍，并附上自己的一些感想。当时也仅仅停留在定性理论的基础上，缺少可靠具体的调研数据，在绿色产品的实际研究中有所欠缺。

我国的消费者有过购买绿色产品的经历，但习惯性地优先购买绿色产品的消费者比例特别小，对于不同类型的绿色产品，我国消费者的消费也存在较大的差异。2005年，在武汉进行的一项调查显示（韩艳宾，2006）：89.3%的被调查者购买过绿色产品，53.9%的被调查者购买过绿色日用品，33.1%的被调查者购买过绿色电器，2.1%的被调查者购买过拥有绿色标识的车辆。由此可以看出，消费者还是比较关注日用品的绿色度。崔志利（2008）认为，消费者的绿色消费行为是从绿色食品开始的，环保意识加速了绿色消费。2017年，我国家电行业零售额达1.7万亿元，同比增长9.0%。空调、电冰箱、洗衣机、平板电视和热水器五类产品总的销售量较2013年增长了15.4%。2017年，空调国内销售约为8900万台，同比增长46.8%，其中节能空调销售量约为2300万台，同比增长82.2%。这些数据表明，我国的消费者绿色产品的消费意识正在逐渐加强。

4.2.2.2 绿色产品评价方法

我国对生命周期评价方法的研究起步晚，但研究发展的速度非常快。2002年，相关部门发布了分别等同于ISO 14042和ISO 14043的《生命周期评价——生命周期影响评价》国家标准与《生命周期评价——生命周期解释》国家标准。除了生命周期评价方法，其他评价绿色产品的研究也在不断探索中，刘志峰（2004）针对绿色产品的特点，结合产品生命周期的思想，提出了基于模糊物元分析的绿色产品方法，重点对绿色产品的评价理论、方法及评价支持工具的开发进行了深入、系统的研究。田凤权（2011）对绿色产品的定义从生命周期角度进行了研究，并构建了三维评价体系模型，提出五大属性指标，共计21个具体指标的评价体系，并提出用模糊层次分析法对产品进行综合评价。刘雪珍（2012）对绿色设计做了一个全面的研究，并建立了合理的绿色设计评价体系，对绿色产品设计进行用户体验方面的绿色价值评价。乔维德（2017）用BP神经网络分析法对绿色产品进行了评价。

4.2.2.3 绿色产品标识研究

"中国环境标志产品认证委员会"是在1993年成立的。1993年8月，国家环保局正式颁布了中国的绿色标志图形，如图4-3所示。

图4-3 中国环境标志图案

中国环境标志图案设计的内涵是倡导人们团结起来，保护我们赖以生存的环境。中国环境标志的中心由太阳、山和水组成，这几个图形代表了我们生存的环境；外围由十个圆环组成，环环相扣，代表着全国人民齐心协力，共同守护着我们赖以生存的环境；背景为绿色，代表让我们生存的环境呈现一片绿色。这样的绿色产品标志被称为Ⅰ型绿色标志，如果认证这样的产品标志需要经过第三方机构按生命周期的评价方法进行严格的认证。中国的这种标志已经与多个发达国家通过了绿色标志互认合作协议，拥有这种标志的中国企业能够在出口贸易中取得优势地位。

如今环境问题日益突出，在国家宏观调控下，环保产品行情高速发展，企业也积极参与到环境保护工作中，消费者对绿色产品的需求也与日俱增，而Ⅰ型绿色标志要求对产品的全生命周期进行认证，条件苛刻，很少有企业能通过绿色产品认证的标准，这就出现了市场上供求不平衡的状况。因此，我国在2002年10月启动了Ⅱ型和Ⅲ型绿色标志。Ⅱ型绿色标志的特点是企业可选择在12个方面做自我环境声明，这12个方面包括：可利用、可分解、可进行拆卸、使用寿命长、可回收、可进行重复循环、再循环含量、节能、节约资源、节约用水、可重复使用和重新装置、减少废物量。Ⅲ型绿色标志属单项性能认证型，这些单项性能有：可再循环性、可再循环的成分、可再循环的比例、节能、节水、减少挥发性有机化合物排放、可持续等。

除了中国环境标志，我国还发布了绿色食品标志、国家节水标志和中国节能产品认证标志等，如图4-4所示。

绿色食品标志　　　　国家节水标志　　　中国节能产品认证标志

图4-4　中国其他绿色标识

根据（国办发〔2016〕86号）中统一绿色产品标识的原则，国家认监委确定了绿色产品认证标识式样，国家认监委2018年第13号公告《国家认监委关于发布绿色产品认证标识的公告》发布。绿色产品认证标识分为基本标识和变形标识，具体标识式样如图4-5和图4-6所示。

图4-5　绿色产品认证基本标识　　　图4-6　绿色产品认证变形标识

4.2.3　现有文献简评

4.2.3.1　国内外文献的贡献

国内外文献对绿色产品标识认证体系相关内容的研究，有如下几方面的贡献：

（1）在绿色消费行为领域，研究了影响消费者绿色消费的影响因素。对这些影响因素的研究，为国家和企业提供了理论依据和支持，方便国家有效地推行绿色产品标识，也方便企业开展绿色营销活动。

（2）在绿色评价方法上，国内各学者提出了很多评价方法，其中包括综合评价法、模糊层次分析法、基于用户体验评价法、全生命周期评价法。在对这些方法的应用中，应用最多的是产品的全生命周期评价法。对这个评价方法国内外学者都进行了分析和优化，为绿色产品标识的认证提供了理论基础。

（3）在绿色产品标识上，通过对比国内外对绿色产品标识的设立以及管理，得以知晓国内外绿色产品标识设立的现状，以及我国绿色产品标识和国外绿色产品标识在内容上的区别。

4.2.3.2　现有研究成果的不足

根据国外和国内对绿色产品标识认证体系的研究，最终发现现有研究成果存在一些不足。具体体现在以下几个方面：

（1）从消费者对绿色产品的态度来看，国内消费者的绿色产品意识相较于国外的来说，稍显落后，但最近几年，国人的绿色产品意识也在逐步提升。对影响消费者绿色消费影响因素的分析，国外学者主要从消费者的人口特征和心理特征进行分析，我国在这方面的研究也处于不断探索的阶段。

（2）从绿色产品评价方法上看，国外主要是基于系统的方向研究产品的绿色度，我国在评价方法上的研究主要是对绿色设计和绿色制造方面进行评价。绿色设计和绿色制造主要是产品生命周期中的产品设计和产品制造阶段，而对于产品使用和维护、产品的运输分配、产品的回收阶段的绿色度方面的研究比较少。

（3）从绿色产品标识设置来看，我国绿色产品标识种类繁多，每个绿色产品标识都有不同的评价标准，评价标准中间也有重叠的部分，造成了重复认证的问题，也不利于国家的管理。分12个部分分别进行认证，导致了我国绿色产品标识可信度低等问题。现有绿色标识的出台体系也在不断完善中。

4.2.3.3　本章的研究方向

通过对国内外绿色产品标识认证体系相关内容的研究，总结出绿色产品评价方法是实施绿色标识认证体系的基础，企业是绿色产品标识认证体系认证对象的载体，消费者是绿色产品标识认证体系的引导者和受益者，认证机构是绿色产品标识认证的实施者。笔者根据我国绿色产品标识认证体系的不足之处确定了本章的研究方向。本章主要研究企业、政府和消费者在绿色产品标识认证体系中担当的角色，通过分析企业、政府和消费者在绿色产品标识认证体系中所起的重要作用，来完善我国产品绿色标识认证体系。

4.3 绿色产品标识认证体系理论研究

4.3.1 绿色产品标识认证体系相关概念与理论简介

4.3.1.1 产品

（1）产品概念。产品是指能够用来流通，符合用户要求的有形物品或无形服务，产品的品质、款式、特色、品牌和包装等都包括在有形物品内；无形服务包括可以给顾客的心理满足感、信任感，以及各种售后支持和服务保证等。

（2）产品生命周期。一般产品在市场上都具有生命周期，这是由市场上的消费情况所决定的。在不同经济背景下，同一产品的生命周期都会存在差异，在不同阶段，都需要进行市场调研来确定产品的生命周期，从而对企业的产品做出规划。产品的生命周期是指产品从流入市场到不被市场容纳所经历的全部流通过程。产品的物质生命周期反映了物质形态损耗的过程，产品的市场生命周期则反映了商品的经济价值变化过程。产品生命周期一般可以分为以下四个部分，如图4-7所示。

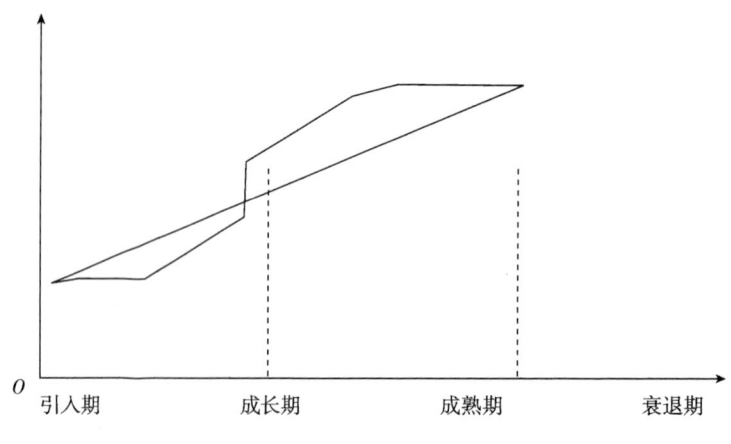

图4-7 企业产品生命周期

4.3.1.2 绿色产品

（1）绿色产品的概念。绿色产品是20世纪80年代后期世界各国为适应全球环保战略，进行产业结构调整的产物。当前对于绿色产品的定义尚未明确，在学界，专家们从不同角度给出了不同的定义。

（a）所谓绿色产品，狭义上是指不含任何化学添加剂的纯天然食品或天然植物制品；从广义上来说，是指生产、使用及处理过程中符合环保要求，对环境无害或危害极小，且有利于资源再生和回收利用的产品。

（b）日本富士施乐公司将绿色产品定义为：通过减少产品在生命周期所有阶段的资源消耗量和环境影响，同时具有高回收率，以便于消费者进行环境管理和提供舒适的办公环境的产品为绿色产品。

（c）与目前相同的产品或服务相比，具有较小或减少了对人类健康及环境影响的产品、材料或服务被称为绿色产品。

（d）绿色产品是能满足用户功能需求，并在其生命周期过程中（原材料制备、产品设计及制造、包装及发运、安装及使用维护、回收处理及再利用）能经济地实现节省资源和能源、减少或消除环境污染，并对劳动者（生产者和使用者）健康具有良好保护的产品。

由上述定义可知，每个定义对特定的对象都是合理的，但只适用于某一特定的对象，并不具有通用性和普遍性。总结以上各种定义，可以归纳出绿色产品的内涵主要体现为资源的获得性高和利用性强、对生态环境污染影响小、对人们身体健康有益。结合前人对绿色产品的认知和笔者对绿色产品的理解，绿色产品是以消费者需求为基准，调控原材料的选取和设计生产以及成品的回收利用各个阶段，达到资源的合理利用、污染不超出环境净化能力、对人们身体健康有益的目的。从整体上看，绿色产品的评定标准可以用绿色度表示，绿色度分成五个级别，分别为较高、高、中等、低、较低。我们对绿色产品的评价标准应当放在整个产品的全部过程和整体，不能仅仅看到产品局部或者某一时段。产品只有当其社会效益、经济效益和环境效益达到综合协调，对环境和人类的安全与健康有益，才能称得上是真正的绿色产品。对绿色产品概念的研究在对绿色产品的界定中起着重要作用，只有清楚地认识到什么样的产品属于绿色产品，才能更好地完善绿色产品认证体系。

（2）绿色产品与传统产品的区别。绿色产品不同于传统产品，它不是指某一类产品，而是基于一定标准所评定出来的特殊产品。它是环境友好型产品的总和，在我们的研究中通常用绿色度来表明这种友好性的程度。绿色产品和传统产品的区别主要体现在以下几个方面，如表4－1所示。

表4－1　绿色产品与传统产品的区别

	绿色产品	传统产品
原材料	寻找绿色材料	满足生产的材料
产品的属性	具备产品的基本属性，如经济属性、能源属性、环境属性、社会属性等	具备产品的基本属性，如经济属性
产品的竞争优势来源	产品的竞争优势不仅来自产品上市的时间、产品的质量、产品的成本、产品的服务，还来自产品的环境友好程度	产品的竞争优势主要来自产品上市的时间、产品的质量、产品的成本、产品的服务
产品满意度	追求顾客满意、环境友好、社会责任意识	追求顾客满意
对产品生命周期的重视程度	不仅注重产品的研发生产和投入市场，还注重投入市场之后产品的利用情况，注重加以回收和利用，关注产品的整个生命周期	注重产品的研发生产，注重投入市场后消费者对产品的反馈情况

4.3.1.3　绿色产品标识

（1）绿色产品标识概念。绿色产品标识是产品经过特定机关以特定的评判标准审核通过后依法获取的一种证明。产品能够获取标识证明这种产品是符合国家绿色产品标准的。在绿色产品的整个生命周期中，不管是原材料的选取还是生产过程中获取的资源、向大自然排放的废气废水废弃物与不具有绿色产品特征的产品相比具有节约资源、生态环保、对消费者健康无害的特点。绿色产品标识认证制度是一种行政性强制与市场机制的引导相结合的制度。绿色产品标识认证从目前来说，对综合实力弱的企业是有难度的。因此，目前绿色产品标识认证都是产品的生产者自愿向认证部门提出认证申请，然后经权威机构核实，生成产品的生命周期检测报告书，只有产品合格了，才授予这个产品绿色标识。

（2）绿色产品标识的意义。绿色产品标识是经过权威机构严格审查、认定，并由国家专门委员会批准后才能使用的。绿色产品标识的提出存在多方面的意义，正因为如此，才使得绿色产品标识的研究具有重要意义，本章主要从三个方面，即国家、企业、消费者论述绿色产品标识的意义，帮助人们更好地理解绿色产品标识的特点。

（a）促进国家经济的发展。国家经济和企业的命运息息相关，现在绿色贸易壁垒的出现，使我国的产品失了许多对外出口的机会。绿色产品标识认证有利于国家指导产品制造厂家在生产过程中将环境因素考虑进去，在产品的整个生命周期中实现绿色生产，推动企业创新，开发新的生产模式，提高企业的环保意识。绿色市场发展迅速，但我国的绿色产品标识认证体系尚不完善，就给了一些企业以可乘之机，为了获取利益制造假冒绿色产品，欺骗用户。更有企业为了满足消费升级的需求，自成体系地有一套自己的绿色产品标识，这都给国家管理造成了很大的困难。绿色产品标识认证的提出，有利于国家规范市场，形成统一的管理模式，清除市场上出现的没有经过国家承认的绿色标识，从而保护消费者的权益，建设成为一个文明、生态的绿色市场。这也有助于国家在国际打破绿色贸易壁垒，增强我国的综合经济实力，促进国际贸易的顺利进行。

（b）指导企业绿色生产和销售。绿色产品标识的认证有助于企业提升自己的产品形象，树立自己的企业形象，不仅能让消费者信赖自己的产品，还能让消费者感受到企业的社会责任感。市场上的竞争越来越激烈，绿色产品标识的认证也有利于企业增强产品的差异化，更易在市场中获得竞争优势。绿色产品标识认证是经过国家权威机构认定的，具有法律效力，可以为企业的产品销售保驾护航，当消费者看到产品的绿色标识时，就会优先购买。绿色标识的认证在对企业产品的宣传和销售过程中起着很重要的作用，更对企业的生产活动起着指导作用，会促进企业的生产规范化。在国家的大力支持下，企业顺应国家政策，减少了许多不必要的麻烦，更顺利地将自己的产品投放到市场中，可以帮助企业减少宣传上的开支，为企业节约成本，优化产能，让企业在绿色市场中拥有足够的信服力。

（c）有利于消费者辨识绿色产品。对于消费者来说，国家公认的绿色产品标识更具有信服力和权威性。在面对真假难辨的绿色产品时，认准国家公认的绿色产品标识，不会被企业的虚假广告迷惑，也不用去留意各种企业的私有标识，去花心思辨识哪个信服力高哪个信服力低。现在市场竞争压力大，许多企业为了提高市场竞争力，弄虚作假。绿色产品标识认证，有助于保护消费者的合法权益，使消费者在消费过程中买到放心的产品，不花冤枉钱，真正做到放心消费；也有利于消费者提高环保意识，自觉行动去保护环境，将不用的产品归类，等待专门人员回收，而不是随地丢弃。

（3）绿色产品标识评价体系。为了一个特定的目的，由多种相互有关联的共同指标构成的一组标准就称为评价指标体系。这些指标相互关联并且可以分层，每个层级之间都存在隶属关系，根据自下而上的规律可评判评价对象是否符合研究目标。指标体系的建立不仅要明确由哪些指标组成，还要注意各层级的相互联系程度和一个层级中指标的相互独立性。我们在构建绿色产品评价指标体系的过程中，需要考虑的是产品的绿色性能和动态指标，以及对设计指导作用之间的通用性。绿色产品评价指标体系的制定并不是随意的，必须遵循如下原则：

（a）综合性原则。我们在构建指标体系时应能够全面反映评价对象的综合状况，对于绿色产品评价体系的构建应该从资源属性、环境属性、能源属性和经济属性等方面进行评价，可以对资源属性、环境属性、能源属性和经济属性再进行细分，划分出贴近企业生产活动的具体指标，更有利于对评价对象的评价。制定这些指标时应充分查阅相关资料，选取有代表性的指标，保证评价体系的全面性和可信度。

（b）系统性原则。它也称整体性原则，要求把产品的绿色度视为一个系统，以系统整体目标的优化为准绳，协调系统中资源属性、能源属性、经济属性及环境属性各分系统的相互关系，使系统完整、协调，这样就可以在决策时，将各个小系统的特征放大到大系统中去衡量，以产品的绿色度去协调各个小系统的目标。

（c）科学性和先进性原则。我们对相关指标的选取要力求客观、真实、准确地反映评价对象的特征。绿色产品评价指标的选取必须能准确客观地评价产品的绿色属性；同时，指标的测定方法应该标准化、规范化。在选取指标时，有些指标可能无法获取数据，但这个指标对评价体系却有较大的影响，那这个指标可作为建议指标提出，当以后时机成熟时，可以添加到评价体系中。绿色产品的内涵不仅体现在产品对环境的影响程度上，还体现在设计和管理方面，因此，绿色产品评价体系应有效地反映这些内容。

（d）定性和定量相结合的原则。绿色产品评价指标的选择，首先得保证指标之间的相关性，因此需要采取定性分析，使指标之间具有逻辑性。有些无法量化的指标，如环境属性、资源属性等，无法用具体的数据表示，则指标为定性指标，就可以通过一定的方法，对这些定性指标进行量化再分析。有些指标是可以找到数据的，这些指标属于定量指标。

（e）动态指标与静态指标相结合的原则。由于科技的进步和时代的发展，绿色产品的概念和范围并不是一成不变的，人们对绿色产品的评价也在逐步升级。因此，在评价指标体系中，既要体现当下的状态，又要考虑到未来的变化。

（f）可操作性原则。绿色产品评价指标体系的构建要尊重现实企业发展的状况，每个指标的设置要贴合实际情况。对每个指标的含义进行标注，让企业明确知道自己需要注意的事项；同时，指标的数量要尽可能少，但要能概述产品绿色度的含义，在评价工作进行的时候，简单易行。

（g）相容性原则。绿色产品评价指标要具有概括性，同一层级的应避免出现语义相同的指标，要做到简单明了。不同层级之间的指标要具有关联性，如果上下级指标不存在关联性，这个指标的构建将是不合理的。

（h）层次性原则。绿色产品的评价是多阶段、多层次、多目标的一个过程，因此在选择绿色产品评价指标的时候，要体现这个过程，将指标从大的方向选取，然后逐步细分到各个领域。这样方便绿色产品评价研究，也为企业的设计人员、管理人员提供了参考依据，可指导产品的设计，让人明白工作管理是哪一环节需要引起足够的重视，通过改善哪些指标能满足绿色产品的要求。

（i）指标的差异性原则。不同的产品，不同的企业，其面临的外部条件和内部条件都是不同的，因此，评价指标在设立过程中要考虑这些情况。如果对所有的产品用统一评价指标是不合理的，对于不同行业的产品指标设置要有所差异；如果过于细分产品的种类，则会增加评价的工作量，因此要把一些属性相近的产品进行归类。

根据上述原则，结合绿色产品的特点，如果要建立一个理想的绿色产品评价指标体系，则需要具备三个条件：一是指标之间具有可比性；二是指标具有代表性；三是指标设置具有实用性。

4.3.1.4 绿色产品评价方法的概念及介绍

（1）产品全生命周期评价的概念及介绍。产品生命周期评价是对产品整个系统生命周期的各个阶段所做出的一种评估。产品是人类利用环境中的资源，按照人类和社会的需要所创造出来的物质世界。评价绿色产品时，将产品全生命周期阶段分为资源的获取、生产、销售、使用、处置等各个阶段，并对每个阶段进行绿色评估，当每个阶段都符合绿色产品评价的指标时，这个产品才属于绿色产品，否则就属于非绿色产品。产品全生命周期评价法的优点是对评价对象评价得全面，大量的数据分析提高了评价的准确性；缺点是数据搜集过多，给评价过程造成了很大的难度，只能反馈结果，不能对预测起作用。

（2）李克特量表的概念及介绍。李克特量表是市场调查与预测中一种常用的调查问卷形式，它将被调查者的态度分为数个方面，如李克特5级量表，将每一组陈述分为五种回答，有不同意、同意、不一定、同意、非常同意，分别记为1、2、3、4、5。李克特量表的优点是设计比较简单而且容易操作，后期数据也比较好处理；但也有其不足的地方，就是相同态度的得分者会存在十分不同的态度形态，无法描述被调查者的态度结构差异。

4.3.2 绿色产品标识认证体系相关影响因素分析

4.3.2.1 绿色消费影响因素分析

（1）企业。企业是绿色产品的提供者，是开展绿色营销的主体，在绿色消费过程中承担生产的主体。只有企业积极主动地投入到绿色消费的过程中，绿色消费才能真正运行起来，才能使绿色认证真正达到预期的效果，发挥预期的作用。企业需要将绿色环保的概念铭记于心，开展绿色营销活动，使绿色消费观念深入人心，打造自己的品牌和竞争力。企业开展绿色营销的活动需要围绕绿色产品标识来开展，否则对消费者来说，无法产生足够的信服力。

（2）消费者。对于绿色消费，消费者是重要的受益人。绿色消费不仅能使环境得到保护，能源得到有效利用，更能使消费者的生活品质得到极大的提升。消费者绿色消费意识的强弱，直接关系到企业、政府对于绿色产品标识认证体系的推进；消费者对绿色产品态度的好坏影响着他们绿色消费的行为，因此，研究消费者绿色消费行为有助于绿色消费活动的开展，如消费者对绿色产品的了解程度、对绿色产品的购买意向、对绿色产品的了解渠道，以及对绿色产品认证开展工作的态度等，这样更能帮助企业、政府找准症结，打开绿色消费的宣传通道。

（3）政府。在推动绿色消费的过程中，政府所发挥的作用为产品标准的制定，绿色体系的认证，以及后期对企业在生产与仓储运输过程中的监管。可以说，政府是这一过程中开始的也是重要的环节。绿色认证实施的过程和效果都需要政府推动，以保障绿色认证的合理性和普及性，从而赢得消费者的信赖。政府是绿色消费的倡导者，也是环保家园的守护者，它如何推进绿色消费的进行关系着绿色消费的影响力度。企业该怎么做也需要政府指导，企业能否做好需要政府监管。因此，政府的行为关系着绿色消费的宏观调控。

4.3.2.2 绿色产品认证影响因素分析

（1）产品属性。产品属性的不同，意味着产品生产原材料的选取、产品的制造方式、产品的市场生命周期、产品的回收利用率等情况都是有差异的，如果将这些不同的产品进行统一的评价，则会面临着绿色产品认证实施困难、认证结果不准确的问题，因此要将产品进行归类。我国根据产品的属性将相似的行业归为一类，进行分别评价，目前列出的产品标准有家用洗涤剂、可降解塑料、杀虫剂、微波炉等，一些产品清单还在陆续公布中。

（2）认证机构。绿色产品认证体系的实施需要依靠认证机构来执行，因此对认证机构的管理也是影响绿色产品认证体系的因素。政府下达的文件需要认证机构去传达、执行和监督。我国目前的认证机构分为许多分支，有对节能方面进行认证的，有对低碳方面进行认证的，还有对有机食品进行认证的，各个部门分头设立，都有自己的认证体系，自成一家，导致国家对这些认证机构无法进行规范化管理，绿色产品标识的信任度在消费者心中也打了折扣。因此，研究绿色产品标识的认证需要加强对认证机构的管理，形成统一化的管理，参照一个清单、一个标准对绿色产品进行认证，提高绿色产品标识的可信度和国际影响力。

（3）评价指标设置。绿色产品评价体系构建的关键步骤在于评价指标的选取和评价方法的运用。根据评价指标设置原则和绿色产品的概念及特点，以及国内外研究的理论成果，本章将选取资源属性指标、能源属性指标、环境属性指标和经济属性指标作为绿色产品评价体系的一级指标，二级指标根据一级指标包含的内容和被评价产品的生命周期阶段进行选取，如果有需要也可以设置三级指标或更多。

（a）资源属性指标。资源属性主要涉及原材料的选取、原材料的利用、资源的利用、资源的回收等方面。原材料主要注重对有害有毒物质的控制，对于有毒有害的原材料，国家应禁止或出台限制使用有毒有害物质方面的指标；对于再生料的利用，国家应提出再生料使用比例等方面的指标；对于可回收的零部件，国家应标明产品零部件的材料类别和回收标准。在产品的生产阶段，在包装物的材质及循环使用方面，应根据实际需要简化包装，不能过度包装产品，以免造成资源的浪费；在水资源消耗方面，可以出台单位产品的取水量、水的重复利用率等指标。

（b）能源属性指标。能源属性体现在产品的生产阶段和使用阶段，主要包括能源的选取是否为清洁能源或可再生能源。清洁能源在能源使用中占的比重高低和可再生能源在能源使用中的比重高低，即清洁能源使用率、可再生能源使用率和能源利用率大小，以及能源在产品的生产和使用阶段是否达到效益最大化等，这些指标国家都可以根据实际情况设定一些标准。

（c）环境属性指标。环境属性应重点选取被评价产品在生产阶段中废气、废水、废弃物等污染物的排放。在产品使用过程中，有害有毒物质的排放以及产品废弃后的回收利用情况，应参考国家关于这些方面发布的一些指标。环境属性贯穿产品的生命周期，每个阶段都伴随着废弃物的排放，无法回收的废弃物也会给环境自身净化造成很大的负担。

（d）经济属性指标。经济属性主要体现在产品的生产成本、用户成本和社会成本等方面，企业除了要靠国家倡导的环保意识来改善企业经营状况，还要着重考虑企业产品的利润。企业最看重的是效益最大化，为了判断绿色产品标识的使用是否会给企业带来可观的利润，因此引入了经济属性指标，来检验企业的生产利用情况，根据这项指标也可以找出企业生产环节中的问题。其中，生产成本包括设计研发成本、原料成本、制造成本、服务成本；用户成本包括产品的使用成本和维护成本；社会成本包括环境污染治理成本和产品的处理处置成本。

绿色产品评价指标的基准值确定应根据产品和行业特点，可以通过大量征求行业领域的专家、生产厂家老板和设计人员的意见，征询消费者对绿色产品的看法等作为制定基准值的依据，确保指标基准值的科学性、合理性。在确定绿色产品指标基准值时，以当前国内20%的该类产品达到该基准值要求为取值原则，并应结合国际上对绿色产品的要求。

4.3.3 绿色产品标识认证体系相关理论

4.3.3.1 产品的全生命周期评价理论

产品从形成、使用到淘汰、废弃需要经过设计、生产、流通、消费和废弃的全过程，其中每一过程都与环境有关。绿色产品的认证大多是基于产品的全生命周期评价，因此对产品在全生命周期过程中对环境的影响进行分析是十分重要的，为了表述更直观，笔者绘制了产品生命周期与环境的关系图，如图4-8所示。

由图4-8可知，产品的整个生命周期包括产品设计、加工制造、产品使用与维护、废置处理，每一个阶段都伴随着资源和能源的获取。生产符合消费者需求的产品，同时也伴随着各种废弃物的产生，这些废弃物都与

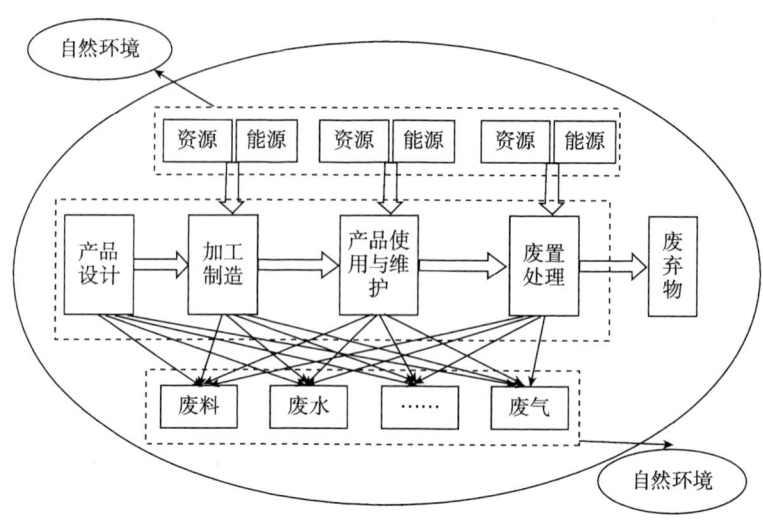

图 4-8　产品生命周期与环境的关系

环境的污染息息相关。产品的形成以产品的设计为基础,并通过一定的科学技术将产品做成实体,通过市场宣传和市场流通将产品投放到市场中。因此,产品的设计是一切环境污染的源头,如果产品设计得不科学、不完善、不合理,将会直接导致后面的生产环节以及回收利用环节出现资源浪费、环境污染等问题。可见,分析产品的绿色性能问题,主要在于分析产品的绿色设计。环境污染的源头控制好了,在产品的全生命周期内的环境污染问题也会得到很好的改善。

(1) 产品的设计阶段与环境之间的关系分析。这个阶段是由技术人员通过图纸设计产品的最初形态,这个内容包括产品原材料的选取和产品的样式。在原材料的选取方面,以前设计人员主要考虑材料的物理性和机械性,只是从材质的属性上来满足市场的需要,很少有设计人员从环境因素的角度去设计产品。因为原材料的选取关系到产品的绿色性,有些原材料在产品加工阶段会产生大量的废气、废水、废渣,原材料选取不当也会造成资源的浪费,如同样一件产品,一个用稀缺资源、一个用可再生资源,后者则是我们倡导的正确方式。产品的设计还涉及产品的可拆卸、可回收、污染小、能耗低、噪声小等绿色特征。因此,在产品的设计阶段,设计人员就应该谨慎选择原材料,谨慎设计产品的结构,满足绿色设计的要求。另外，产品的设计处理还要考虑生态环境，考虑生产车间工人的身体健康，还要注重产品的质量和消费者的需求。产品的设计阶段是企业生产活动的基础，只有打牢基础，才能实现绿色生产。

（2）产品的加工制造阶段与环境之间的关系分析。产品的生产加工过程，涉及各项资源的使用，如机械的使用、人力的使用、动力能源的使用等，这些资源的利用在产品加工过程中都能得到有效的控制和优化，如生产线合理配置能保证工作的顺利进行，中间不同加工程序衔接的紧密度也决定了对资源的利用情况。在生产过程中，很少有人专门对各个细节进行研究和分析，大多数人只注重产品的质量和生产效率。次品的规避则需要生产设备和原材料以及人工的配合等共同优化，这就需要企业通过提高自己的创新能力和管理能力来提升各方面的效率，达到降低成本、节约资源等目的。另外，在产品的加工制造阶段也要注意对废弃物的控制，可以先对废弃物进行预处理，然后排放到环境中，从而达到降低对环境污染的目的，而不是直接将其输送到环境中凭借自然的净化能力去吸收。

（3）产品的运输与分配阶段和环境之间的关系分析。产品在运输和分配过程中，涉及产品的损耗率、产品的包装成本、产品的运输方式。对于产品的运输，人们往往注重的是产品的运输时间、运输成本、运输产品的损耗情况。在选择运输方式上主要以这几个目标为基准，很少考虑到产品在运输和分配的过程中对环境的影响。为降低产品运输对环境的影响，则需要兼顾运输工具的选择、运输工具的运载量，不同的运输工具对环境污染的程度是不同的，如大卡车的噪声污染、尾气排放污染远远高于一些使用清洁能源的运输工具。在同样一段路程里，运输不同重量的产品，中间消耗的能量以及对环境的污染也是不同的，因此在产品的运输和分配过程中运输工具的选择也是非常重要的。对产品装卸方式的选择也同样重要。合理的装卸方式有利于降低产品的损耗率，不合理的装卸方式则会增加产品的损耗率进而造成资源的浪费。考虑到产品运输与分配过程对环境的影响，企业除了应注重产品的运输时间、运输价格或成本、运输产品的损耗情况，还要考虑运输工具选择、运输量以及产品的装卸方式。

(4) 产品使用与维护阶段与环境之间的关系分析。在产品使用和维护阶段，要对产品污染物、排放物和资源利用情况进行分析，可以搜集一下产品在使用和维护过程中各种排放物的值和资源利用的数据，然后对这些数据进行分析，从而反馈到产品设计过程中。根据产品使用和维护阶段的数据指导企业产品设计，有利于企业找出产品设计的优势和不足。在之前的观念里，一般认为，产品的质量越好，回收的成本就越低，但根据产品投入市场的生命周期理论分析，产品的寿命受市场的影响，产品在市场上的存在周期并不取决于产品本身的寿命，因为消费者的需求在不断地变化，对产品的需求也表现为多样化。因此，高质量的产品如果和市场周期不对应，没有将产品充分利用好，也属于资源浪费。在产品使用和维护阶段，要常关注产品的市场动态，及时对产品进行更新，这就意味着在产品设计阶段，要考虑后期产品的更新成本和淘汰成本。在产品的使用和维护阶段主要应注重对各项数据的检测，以及对维护成本的控制，在此期间也要提升企业的服务质量，依靠优质的服务质量降低产品的维护成本。

(5) 产品回收处理阶段与环境之间的关系分析。产品不被使用的原因，可能是由于功能故障无法维修，也可能是由于被市场淘汰，不管是什么原因导致产品闲置或报废，如果置之不理，肯定是对资源的极大浪费，这就需要进行产品回收，翻新进行重新利用。对于损坏严重的产品，有些零件材料还能进行回收利用，就可以只回收这些零件材料，这就要求产品的可拆性比较高，这样可以降低产品的回收成本；回收的材料如果达不到原有产品材料选择的标准，可以将这些材料用于对材料要求比较低的产品中。在对回收材料进行重新加工的过程中，也要考虑回收加工工艺的流程，如果回收加工的成本以及对环境的影响程度大于产品报废后的成本和对环境的影响程度，就属于更大的浪费，因此在产品的回收处理阶段，要考虑方方面面的因素，真正做到综合效益最高。在产品的回收阶段，需要消费者进行配合，主动将废品交到回收站里，这样才有利于产品的回收和利用。产品从消费者手里到回收者手里，再到回收站，最终到厂家，中间的成本都需要计算在内，再结合综合效益对废品进行利用。

4.3.3.2 绿色产品标识认证理论

对绿色产品标识的认证在整个认证体系中起着重要作用,如何设定绿色标识认证的规范是至关重要的。通过查阅文献并加以分析总结,得出绿色产品标识认证应包括以下几个方面:

(1) 基于产品的全生命周期进行评价。产品的绿色性,贯穿于产品设计、生产制造、运输分配、使用和维护、回收利用各个阶段,因而不能只对某个指标进行评价。以前,我国为了降低企业的认证门槛,设置了12个指标,企业可以选择其中需要认证的指标进行认证。这些指标只能体现产品在某一阶段的绿色特征,而不能体现产品全生命周期的绿色特征。现在随着消费者认识的升级和绿色贸易壁垒的出现、企业生产能力的提高,绿色产品标识认证需要从产品的全生命周期进行分析,真正达到可持续健康发展。

(2) 主抓重点行业,起到限制污染物排放的作用。目前,细分可以分出许多行业,而每个行业都有自己的行业标准。每个产品从设计到回收阶段的具体流程都有所差异,每个产品都对环境起着作用,但不同类型的产品在生产、使用和处置过程中对环境的影响程度和行为都会不同。有些产品在生命周期阶段对环境破坏的程度大,有些对环境破坏的程度比较小,加上目前对绿色产品标识认证的体系还处在探索阶段,没有一套完整的评价体系应对所有的行业,因此,在进行绿色产品标识认证时应主抓对环境污染大的行业,并对这些行业生产过程进行分析,起到监督企业生产活动和保护环境的作用。

(3) 要与国际绿色产品标识认证标准接轨。在产品的对外出口上,现在许多国家越来越注重产品的绿色性。欧盟出台的"生态之花"的生态标识,在欧盟得到各成员国人们的认可,消费者在选购产品时,会优先选择带有生态标识的产品,而我国绿色产品标识国际认可度比较低,加上我国对绿色产品标识的重视度不够,导致了我国产品在对外出口上处于不利地位。因此,绿色产品标识认证要与国际绿色产品认证标准进行接轨,获得更多国家的认可,这样才有利于我国在出口上打破绿色贸易壁垒,提升我国产品的竞争力。

(4）评价体系要求合理，普遍性强，适用性高。经过国家权威认证通过并授予绿色产品标识的产品，首先要满足良好的环境性能，同时产品的质量又要过关，两者都得兼顾。产品的绿色度衡量指标和标准要简单易行，易于操作，经济适应性强，被大多企业认可和接受，不应给企业造成额外的负担。环境指标的设定要参考影响环境程度大的几个指标，突出重点，简化认证指标，并且具有代表性。指标阈值的设定不能太低，设置得太低则起不到改善环境效益和经济效益的作用，同时也不利于建立消费者对绿色产品标识的信任度；但也不能设置得太高，企业的生产水平有限，科技发展有限，如果只有极少数企业能满足标准，绿色产品标识的认证也失去了它原本的意义。从目前的状况来看，满足绿色产品评定标准的产品占同类产品的15%~25%比较合适，这样既能监督企业生产活动，又可以建立消费者对绿色产品标识的信任度。

(5）保证绿色产品标识认证的收费标准合理。产品的绿色认证过程价格要设置得合理，不能过低或者免费，否则会增加认证机构的工作强度，出现很多无用功。很多远远达不到绿色产品标识认证的企业也会纷纷进行认证，来提高自己产品的信誉度。产品绿色度标准的设立，也决定了只有综合条件比较好的企业才能通过绿色产品标识认证，如果认证门槛设置得太低，会导致很多企业来进行认证，造成大量人力、物力的浪费；但也不能把认证费用设置得太高，因为绿色产品的认证是本着企业自愿的原则进行的，如果设置得太高，产品绿色标识给企业带来的收益低于认证的费用，绿色产品标识的设置将变得毫无意义。因此，在收费标准上可以借鉴国外的收费标准或根据企业综合实力以及绿色产品标识的影响力进行评判。

4.4 绿色产品标识认证体系实证研究

4.4.1 绿色产品标识认证体系指标设置与数据来源

通过对绿色产品标识认证体系相关概念（产品、产品生命周期、绿色产品、传统产品、绿色产品标识、产品生命周期评价法）和绿色产品认证体系相关影响因素的分析,以及对绿色产品生命周期评价理论和绿色产品标识认证理论的分析,确定了绿色产品标识认证体系的内容,主要包括三个方面:企业、政府和消费者。企业是绿色产品标识认证体系的被实施者。政府是绿色产品标识认证体系的主体,负责制定绿色产品标识认证标准,并推行这个标准,设立认证机构进行绿色产品评价标准的实施和监督。消费者是绿色产品标识认证体系的引导者、受益者和监督者。将政府那部分再细分成一个小的绿色产品评价体系,这个绿色评价体系包括对评价指标的选取和对评价方法的选取。评价指标选取资源属性、能源属性、环境属性和社会属性作为一级指标,并根据产品的特点和全生命周期过程分析,确定产品的二级指标、三级指标等。

在研究我国绿色产品标识认证体系的过程中,本章通过调查问卷的形式来分析人们对绿色产品、绿色产品标识以及对绿色产品评价指标的态度,来发现我国绿色产品标识认证体系中存在的问题。本章的数据来源主要依靠市场调研的方式,最终收集有效问卷302份。

4.4.2 绿色产品标识认证体系模型的建立

4.4.2.1 绿色产品标识认证体系关系结构图

根据企业、政府和消费者之间的关系,建立模型结构,如图4-9所示。

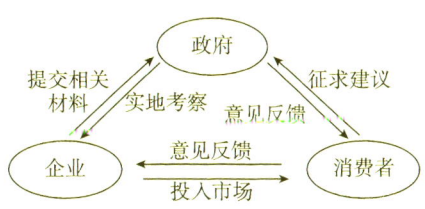

图4-9 企业、政府和消费者之间的关系模型结构

这个模型表示企业、消费者和政府在绿色产品标识认证体系中的相互关系。企业向政府认证机构提供相关认证材料,填写认证申请书。政府审核通过后去企业进行实地考察,搜集产品在设计研发、生产制造、运输分配、使用维护和回收利用等方面的绿色度评价相关数据,然后通过产品评价标准模型并根据绿色产品评价方法,结合政府产品标准数据库,对产品进行评价,符合绿色产品标准则颁发绿色产品标识,不符合绿色产品标准则将生成的产品生命周期评价报告书给企业一份,方便企业对产品的生产流程进行改进。另外,对进行过12个方面绿色属性认证的产品,认证机构核实情况属实时授予绿色产品标识。消费者对绿色产品标识的积极回馈是推动企业开展绿色产品标识认证的动力。消费者对绿色产品标识的态度取决于政府和企业对环保知识的宣传力度,消费者对环保产品的需求也促进了对绿色产品标识认证体系的研究。

4.4.2.2 评价指标模型的构建

按照绿色产品评价体系的原则及相关参考,本章根据属性对评价指标进行分类整理,根据这些属性的隶属关系进行分层,主要分为目标层、指标层、子指标层,其中,子指标层指标选取需要经过分析被评价产品生命周期的过程而确立。绿色产品的层次分析模型,如图4-10所示。

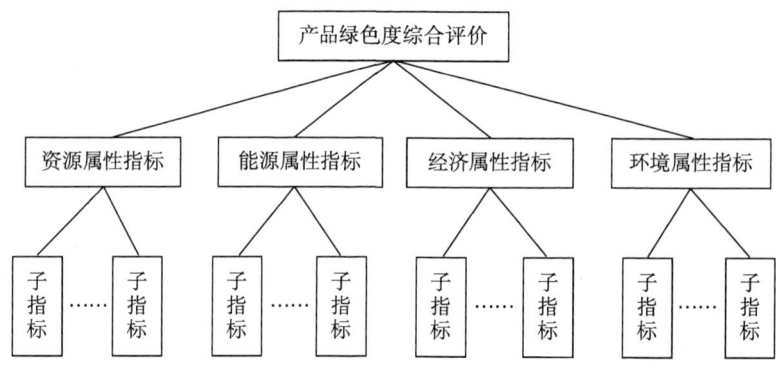

图4-10 绿色产品层次结构分布

4.4.3 实证研究

4.4.3.1 对绿色产品标识态度的实证研究

从绿色产品标识认证体系结构图中可以看出,伴随着消费升级的需求,市场对带有绿色产品标识的产品钟爱有加,这个因素在一定程度上推动了国际社会对绿色产品标识体系的研究,也促使更多企业加入绿色产品标识认证的行列中,因此研究人们对绿色产品及绿色标识的认知有着重要意义。

人们对绿色产品标识态度的实证研究，采用市场调查、搜集问卷的方式来进行。本章被调查对象的特征分布，如表4-2所示。

表4-2 被调查对象特征分布

	选项	频数	百分比/%		选项	频数	百分比/%
性别	男	157	51.99	收入水平	3000元以下	104	34.44
	女	145	48.01		3000~8000元	149	49.34
年龄	0~18岁	38	12.58		8000元以上	49	16.23
	19~45岁	202	66.89	性格	内向型	41	13.53
	45岁以上	62	20.53		外向型	174	57.62
教育水平	中专及以下	117	38.74		介于内向和外向之间	87	28.81
	高中—大专	84	27.81	环保意识	很弱	33	10.93
	本科	72	23.84		一般	164	54.30
	研究生及以上	29	9.60%		较强	105	34.77

由表4-2可以看出，本次调查的对象分布比较广，男女比例均衡；年龄主要分布在19~45岁，占比66.89%，说明本次被调查对象比较年轻化；被调查者的教育水平在本科以上的人数所占比例较少，大部分人群主要集中在大专以下；收入水平主要集中在中下等；被调查者的性格大多是外向型；被调查者的环保意识都很不错。

因为本次调查的对象比较符合现在整体人口结构，因此结果可以用来反映当今人们对绿色产品标识，绿色产品概念，人们对绿色产品的购买意向，获取信息的途径，以及对进行绿色产品认证企业的态度等情况。通过对这些情况进行分析，可以发现问题，从而更好地解决问题。

在本次市场调查中，人们对绿色产品标识的了解程度，具体情况如图4-11所示。

本次调查显示，对绿色产品标识很不了解的人只占8.28%，对绿色产品标识了解一点的人占58.61%，对绿色产品标识了解很多的占33.11%，这一现象说明绿色产品标识的普及度很高，大多数人都能接触到绿色产品标识或从其他渠道了解到绿色产品标识。

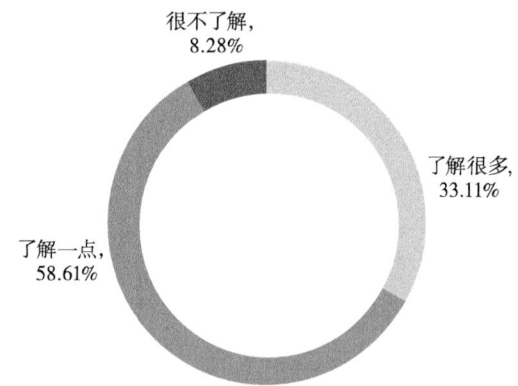

图4-11 人们对绿色产品标识的了解程度

在本次调查中,人们对绿色产品概念的了解程度,具体情况如图4-12所示。

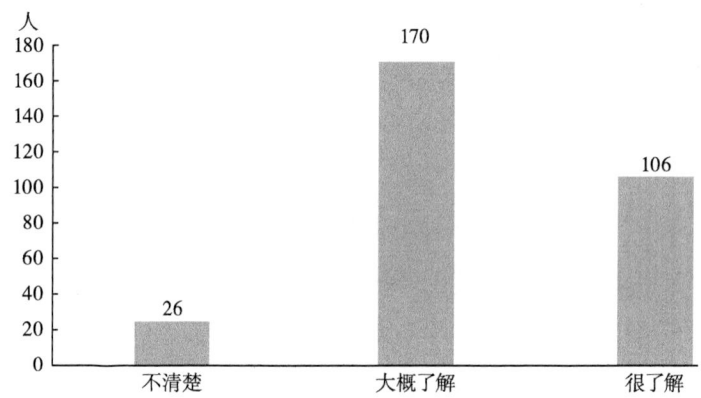

图4-12 人们对绿色产品概念的了解程度

通过图4-12可以看出,本次调查的对象中共有170人对绿色产品的概念大概了解,106人对绿色产品的概念了解得很多,只有26人对绿色产品的概念不清楚,可见人们对绿色产品的概念是了解的,但大多属于模糊了解阶段,并没有对绿色产品概念完全理解。

在本次调查中,人们对带有绿色产品标识的产品的购买意向,具体情况如图4-13所示。

通过图4-13可以看出,从不购买带有绿色产品标识产品的人只占

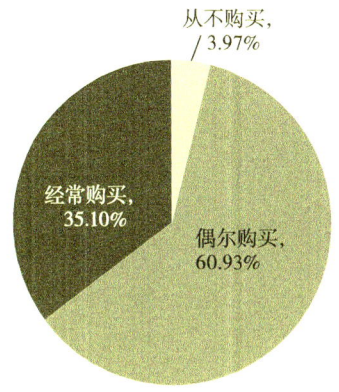

图 4-13 人们对带有绿色产品标识的产品的购买意向

3.97%，购买过绿色产品的人占 96.03%，可见，对于大部分人来说，在日常消费时，绿色产品占据着一定的地位。

在本次调查中，人们对带有绿色产品标识的产品的看法，具体情况如图 4-14 所示。

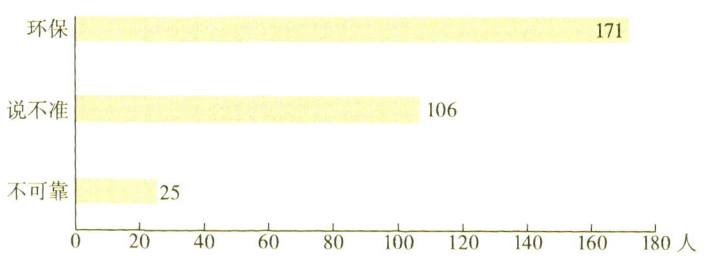

图 4-14 人们对带有绿色产品标识的产品的看法

通过图 4-14 可以看出，在本次调查的人群当中，有 171 人认为带有绿色产品标识的产品环保，还有 106 人表示说不准，只有 25 人觉得不可靠，这说明人们对带有绿色产品标识的产品是比较信赖的。有一部分认为说不准，说明这部分人群对带有绿色产品标识的产品持中立态度。

在本次调查中，人们在消费时不特意购买绿色产品的原因，具体情况如图 4-15 所示。

由图 4-15 可看出，人们不特意购买绿色产品的原因主要是对绿色产品不了解，有的是觉得绿色产品相对同类产品价格高。对绿色产品不信任

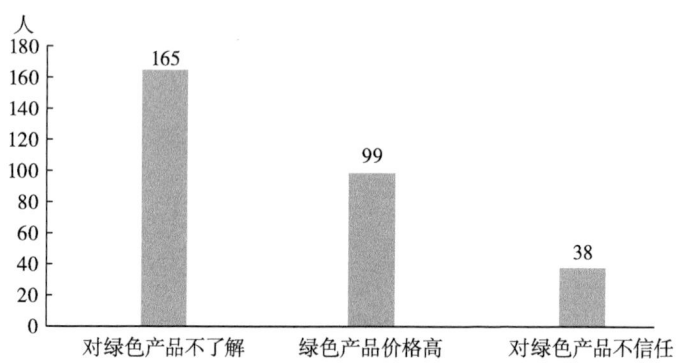

图4-15 人们不特意购买绿色产品的原因

导致人们在消费时没有特意选择绿色产品的比重非常小。如此看来,人们在消费时不特意选择绿色产品最主要的原因就是对绿色产品不了解,这个发现,有助于绿色产品推广。

在本次调查中,人们在消费时如果条件允许会优先购买绿色产品的意愿,具体情况如图4-16所示。

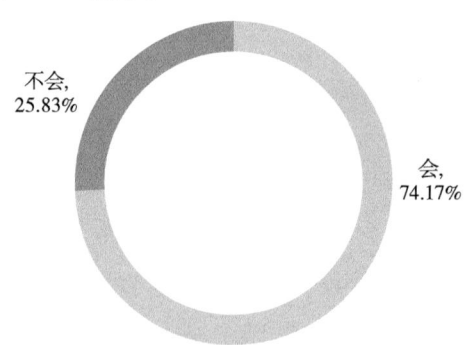

图4-16 在条件允许的情况下,人们优先购买绿色产品的意愿

由图4-16可以看出,在条件允许的情况下,人们在消费时会优先购买绿色产品的概率占到74.17%,不会优先购买绿色产品的人只占到25.83%。这说明如果条件允许,人们购买绿色产品的空间巨大,这个前提条件是人们了解绿色产品概念,认识绿色产品标识,有足够的经济能力。

在本次调查中,人们平时了解绿色产品的渠道和人们乐意了解绿色产品信息的方式,具体情况如表4-3所示。

表4-3 人们平时了解绿色产品的渠道和人们乐意了解绿色产品信息的方式

	渠道	人数/人	百分比/%
平时了解绿色产品的渠道	电视	20	6.62
	网络	122	40.40
	店内	36	11.92
	朋友	112	37.09
	其他	12	3.97
乐意了解绿色产品信息的方式	上网查询	197	65.23
	扫码查询	105	34.77

由表4-3可以看出，人们平时了解绿色产品的方式主要是通过网络和朋友，乐意了解绿色产品信息的两种方式是上网查询和扫码查询，相比而言，人们更乐意接受上网查询。

在本次调查中，人们认为最有效的提高绿色产品消费意识的方式，具体情况如图4-17所示。

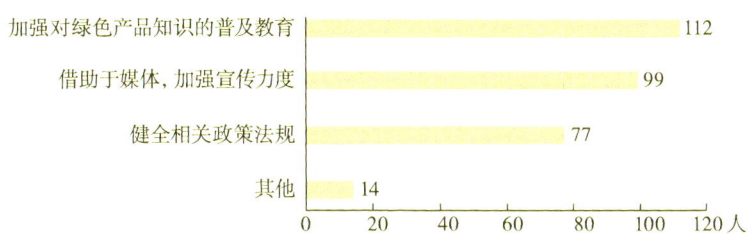

图4-17 人们认为最有效的提高绿色产品消费意识的方式

由图4-17可知，人们认为最有效的提高绿色产品消费意识的方式中排名第一的是加强对绿色产品知识的普及教育；第二是借助于媒体，加强宣传力度；第三是健全相关政策法规；第四是其他的方式。

在本次调查中，人们对我国的绿色标识种类的态度，具体情况如图4-18所示。

由图4-18可见，33.78%的人认为我国的绿色产品标识种类数很多，56.29%的人认为我国的绿色产品标识的种类数一般，9.93%的人认为我国的绿色产品标识种类数不多。可见，大部分人还是认为我国的绿色产品标识较多。

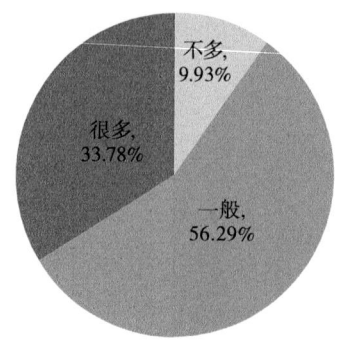

图 4-18　人们对我国的绿色标识种类的态度

在本次调查中，人们对我国将分散的绿色标识统一成一个绿色标识的态度，具体情况如图 4-19 所示。

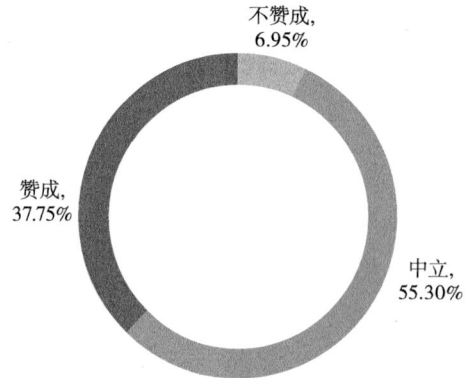

图 4-19　人们对我国统一绿色标识的态度

由图 4-19 可以看出，人们对我国将分散的绿色标识统一成一个绿色标识的态度，37.75% 的人赞同，55.30% 的人持中立态度，只有 6.95% 的人持反对态度。出现这种情况，说明人们对绿色产品标识了解得不深入。

本次调查中，在如果统一成一个绿色产品标识，交给国家权威机构进行统一认证的前提下，人们对产品的信任度影响具体情况如图 4-20 所示。

由图 4-20 可以看出，被调查对象中有 184 人，在统一成一个绿色产品标识，交给国家权威机构进行统一认证的前提下，对产品的信任度会提高；有 93 人觉得自己不受影响；25 人觉得不会改善自己对产品本来的态度。

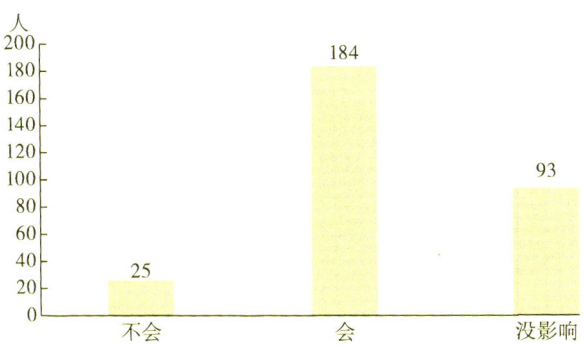

图 4-20　人们对绿色产品的信任度

在本次调查中，人们对进行绿色产品标识认证企业的态度，具体情况如图 4-21 所示。

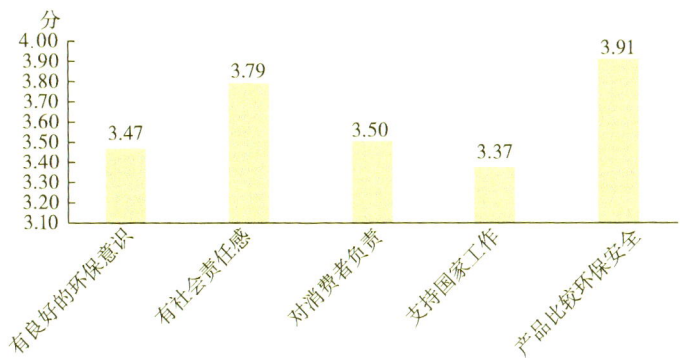

图 4-21　人们对进行绿色产品标识认证企业的态度

由图 4-21 可以看出，人们对进行绿色产品标识认证的企业印象都比较好，3.00 分意味着人们同意这个说法，4.00 分意味着人们很同意这个说法，其中得分最高的选项是产品比较环保安全，可见人们对进行绿色产品认证的产品比较信赖，其次是认为进行绿色产品认证的企业有社会责任感。

4.4.3.2　评价指标体系构建的实证研究

本章选用家用电冰箱产品进行绿色产品标识评价体系研究，电冰箱现在已经成为每家必备的产品，消费者对家用电冰箱的需求是非常大的，对家用电冰箱要求也是比较高的，既注重产品的质量，又注重产品的环保属性，对家用电冰箱进行绿色评价，是有一定意义的。通过分析家用电冰箱产品的生命周期过程，可确定家用电冰箱产品的评价指标。家用电冰箱产品的生命周期过程包括资源的开采、原材料及辅料生产、能源生产、产品生产、使用、报废、回收、循环利用及处置、主要原材料、部件、整机的运输等阶段。

为了认人们更好地理解家用电冰箱的生命周期过程，笔者参考相关文献绘制了图4-22。

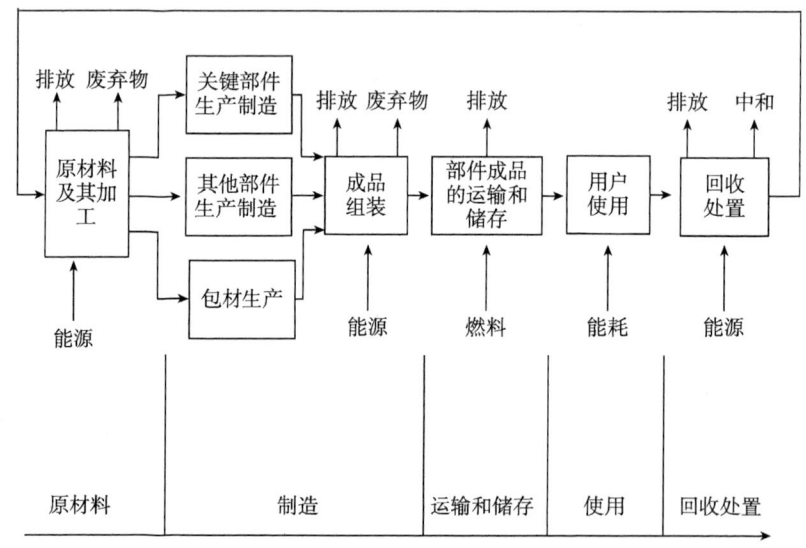

图4-22 家用电冰箱生命周期
（资料来源：国家节能环保综合利用司。）

家用电冰箱在原材料选取的过程中，伴随着能源摄入、污染物的排放和废弃物的产生。能源包括清洁能源的使用情况、可再生能源的使用情况。原材料的选取包括原材料的种类、利用率和原材料成本。在制造阶段，成品的组装需要考虑产品的可拆卸性、设备的质量、制造成本和生产噪声。在运输和储存阶段，需要考虑设备的质量及包装。在产品使用阶段，要考虑产品的使用成本、维护成本和使用噪声。在回收处置阶段，需要考虑产品的回收成本。在整个过程中还需要考虑专业人员的比例和员工的受教育程度。通过分析整个生命周期过程，笔者选择了如下评价指标，并对这些评价指标进行归类，详情如表4-4所示。

表4-4 家用电冰箱产品绿色度评价指标体系

评价目的	评价指标属性	评价指标
产品的绿色度	资源属性	材料利用率
		材料回收率
		设备的可拆卸性
		设备的质量
		专业人员比例
		员工的受教育程度
		绿色技术的应用
		绿色管理信息
	能源属性	清洁能源使用率
		可再生能源使用率
		能源利用率
	环境属性	大气污染
		水体污染
		固体污染
		噪声污染
		电磁污染
	经济属性	设计研发成本
		原料成本
		制造成本
		服务成本
		使用成本
		维护成本
		环境污染治理成本
		废旧物回收成本
		进行绿色营销力度

初步选择家用电冰箱绿色度的评价指标后，需要对这些评价指标进行验证，得出所选的这些评价指标对评价家用电冰箱绿色度的重要性，验证评价指标存在的合理性。本章采用5级李克特量表的方式进行统计验证，将评价指标对产品绿色度评价的重要性分为很不重要、不太重要、重要、很重要、非常重要。根据市场调查的结果，利用平均算法得出每个指标的

最终得分，并根据评价指标的属性将同属于一个属性的进行归一化处理，得到各自的权重，这样当按评价指标的属性去设置评价指标时，更容易看出各指标在各自的评价属性里所对应的权重。计算权重的意义在于得出每个指标在评价产品时重要级分布，当发现有些指标占非常小的权重时，则这个评价指标可以忽略不计。

在本次调查中，经过对数据的加工，人们对评价指标对于产品绿色度重要性的态度如表4-5所示。

表4-5 评价指标得分和权重

评价指标属性	评价指标	最终得分	权重
资源属性	材料利用率	3.67	0.1220
	材料回收率	3.87	0.1287
	设备的可拆卸性	3.67	0.1220
	设备的质量	3.57	0.1187
	专业人员比例	3.85	0.1280
	员工的受教育程度	3.66	0.1217
	绿色技术的应用	3.82	0.1270
	绿色管理信息	3.97	0.1320
能源属性	清洁能源使用率	3.88	0.3425
	可再生能源使用率	3.79	0.3345
	能源利用率	3.66	0.3230
环境属性	大气污染	3.81	0.2052
	水体污染	3.68	0.1982
	固体污染	3.89	0.2095
	噪声污染	3.63	0.1955
	电磁污染	3.56	0.1917
经济属性	设计研发成本	3.96	0.1161
	原料成本	3.47	0.1017
	制造成本	3.82	0.1120
	服务成本	3.66	0.1073
	使用成本	3.82	0.1120
	维护成本	3.67	0.1076

续表

评价指标属性	评价指标	最终得分	权重
经济属性	环境污染治理成本	4.01	0.1175
	废旧物回收成本	3.81	0.1117
	进行绿色营销力度	3.90	0.1143

由表4-5可以看出,在资源属性中,得分最高的是绿色管理信息,最低的是设备的质量,运用极差分析,两者之间的差值小于1,因此,设备的质量在产品的绿色评价指标中,也占据一定的比重。同理,比较其他评价指标属性的结果,可发现没有得分特别低的指标,平均分都在3.50~4.00分,这意味着这些评价指标在重要和很重要之间。对绿色产品的评价都具有重要作用,验证了选取这些指标作为评价产品的绿色度的合理性。

4.4.4 结果分析

通过调查人们对绿色产品及绿色产品的认知和评价指标的评价,可得出以下几个方面的结论:

(1) 人们对绿色产品、绿色产品标识的了解都处在模糊了解阶段。在调查中发现大部分人都有一定的环保意识,但不是很强烈,在购买绿色产品的频率上大多属于偶尔购买,这说明我国消费者对绿色消费有一定的意识,但不是很强烈。人们不特意购买绿色产品的原因,主要是绿色产品对消费者的作用不明确。这些现象的出现与企业、国家的宣传是离不开的,进一步说明了国家和企业对绿色产品标识的作用宣传不到位,没有让消费者在心中形成对绿色产品更高的信赖度。

(2) 人们对绿色产品的环保特征是比较认可的,在条件允许的前提下,人们会优先选择绿色产品,这意味着人们对绿色产品还是比较期待的,只是受限于对绿色产品的了解程度和绿色产品的价格。当这些限制条件被解决时,人们便会增加对绿色产品的购买力度。

(3) 人们经常接触的信息渠道是网络、朋友这两个渠道,在获取绿色产品信息上更倾向于上网查询。人们希望国家、企业借助于媒体加大宣传力度去普及绿色产品知识来提高自己的绿色消费意识。这个结果为企业、政府开展对绿色产品标识的宣传提供了方向，可以主要从网络渠道加大对绿色产品标识的宣传力度，对带有绿色产品标识的产品进行口碑营销，提高绿色产品标识的影响力。

（4）人们对我国即将把分散的绿色产品标识统一成一个绿色产品标识大多持中立态度，但在经过国家权威机构统一管理的前提下，绝大多数人会提高对绿色产品的信任度，这说明我国将分散的绿色产品标识统一成一个绿色产品标识统一管理，对人们来说是有益的。

（5）人们对进行绿色产品标识认证的企业大多都持好的印象，相信企业的产品，认为企业具有社会责任感，具有环保意识。这说明企业进行绿色产品标识认证会提高其在公众中的企业形象，方便企业建立差异化竞争优势，这个结果会促进企业进行绿色产品认证。

（6）通过对家用电冰箱产品的绿色标识认证体系进行分析，找出了一些影响家用电冰箱产品绿色度的重量级指标。调查结果显示，这些指标都存在合理性，在绿色产品标识认证中起着重要作用。这些评价指标可以为国家进行绿色产品认证提供参考。

绿色产品标识认证体系需要企业、政府、消费者共同参与，只有这样，才会形成良性循环，促进我国国际贸易的发展，打破绿色贸易壁垒，使我国供给达到平衡状态。

4.5 对完善绿色产品标识认证体系的政策建议

4.5.1 对政府的建议

（1）对绿色认证机构实行统一化管理，实施一个标准。认证机构在绿色产品标识认证体系中扮演着重要角色，我国目前的状况是，认证机构认证标准自成体系，无法形成认证标准的统一。我国的绿色产品标识缺乏国际认可度，我国公众认为统一绿色产品标识会提高产品的可信度，因此政府要对这些绿色认证机构进行统一管理，将指定的认证标准体系发放到绿色认证机构，由绿色认证机构去执行，并将认证报告书抄送给政府相关部门进行核实，防止认证过程中弄虚作假的现象。将以前分头设立的认证部门纳入政府的管制下，实行一定的政策补贴，配合政府积极开展认证工作。

（2）在对外出口上，简化环境标识产品出口行政手续，与国际进行接轨。我国现在面临着绿色贸易壁垒的问题，严重影响着产品的出口，因此，我国要加快对绿色产品标识认证体系的建设，在制定绿色产品标识认证标准时，要参考国外的一些标准，突出我国产品的技术优势，提升我国产品的竞争力；同时，可以将绿色产品制定标准与其他国家进行互通，加速他国对我国绿色产品的认可度，对符合要求的产品给予政策扶持、绿色补贴，建立外贸绿色产品标识发展基金，专门用来鼓励和补贴企业产品的出口。在国际会议上，积极参与环境标识认证工作，为我国绿色产品在国际贸易中提高话语权，从而促进我国绿色产品的发展和壮大。

（3）对内加强宣传，进一步提高政府、企业以及公众对生态标签的认识。生态标签计划本身是一项自愿性计划，中国生态标签产品认证在现阶段只能建立在企业自愿申请的基础上；同时，中国生态标签计划实施较晚，从目前的情况来看，标签产品在消费者心目中还远没有达到足够高的地位。企业对标签产品的认识还没有达到相当的高度。因此，需要通过各种方式及途径，如消费者习惯浏览的网页、接触的朋友等，加大宣传力度，使生态标签概念和人们的意识在公众中普及，对生态标签产品给予政府补贴或奖励，为其进入其他优秀产品评估平台提供帮助；组织市场推广活动，提高标签公众认可程度，如推出简报，建立推广平台，在商场、购物中心设置绿色产品销售角等。

4.5.2 对企业的建议

（1）加强绿色产品标识认证意识。企业在生产过程中，除一些必要的认证之外，绿色产品的一些认证往往是自愿的，这就需要企业加强绿色产品认证意识，自觉参与到绿色产品认证中，因为绿色产品标识在未来会成为广大消费者购买产品优先选择的依据。本次调查结果显示，人们对进行绿色产品认证的企业具有好感，并愿意相信企业具有社会责任感，产品具有环保性，如果企业没有进行绿色产品标识认证将直接影响其销售量，以及消费者对企业形象的认知。企业要随时关注国家绿色产品认证政策，及时了解国家动态发展，只有这样，企业才能与时俱进，不断发展。

（2）提高企业的创新能力。绿色产品认证不管是在某一阶段还是在整个生命周期都需要企业有足够的实力，保证认证过程的顺利进行。随着市场竞争的不断加剧，越来越多的企业会不断投入资金研发自己的产品，满足消费者的需求，消费者对产品的期望值越来越高。随着政府对绿色产品的宣传和消费者对绿色消费意识的提升，如果企业仅有绿色产品认证意识，而没有足够的实力，产品不能满足人们对绿色产品的要求，对企业来说无疑是一个巨大的冲击，这就需要企业不断地提升自己的综合实力，在不断变化的市场中占据一席之地。

（3）具备良好的社会、环境责任感。随着消费升级和各类环境问题的出现，企业已经不再是只注重自己产品的销售情况了，在社会和环境方面也投入了巨大的精力，保证自己的产品不仅对消费者的健康负责，还对我们生存的环境负责，逐渐树立起一个个有责任心的企业形象。

4.5.3　对消费者的建议

（1）加强对绿色产品的认知。由于我国对绿色产品标识的宣传力度不大，还有许多消费者在消费过程中，主要通过企业的广告宣传来认识企业的产品，这些广告宣传有真有假，很难辨识，因此我们要加强对绿色产品标识的认知，认识哪些标识是由企业自发的，有哪些标识是经过国家认证的，绿色标识的含义是什么。只有多了解绿色产品标识，我们才会在购物过程中，做出正确的选择。

（2）养成绿色消费习惯，优先购买绿色产品。保护环境是全人类的事情，作为公民，我们有责任、有义务去保护环境，企业的环保行为也需要我们去监督。在消费过程中，我们要加强对绿色产品的认知，了解什么是绿色产品，从而购买绿色产品，因为绿色产品不仅对环境的负面影响小，还对人们的身体健康有利。我们要养成绿色消费习惯，在选择产品时优先购买带有绿色标识的产品。

（3）树立环保意识，自觉参与到保护环境中。绿色产品标识的出现，更多考验的是企业的社会责任感,但在产品的回收利用中所花费的成本和消费者的环保意识是息息相关的。我们要自觉把能回收利用的材料进行归类整理,而不是与各类产品混在一起,增加企业回收利用的成本,造成能源的浪费,这就需要我们积极配合企业做好回收工作。

4.6 研究结论

绿色产品标识认证体系研究在当今研究领域一直处在探索阶段。本章结合当今时代背景,通过分析和研究国内外对绿色产品标识认证体系的研究成果,让人们理解绿色产品的概念、内涵及其与传统产品的区别,理解生命周期法评价理论。通过研究绿色产品标识认证的关联因素,建立了绿色产品标识认证结构图,结构图包括企业、政府和消费者,并建立了绿色产品评价指标体系,通过市场调查的方式,得出了一些结论,并对这些结论进行了分析。本章的研究结论主要表现在以下几个方面:

(1)分析和总结了当代环境的问题。结合经济政治背景,得出当前研究绿色产品标识认证体系的意义和重要性,主要从理论意义和实践意义进行了阐述。

(2)研究了绿色产品的概念、内涵、特征,绿色产品标识的发展、作用、认证原则,以及绿色产品的相关理论,并重新定义了绿色产品。笔者从产品的质量、生态环保、消费者的人身健康方面给出了绿色产品的概念,指出了绿色产品标识认证的原则,根据这些内容筛选出评价绿色产品的指标,从宏观层面确定评价绿色产品的一级指标为资源属性、能源属性、环境属性和经济属性。

(3)通过对公众绿色产品标识认证相关方面态度的调查,发现了一些绿色产品标识认证过程中的问题,并对这些问题进行分析,得出相关结论,为我国完善绿色产品标识认证提供了参考依据。

通过前文的研究尤其是对绿色产品评价体系的研究,笔者分析了现有评价体系的优势和不足,分别向国家、企业和消费者提出了一些建议,为以后绿色产品评价体系的完善做了铺垫。

第5章 网络消费者对节能环保产品的消费态度研究

5.1 绪论

5.1.1 网络消费行为研究的国际、国内背景

5.1.1.1 国际背景

第一次工业革命以来，能源在人们的生存和发展中扮演着越来越重要的角色，人们开始充分利用各种能源提高生活质量并发展经济。但随着时间的推移，能源问题、环境问题和发展问题逐渐严重，节约能源和保护环境的任务迫在眉睫。世界各国开始探寻并转变经济增长方式和机制，力图缓解并且改善能源枯竭、环境污染和发展瓶颈的问题。在这样的背景下，低碳经济应运而生。各国开始通过大力发展低碳经济，为本国经济发展注入新的动力，促进可持续发展，跟上经济全球化的步伐。节能环保作为实现低碳经济的重要手段，地位不言而喻。相应的节能环保产品及其产业快速发展，市场前景广阔。节能环保产品的问世，在人们的生活中掀起了一股消费热潮。

互联网的快速发展，影响着人类的生活方式，特别是对购物方式有重要影响，人们开始享受足不出户的网购所带来的乐趣。与传统购物方式相比，网上购物优势比较明显，没有时空的束缚。虽然2008年经济危机以来，经济处于低迷期，但网上消费不减反增。互联网用户及网上消费人数仍在持续增长，不难看出互联网及电子商务仍在快速发展，并且将一直处于发展的状态。

5.1.1.2 国内背景

曾经,我国大力发展经济,过于强调经济增长速度,忽略了经济增长的质量。虽然国家一直在强调科学发展和可持续发展,但在贯彻落实过程中仍出了一定的纰漏和误差,带来的资源和环境问题十分严重。从2005年的松花江重大污水事件到2012年广西龙江镉污染事件再到最近的雾霾,环境污染从未停止过。在这样的背景下,中共十九大报告再一次提出了相关议题,首先,强调绿色健康发展,逐渐完善以市场为导向的绿色技术创新机制,从而加快了节能环保产业发展的步伐。其次,大力治理环境问题,改善环境,让人们生活在蓝天白云下。再次,加强生态系统保护力度,做到人与自然和谐相处,从而提高生态系统的稳定性。最后,建立健全生态环境的监管体制,通过法律手段来加强生态文明建设。国家在网络上大力宣传绿色消费和低碳消费,倡导绿色消费态度和绿色消费行为,使网络消费者对节能环保产品有了一定的消费认知。互联网也在潜移默化地影响着国民的日常生活。虽然中国加入互联网的时间短,但发展速度令人咋舌。2017年,中国网民已经突破7亿大关,向8亿迈进;同时,手机网民比重达到了97.5%,网络消费者的人数达到了5.33亿(郑延巍,2018)。而在2017年的天猫全球"双十一"当天,不到一分钟销售额便破亿元(张恒星,2017)。从这些现象不难看出,电子商务正在持续快速增长并将长期处于这种状态。

5.1.2 研究意义

5.1.2.1 理论意义

研究网络消费者对节能环保产品的消费态度,有以下理论意义。

首先,完善并深化了相关理论体系和知识。国内外关于节能环保的研究,基本上都是从节能环保行业或者是从某一个节能环保产品,如节能环保汽车进行研究,本章将从节能环保产品这个整体出发,将网络消费者与节能环保产品结合起来,研究网络消费者对节能环保产品的消费态度。

其次,对后面相关理论的研究具有借鉴和参考作用。不管是哪方面的研究,都需要参考之前的相关方面的文献和理论,从而丰富自身的理论。

本章对他人再次研究网络消费者对节能环保产品的消费态度有一定的借鉴作用。

最后，本章为企业完善营销策略以及政府制定相关政策提供理论支持。以往关于绿色消费和节能环保的研究比较多，研究的范围和主体较广，但没有充分考虑网络消费者本身，导致企业的营销战略和政府的相关政策缺乏有效性。本研究通过定性和定量分析，充分考虑影响网络消费者购买节能环保产品的因素，为企业和政府提供更好的理论支持。

5.1.2.2 实际意义

研究网络消费者对节能环保产品的消费态度，有以下实际意义。

首先，加深网络消费者对节能环保产品的认知，引导网络消费者树立绿色消费观。节能环保行业属于新兴行业，很多网络消费者对于节能环保产品还很陌生。他们对节能环保产品的消费态度不统一，有些接受、有些拒绝。通过相关研究，能帮助网络消费者加深对节能环保产品的认知，从而使他们树立绿色消费观。

其次，为企业了解消费需求并完善营销策略给予指导，从而加快节能产品及其行业在我国的发展速度。本章通过研究网络消费者对节能环保的消费态度，完善企业相关产品并帮助企业制定相关营销战略。例如，消费观念会影响网络消费者对节能环保产品的消费态度，企业应该重视网络消费者的消费观念，在营销时告诉网络消费者节能环保产品的优势和使用节能环保产品的好处，潜移默化地影响网络消费者的消费观念。

最后，为政府制定相关政策提供参考，使政策的有效性增加从而改善生态环境。通过研究网络消费者对节能环保产品的消费态度，为政府提出相关建议。例如，绿色消费观会使网络消费者对节能环保产品的消费态度变得积极，政府可以从加强宣传绿色消费观的角度入手，帮助网络消费者树立绿色消费观，从而转变网络消费者对节能环保产品的观念和消费态度。

5.1.3 研究内容与技术路线图

5.1.3.1 研究内容

本章研究内容主要包括以下几个方面：

第一部分为绪论。首先，介绍国际背景和国内背景，从而为后文阐述节能环保产品及其行业的发展原因做铺垫。其次，利用技术路线图阐明本章的框架。最后，从研究视角、政策建议等方面阐述本章的创新点。

第二部分为国内外文献综述。本章主要对网络消费者、节能环保行业、节能环保产品和消费态度的国内外相关文献进行整理，并归纳当前的研究成果和研究不足。

第三部分为理论研究。本章对网络消费者、节能环保行业、节能环保产品和消费态度的概念进行介绍，并说明在本研究中用到的相关理论，为后文的实证研究做准备。

第四部分为消费态度的实证研究。本章利用态度测量指标设计问卷，并进行小样本测试和正式调查，最后将问卷数据进行 SPSS 分析，从而得到网络消费者对节能环保产品的消费态度类型。

第五部分为政策建议。本章从政府、企业、电子商务平台和网络消费者四个角度提出相关建议，帮助网络消费者树立节能环保消费观，并且加快节能环保产品及其行业在我国的发展速度。

第六部分为结论与展望。主要对本章的内容进行总结并得出相关结论。同时，对其中的不足之处，提出研究展望，为他人提供参考。

5.1.3.2 技术路线图

本章研究技术路线如图 5-1 所示。

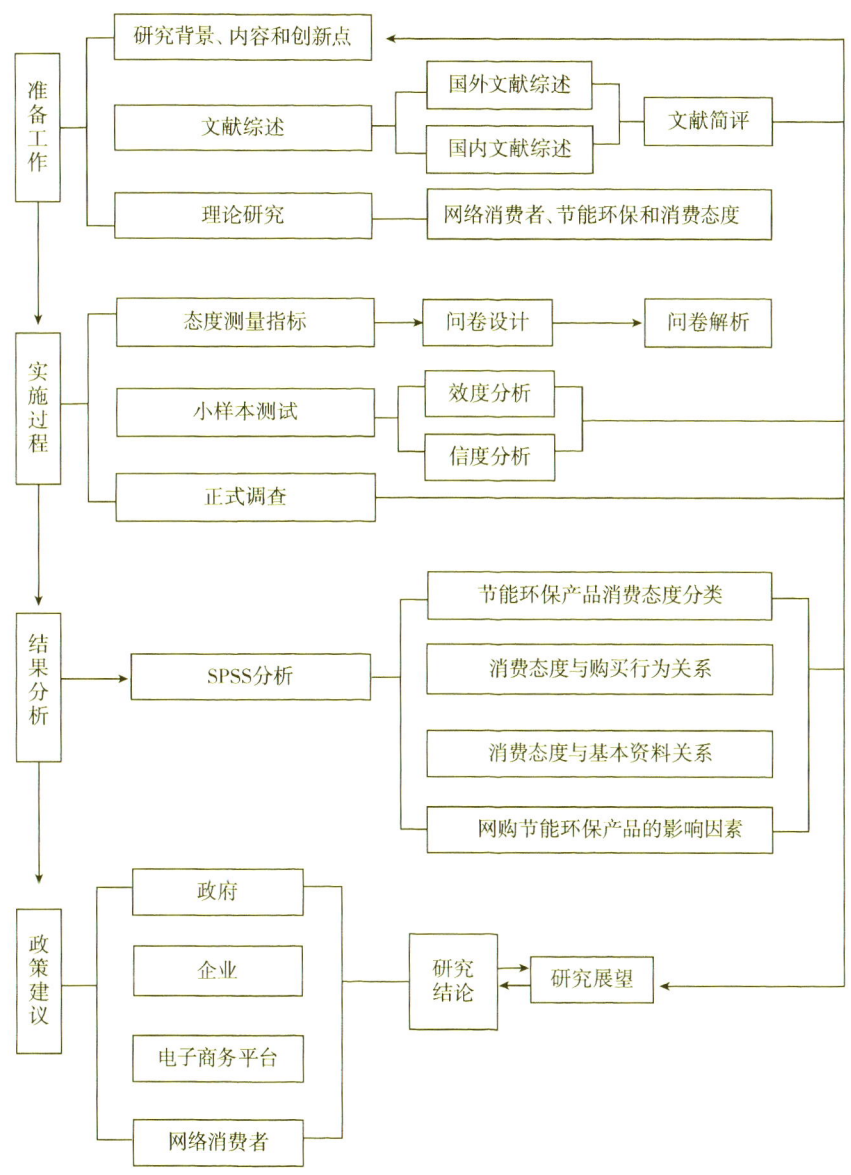

图 5-1 研究技术路线

5.1.4 研究方法

5.1.4.1 文献分析法

本章在阅读国内外大量期刊和论著的基础上，为后续研究做好理论准备。一方面，查阅网络消费者、节能环保行业、节能环保产品和消费态度相关的文献，了解节能环保和消费态度相关知识，并把握研究整体方向和最新动态。另一方面，通过查阅大量参考资料，归纳出当前学者的研究方法和相关观点，为后面的实证研究打好基础。

5.1.4.2 问卷调查法

本章通过设计并发放调查问卷，收集到一手数据。问卷问题的具体设计主要参考态度测量指标。问卷主要包括三个部分：网络消费者基本资料、网络消费者对节能环保产品的消费态度和网络消费者的购买行为及影响因素。并且本章先进行小样本测试然后开展正式调查，以提高问卷的有效性。

5.1.4.3 SPSS 分析法

在保证调查数据可靠的基础上，将调查数据导入 SPSS，并且对问卷的第二部分进行信度分析和聚类分析，通过信度值的高低来判断问卷能否反映要研究的问题。另外，通过网络消费者对节能环保产品的不同消费态度将网络消费者分为不同的群组，并分析各个群组的特点。

5.2 国内外文献综述

这一部分对网络消费者、节能环保行业、节能环保产品和消费态度的基本概念和国内外文献进行整理，为后文打下良好的基础。

5.2.1 国外文献综述

5.2.1.1 网络消费者

国外针对网络消费者的研究比较多，主要围绕网络消费者购买决策、网络消费者权益和网络消费者行为三方面展开。

有学者首先提出互联网给消费者带来了三个潜在的好处：搜索效率高、更好的产品评估以及交易的便利性。但是在网上进行评估的困难程度大大降低了很多重要产品类别的在线交易数量。之前许多在线项目失败的主要原因是忽略了互联网在消费者决策过程中不同阶段的差异化影响。其次，提出了五种电子商务模式，它们在不同的阶段充分利用互联网的固有优势，并将互联网所能提供的内容与客户真正看重的内容相匹配。最后，将网络购物决策划分为搜索过程、评估过程和交易过程（Zeng，Reinartz，2000）。还有学者研究消费者自信、感知的侵入性、持续的搜索意图对 PIA 的态度以及购买决策频率之间的结构关系。首先通过 515 份在线调查问卷来研究他们对 PIA 的态度。该学者采用基于变量的结构方程建模技术，对外源性和内生结构的测量尺度和结构关系进行了评价。结果表明消费者的自信心正积极地影响着人们对 PIA 的态度、持续的搜索意愿和购买决策的频率。其次，消费者对 PIA 的态度与持续搜索意愿和 App 购买决策的频率呈正相关。最后，消费者继续搜索的意图和购买决策的频率是正相关的。然而感知的侵入性对 PIA 的态度、持续的搜索意愿和 Apps 购买决策的频率有负面影响（Sajad Rezaei，Maryam Emami & NurlidaIsmail，2018）。

国际上关于消费者权益的文章比较多，主要从国家的角度阐述。在有关消费者权利方面，韩国的法律引入了新的概念，但其认为传统的销售模式并不包括网络销售方式，对冷静期制度也进行了相关阐述。而日本仍然沿用传统的有关消费者知情的概念，只是扩大了交易方式的范围，将函授的范畴扩大到了网络交易。

有学者通过分析网络消费者的决策风格来更好地理解网络消费者的行为。首先，开发了一个适合在线企业测量在线消费者决策风格的在线消费者风格量表。其次，在相应库存项目权重的基础上，对澳门在线消费者的决策风格进行了测度。最后，得到研究结论，即 O-CSI 模式有七种决策风格（K. M. Sam，Chatwin，2015）。还有学者研究消费者特征如性别、产品类别的主观知识和受社会影响的程度、与使用个人信息和非个人信息源进行的网络信息搜索比例的关系，并探究这些因素中哪些会影响电子口碑的使用。通过使用实时纵向设计对 274 名消费者的信息搜索开展实证研究。

研究结果表明，主观知识也会对使用个人信息资源进行在线搜索的时间比例产生积极的影响（I. Gallant，M. Arcand，2017）。

5.2.1.2 节能环保行业

整体来看，国外关于节能环保行业的研究涉及两个方面：一个是节能环保行业的发展状况，另一个是节能环保技术和节能环保政策。

Lest. R. Bron（2002）在研究美国、日本和德国太阳能、氢能行业发展状况的基础上，提出大力发展太阳能、氢能等新能源是治理全球污染的关键。还有学者提出对于电脑游戏公司来说，成为"绿色"的一部分势在必行。从 CG 产业链的角度，对设计概念层次、硬件配置层次、软件技术水平、企业管理水平和 CG 扩展级别这五类绿色方法进行了分析。该研究认为公司需要适当的硬件配置，如限制框架作为节能开发工具的软件技术。在设计 CG 和广泛的产品时，应该考虑绿色概念。有学者表示 CG 公司还可以采取绿色管理措施来实现"绿色"（H. Wangchen，H. Tan，2012）。

还有学者对中国台湾纸浆和造纸工业的节能状况进行研究。首先，该学者指出中国台湾的煤炭和石油资源极为有限，需要大量进口能源和资源导致台湾注重节能环保，并总结现场能源审核实施的节能潜力和节能效果。其次，根据联机能源申报系统的数据总结了所实施的节能措施。最后，提出应重视纸浆造纸的生产操作和能源利用的变化，从而促进台湾地区的纸浆造纸行业产品多样化发展（Hsin – ChiuLin，DavidYih – LiangChan，2014）。

有学者指出在 20 世纪 80 年代能源危机之后，欧洲陶瓷行业引入了大量的节能技术，在降低生产时间和成本的同时大幅降低了能源消耗。首先，介绍并分析过去 20 年引入的节能技术。其次，简要介绍了欧洲陶瓷行业的现状和典型产品，概述了所有陶瓷行业通用的陶瓷生产流程图，并介绍了每一个子行业和每一阶段陶瓷生产过程中引入的节能技术。最后，对这些技术进行了评价并讨论了未来的发展趋势（Christos Agrafiotis，Theocharis Tsoutsos，2001）。也有学者详细介绍了工艺系统的传统技术和最新节能技术，特别是炼油厂和石化厂的节能技术，指出最著名的节能技术之一是热回收技术。该技术使用了夹点技术，在温热图的温度限制条件下，热流和冷流可以水平移动,过程系统是基于这个图形分析设计的。相比之下,在最新的节能技术"自热回收技术"中,利用温热图中热流的绝热压缩使热流线垂直移动。因此,整个过程的热量可以在不添加任何热量的情况下重新循环到过程中,加强节能(Kazuo Matsuda, Yasuki Kansha & Chihiro Fushimi, 2013)。还有学者从电力行业节能环保政策的角度出发,指出电力工业是能源消耗的主要领域之一,需要重视电力行业的节能环保。为了提高节能环保水平,政府出台了一系列相关政策法规来改变电力结构,控制污染物排放。但当前的政策法规存在一些问题,所以在文章最后提出加强节能减排的措施,以完善相关政策(Hai Tian Sun, Ming Liang Zhao & Ning Wang, 2015)。

5.2.1.3 节能环保产品

国外主要是对节能环保的具体产品进行研究。例如,有学者发现与传统汽车相比,混合动力汽车温室气体的排放量会极大降低(Room, 2006)。并有学者对购买节能环保汽车的消费群体进行调查,发现富裕的、学历较高的人们是节能环保汽车的重要消费者(Scarborough, 2009)。还有学者从"绿色"IT产品上市的角度出发,指出EPEAT是一个具有里程碑意义的标准。但到目前为止这是一个关键的挑战,它使得EPEAT的注册信息更容易获得,管理EPEAT的非营利组织——绿色电子协会的执行董事杰夫·欧迈勒克表示很幸运有一个像Softchoice这样的合作伙伴,因为它确保通过EPEAT识别出的更环保的选项是所有组织的前沿和中心(Anonymous, 2014)。也有学者对节能环保行业的建筑材料进行分析,发现在夏季炎热和冬季寒冷的地区,有两个影响能源使用的原因。一是对冷、热的高需求,特别是对夏季的冷需求;另一个是间歇性的能源利用模式,这取决于人们是否在家。文章采用正交分析法对建筑围护结构的指标值进行了能耗模拟,并通过实验验证了采用保温层对围护结构进行保温的合适方法。结果表明,热反应速率可作为判断不同保温类型性能的因素。在间歇性能源利用模式下,内部保温具有较高的热反应速率和较低的能耗。为了节约能源,对加热和冷却方式提出了不同的包络指数组合。在采用这种优化的能源技术方法进行构建之后,预计在相对较低的能源使用水平下可以实现热舒适（Li Pan，Qiang Xu，Yue Nie & Tong Qiu，2018）。

5.2.1.4 消费态度

该部分主要整理了消费者对节能环保产品的态度以及影响消费态度的主要因素。

有学者通过探索巴西消费者的态度和动机来促进新兴国家节能环保行业的发展。文章指出理解刺激绿色消费的动机可以促进环境思维以增加消费需求，因为目前全球绿色产品的估计市场份额不到4%。在这种情况下，新兴国家应该重视绿色消费水平和节能环保产业的发展。文化和社会经济地位在环境影响和影响绿色产品的消费方面起着重要作用。有学者在巴西南部最大的城市开展了一项针对这些产品的个人调查，利用阶乘分析对数据进行分析，并建立因果结构方程模型对促进绿色消费的驱动因素进行评价。结果表明，信息与知识、环境态度、社会环境、环境意识等要素与绿色消费紧密相关，但是绿色产品的质量和价格与消费的关系较弱。这些因素表明参与调查的个人关注与商品消费有关的健康影响，他们拒绝可能表现出不适当的环境行为的公司(Ágata M. Ritter, Miriam Borchardt & Francieli Almeida, 2015)。

关于消费态度的研究比较复杂。有学者分析消费者态度与品牌存在情感的关系。通过对品牌和消费者态度的理论分析，从情感的角度来分析和总结品牌与消费者态度的关系，并且运用百事品牌的例子来证明品牌与消费者态度的关系。最后，从逻辑上解释一些品牌唤起强烈的负面情绪的原因（Jurate Banyte，Jokšaite Egle & Virvilaite Regina，2007）。也有学者通过联合市场分析工具来研究人们对牛肉产品的消费态度的影响因素。通过访问美国1432名消费者、代表商学院和动物科学系的本科生来研究他们对牛肉的消费态度。分析表明，在所有受访者中，来源地是最重要的影响因素，其次是动物品种、可追溯性、动物饲料和牛肉质量，最不重要的因素是削减成本、农场所有权、使用生长促进剂以及产品是否保证投标。动物科学专业本科生的结果与总体结果相似，不同之处在于这类被调查对象强调牛肉的质量是以牺牲可追溯性和不使用生长促进剂为代价的（Jun Myers, Sela Sar, 2015）。还有学者通过考察顾客知识水平与顾客评价属性匹配的顾客评价对顾客态度变化的影响。网上评论可以加强或削弱 post 态度，然而在线评论对态度变化的影响可能会因消费者的知识水平而有所不同。研究结果表明，即便是在消费者通过在线评论进行消费后，酒店服务公司也仍然可以影响消费者的态度。因此，了解顾客在线点评所带来的态度变化，对于酒店企业来说是很有意义的（Seung Hyun Lee，Hee Jung Ro，2016）。

5.2.2 国内文献综述

5.2.2.1 网络消费者

电商行业的发展，使"网络消费者"字眼开始流行，国内学者也逐渐展开相关方面的研究。

有学者在分析我国网络消费现状的基础上，结合感知价值理论探究哪些因素与网络消费者的感知价值和网购意愿存在关系。通过建立模型发现感知价格前因与感知价值和网络消费者的购买意愿均存在关联性。文章最后提出企业应该重视在线口碑的影响力和情感价值在购买意愿中所起的作用（钟凯，张传庆，2013）。也有学者将感知价值理论与服装衣帽类产品结合起来，利用感知模型模中的七个维度来探索消费者感知价值与网络消费者购买决策两者之间的关系。他提出电商企业在销售服装类产品的过程中应该重视在线评论，从而提高网络消费者购买产品的购买率（耿立凯，2015）。

关于网络消费者权益的研究基本都是从法律角度出发。有学者研究网络消费者的维权措施。首先，界定了网络消费者的概念。其次，分析当前人们在网购时面临的各种问题，尤其是自身的消费权益受到严重侵害的现象以及原因。最后，从法律角度提出保护网络消费者的措施，从而为网络消费者维权（张黎，2014）。还有学者认为由于电子商务是虚拟的平台，导致消费者在网络购物过程中的知情权受到侵害。因此，该研究从国家法律、网络消费者本身以及电子商务平台的角度提出相关建议，从而更好地保护网络消费者的知情权（王楠，2015）。

5.2.2.2 节能环保行业

国内关于节能环保行业的研究涉及两个方面：一个是发展状况，另一个是影响因素。

有学者从经济的角度强调大力发展节能环保的意义，剖析国内外相关产业的现状及发展经验，阐述如何加快我国节能环保行业的发展步伐，并提出发展节能环保行业应该全民参与（吕永权，2014）。还有学者针对企业节能环保发展现状及其对策进行相关分析和探讨，主张在发展节能环保行业的过程中，应该不断深入节能环保理念，从思想上改变企业的经营理念，同时在企业经营时要注意培养员工的节能环保意识的观点（赵勇、朱斌华，2018）。

影响节能环保行业发展的因素比较多，包括投资融资水平、技术创新水平和政策因素，本章主要整理了政策因素，如税收政策和财政补贴政策。有学者提出政府可以通过采取税收优惠政策的手段来促进节能环保行业的发展，如对于节能环保企业，国家可以适当减少营业税的征收，从而减轻企业的经营压力（余晓，2010）。也有学者从税收的角度出发，提出加大节能环保税收的优惠力度、扩大节能环保税收的优惠范围、建立健全节能环保税收的政策设计配合机制等相关建议，另一方面，指出我国在发展节能环保行业的时候可以参考国外关于节能环保政策（任雅娟，2013）。

5.2.2.3 节能环保产品

国内关于节能环保产品的文献主要集中在节能环保产品采购和节能环保建筑材料上。

有学者提出政府可以采取措施奖励符合低碳标准的节能环保汽车，如财政补贴措施。而对不符合标准的非节能环保汽车加大税收力度，从而通过财政手段促进节能环保行业的发展（于启武，2010）。还有学者从江西的实际情况出发，参考众多经验，提出建立健全节能环保采购机制。他指出通过完善政府绿色采购政策和建立健全节能环保税收政策来加大对节能环保产业的政策扶持力度（罗志红、朱青，2015）。

有学者在介绍了节能环保建筑材料定义的基础上，阐述我国对于节能环保建筑材料的应用。同时通过深入探讨新型节能环保材料在建筑工程中的应用，表明节能环保材料在建筑中的应用范围将不断扩大（高志成，2015）。也有学者将建筑工程和节能环保结合起来，并以新型节能环保材料的属性作为研究前提，深入分析节能环保建筑材料在建筑行业领域的应用（杨敏，2017）。

5.2.2.4 消费态度

我国对消费态度的研究主要集中于主观因素和客观因素对消费态度的影响。

主观因素主要是消费者自身对消费态度的影响，如消费情绪、自我概念和消费观。

在我国关于主观因素对消费态度影响的研究中，消费情绪对消费态度的影响是众多研究中受关注度最高的一个主题。有研究提出把情绪要素加入产品中，以提高体验程度，并且提出在宣传过程中应该充分利用媒体，引起消费者的情感共鸣，加深消费者对产品的印象（叶青，2003）。也有相关研究认为消费情绪包括积极的消费情绪和消极的消费情绪，其中积极的消费情绪对消费态度能具有促进作用。反之，消极的消费情绪对消费态度有负面影响（耿黎辉，2007）。从这些研究中可以看出，消费情绪对消费态度具有显著性作用。

国内关于自我概念对消费态度影响的研究也比较重视。有学者以职业妇女为研究对象，发现女性的身体自我概念与体育消费态度存在关系。如果职业女性具有扩展家庭观念、核心家庭观念和子女中心观念，将对体育消费持有积极的消费态度（周二三、谢小龙，2008）。还有研究将自我概念与消费态度结合起来，发现不同的自我意识对汽车的性能、服务和消费需求存在不同的偏好。例如，图谋发展自我的这类顾客对汽车价格比较敏感，追求性价比（马果、陈静、刘佳，2009）。从这些研究中不难看出，企业只有充分认识和理解消费者自我概念的结构后，才能深入了解消费者需求，制定不同的营销战略。

客观因素对消费态度的影响主要是指消费者以外的因素对消费态度的影响，如企业社会环境、产品或品牌本身以及国家形象。

关于社会环境与消费态度关系的文献和研究也比较成熟和复杂，如参照群体对消费态度的影响。近些年来，"明星效应"日益增强，很多粉丝为了追星，选择自己偶像代言的产品和品牌。但明星的负面信息层出不穷，导致学者不能忽视名人负面信息对消费态度的影响。有学者就名人的负面信息对消费态度的影响进行实证研究，发现能力型负面信息和道德型负面信息都会降低消费者购买该明星所代言产品的概率。因此，企业在挑选代言人时应该慎重（何浏、王海忠，2010）。也有学者在详细解释绿色消费态度与行为差距的基础上，指出参照群体与绿色消费态度—行为差距存在相关性。因此，企业可以充分利用该机制了解他们的消费需求，从而提高他们的购买率和加快节能环保产业的发展（陈凯、彭茜，2014）。

随着经济全球化的深化，国家形象在消费过程中所起的作用也越来越突出，因此有关国家形象对消费态度的影响研究也在逐渐完善。有学者指出，国家形象与消费态度呈正相关。一个良好的国家形象会让消费者对该国品牌和产品产生较好的消费偏好和倾向，提高消费者购买产品的可能性；一个恶劣的国家形象会让消费者对该国品牌和产品产生较差的消费偏好和倾向（王子言，2015）。另外，有学者以来源国形象、自然层面来源国形象和人文层面来源国形象为理论基础，通过实证研究发现不同类型的产品所产生的来源国形象对消费态度也会产生影响。而且，与国家形象相比，国家产品形象对消费态度的影响更为直接、影响程度更大（朱站国、李子健，2017）。

关于企业对消费态度影响的文献和研究比较成熟。因为企业作为消费生产活动的主体之一，也能对消费态度产生巨大作用。有学者就奢侈品企业社会责任与消费态度的关系进行研究，发现企业的社会责任与消费态度呈正相关。而且，企业社会责任的行为方式、奢侈品的稀缺性和持久性对消费态度的影响程度存在差异。如果奢侈品企业注重慈善和公益活动，则消费者对该企业持有积极的消费态度；如果企业生产或者所经营的奢侈品具有持久的稀缺性，则消费者对该企业也持有积极的消费态度（田敏、李纯清、陈艺妮，2016）。在另一份研究中，作者也将企业社会责任与消费态度相结合，通过实证研究发现当消费者意识到企业履行社会责任的出发点和动机与消费者本身利益一致时,会表现出积极响应的态度,主动去了解甚至购买相关产品。因此,作者提出企业应该重视社会责任的观点(姚志刚,2017)。

近些年来,相关学者也逐渐重视关于品牌和产品本身对消费态度的影响。有研究以时空一致性理论为基础,探索品牌中数字大小对消费态度的影响,发现该影响具有边界条件,需要具体问题具体分析。如果企业使用数字品牌策略,则品牌中含有较大数字的产品比较容易受人们喜欢;但对于高认知需求的个体,品牌中的数字大小很难影响其对产品的消费态度(冯文婷、汪涛,2017)。同时,有学者探索文字品牌标识正斜对消费者态度的影响。对于现代品牌,消费者比较倾向于倾斜的品牌标识;而对于传统品牌,消费者则更加喜欢品牌标识是端正的(魏华、汪涛、冯文婷等,2018)。

5.2.3 现有文献简评

通过对国内外文献进行理解和分析,笔者发现很多关于网络消费者、节能环保行业、节能环保产品和消费态度的研究。很多学者从消费者、企业、国家的角度出发,研究节能环保产品及其行业的现状和影响因素,从而加快了绿色消费和节能环保产品及其行业的发展速度。国内外学者对网络消费者、节能环保行业、节能环保产品、消费态度的研究都有很长时间的研究,留下了丰富的理论和实践经验,对本章的研究有很重要的影响。尤其是国内外的研究方法和理论部分,为本章研究网络消费者对节能环保产品的消费态度提供了指导思路和参考意见。

通过对国内外文献进行分析,在发现本章创新点的同时也分析出其他文献的不足之处。国内外文献中的不足之处主要有以下两点:首先,没有将网络消费者的消费态度和节能环保产品结合起来进行综合性描述;其次,以往对节能环保行业或者某个具体的节能环保产品的消费态度的研究,基本都是从消费者、企业和政府三个角度出发提出建议和对策,并没有针对不同类型的消费者提出不同的建议。

因此,本章首次将网络消费者的消费态度和节能环保产品结合起来进行综合性描述,并针对不同消费态度类型提出不同的建议。这两点正是本章的创新之处,从某种意义上弥补了国内外文献的不足。

5.3 相关概念界定

5.3.1 网络消费者相关概念

5.3.1.1 网络消费者概念

网络消费者的概念与消费者的概念密不可分,因此先介绍消费者的概念。广义的消费者是指一切与物质消费和精神消费活动相关的人,而狭义的消费者包括现实消费者和潜在消费者。

本章主要从狭义角度对网络消费者进行定义。网络消费者是以互联网为中介,在电子商务平台即将购买或者已经购买某种产品或服务的人。同时,网络消费者与网络用户有一定的区别。网络用户即网络使用者,它是一个非常宽泛的概念。网络消费者一定是网络用户,但网络用户不一定是网络消费者。因为不管基于何种目的,如查资料和玩游戏,只要使用了互联网就是网络用户;而网络消费者是指在利用互联网的基础上,开展网购活动。

5.3.1.2 网络消费者行为特点

网络消费者行为具有以下特点,如表5-1所示。

表5-1 网络消费者行为特点

特点	含义
消费者消费个性回归	个性化消费成为主流
消费者需求的差异性	不同的环境条件、价值观等导致消费需求不同
消费主动性增强	消费风险感增加,消费者主动对产品进行认知以提高信任度
消费者直接参与生产和流通的全过程	消费者直接与生产者沟通,减少中间环节
追求消费过程的方便和享受	网上购物方便快捷
消费者选择商品的理性化	消费者将从网上得到的信息反复比较,最终选择有利的渠道和途径
价格对消费心理有重要影响	网购价格低,对消费者购买决策有重大作用
网络消费具有层次性	逐渐从精神消费到日用品消费,且消费额度增加

5.3.2 节能环保产业相关概念

节能环保产业是指为发展绿色经济、节约资源、保护环境而提供技术设备和产品服务的产业。节能产业和环保产业统称为节能环保产业。概括起来,节能环保产业包括以下三部分,详情见表5-2。

表5-2 节能环保产业分类

节能产业	节能装备制造业
	节能产品制造业
	节能服务业
环保产业	环保技术与装备制造业
	环保产品生产业
	环保服务业
资源循环利用产业	资源循环利用装备制造业
	资源循环利用产品生产业
	资源循环利用服务业

5.3.3 节能环保产品相关概念

节能环保产品的概念与节能环保行业的概念息息相关,且目前关于节能环保产品的概念没有统一的界定。国际上通用的节能环保产品有以下四个特点:原材料能再生、加工无污染、对消费者无危害和废弃后可降解。因此,从广义上来讲,凡是具有节能环保意义的流通产品均可以划入节能环保产品的范畴。狭义上的节能环保产品是指,能加强资源能源循环利用、加快低碳经济发展和节能环保发展的商品。部分节能环保产品目录及实施规则如表5-3所示。

表5-3 部分节能环保产品目录及实施规则

序号	规则编号	规则名称
1	CSC/G 1101—2006	家用电冰箱
2	CSC/G 1102—2006	房间空气调节器
3	CSC/G 1103—2006	家用自动洗衣机

续表

序号	规则编号	规则名称
5	CSC/G 1104—2004	家用微波炉
6	CSC/G 1105—2004	家用贮水式电热水器
7	CSC/G 1106—2004	家用自动电饭锅
8	CSC/G 1107—2004	家用电磁灶
9	CSC/G 1108—2004	家用吸油烟机
11	CSC/G 1112—2006	饮水机
18	CSC/G 1122—2004	DVD/VCD视盘机
68	CSC/G 2120—2006	冷热饮水机
75	CSC/G 2127—2004	电除尘器
87	CSC/G 2141—2006	隔声设备
88	CSC/G 2141—2006	吸声设备
89	CSC/G 2142—2006	消声设备
90	CSC/G 2201—2006	室内装饰装修材料 人造板及其制品
91	CSC/G 2202—2007	水性涂料
92	CSC/G 2203—2006	室内装饰装修材料 溶剂型木器涂料
93	CSC/G 2204—2006	粘合剂
94	CSC/G 2205—2006	室内装饰装修材料 木家具
95	CSC/G 2206—2006	室内装饰装修材料 壁纸
97	CSC/G 2208—2004	室内装饰装修材料 地毯、地毯衬垫及地毯胶粘剂
98	CSC/G 2210—2006	室内装饰装修材料 干压陶瓷砖
99	CSC/G 2209—2004	室内装饰装修材料 混凝土外加剂
102	CSC/G 2213—2006	一次性可降解餐具
107	CSC/G 2222—2004	再生纸制品
108	CSC/G 2224—2006	洗涤剂类产品
109	CSC/G 2226—2004	塑料门窗
110	CSC/G 2227—2004	消毒剂
111	CSC/G 2230—2004	再生塑料制品
112	CSC/G 2232—2004	肥皂产品
113	CSC/G 2234—2006	橱柜
114	CSC/G 2233—2004	软体家具：沙发、床垫
116	CSC/G 2237—2006	燃气灶具

5.3.4 消费态度相关概念

5.3.4.1 消费态度概念

在介绍消费态度概念时,首先要介绍态度的概念,因为消费态度的概念是以态度的概念为基础,并在此基础上发展而来的。态度是一个舶来词,有学者认为态度是人类在后天的生活或者学习中学习到的一种偏好程度,是人们对客观事物或者观念等社会现象所持有的一种心理反应倾向。关于态度的概念一直在不断发展完善,笔者在此列举以下几个与态度有关的概念,如表5-4所示。

表5-4 态度相关概念

学者	定义
Thurstone	态度是人们对待心理客体,如人、物等的肯定或否定的情感
Murphy,Nowcomb	态度是一种既定的或者倾向于反映特定事物的状态
Hawkins	态度是我们对所处环境的某些方面的认知、情感和行为倾向

消费态度主要由以下几个方面构成:认知成分、情感成分和行为成分。消费态度具有以下功能,如表5-5所示。

表5-5 态度相关功能

功能	含义
适应功能	运用态度从对象中获得满足
识别功能	对产品的认知和了解
表现功能	体现自我概念和价值观
自卫功能	保护自我形象,增强抗压力

5.3.4.2 消费态度对行为的影响

消费态度是消费心理学中一个重要的词,每个人对商品都会持有自己的消费态度,这不是与生俱来的,而是在后期学习和生活中不断培养的。而且消费态度一旦形成,便会在消费过程中对消费者产生深远的影响。

首先,在消费者对商品或者服务进行判断时会产生影响。在消费某个产品或者享受服务之前,消费者会先去认识和了解它的性能或功能,并在此基础上判断自己是否需要这个产品或服务。如果有相关方面的需求，将进一步深入了解该产品，该过程也是消费者对产品的认知过程。

其次，消费者对产品的情感受消费态度的影响。在消费者对产品有了一个基本看法的基础上，会确定自己对这个产品的情感是喜欢还是厌恶。很多消费者购买节能环保产品是出于健康着想或者是因为环保意识。积极的环保主义者对节能环保产品会有一定的偏好。

最后，消费态度对消费者购买行为的意向起了十分重要的作用。相关学者根据消费者对节能环保产品的认知程度和购买意向，将其分为三类：积极的环保主义者、一般的环保主义者和消极的环保主义者。第一类消费者愿意对相关产品有全面的认知和深入的了解，并且愿意花更多的钱去购买相关产品。第二类消费者对节能环保有一个大概的认知，缺乏深入了解，只是部分选择购买相关产品。第三类消费者节能环保意识淡薄，在消费过程中没有过多考虑过节约资源和保护环境，很少购买相关产品。

5.4 消费态度的实证研究

5.4.1 相关理论分析

5.4.1.1 认知一致性理论

认知一致性理论的主要观点是在形成消费态度的过程中，强调认知、情感和行为倾向之间的一致性。如果出现不一致，消费者便会感到紧迫。有必要的话，消费者将通过转变他们的认知、情感和行为来获取一致性。该理论说明态度不是单独存在的，消费者已经持有的其他态度会影响别的态度的形成。

5.4.1.2 认知失调理论

认知失调理论的主要观点是当消费态度与消费行为出现不一致的情况，且人们无法从外部因素找原因时，会通过改变自身来减少认知失调。该理论提示人们可以通过改变态度、改变行为和增加认知等方式来减少认知失调。

5.4.1.3 平衡理论

平衡理论涉及的三个主体主要是我、他人和态度对象。消费者希望这三个主体能达到平衡状态；如果不平衡，消费者会为了保持各主体的协调而形成新的消费态度直至重新达到平衡状态。因此，消费者与他人对节能环保产品有不同的态度，三者无法平衡，则消费者便会采取措施来达到平衡。

5.4.2 态度测量指标的建立

人们在网络上购买节能环保产品的时候会带有一些感情色彩。当对某一产品有情感偏好时，才会有购买的倾向，而这种情感偏好的基础是网络消费者对产品有一定的认知，如品牌、产品的性能、价格和质量等。但有时候消费行为不一定会与消费态度一致，可能存在不一致的行为。虽然消费者喜欢这个产品，但可能因为一些理由不会消费该产品，所以本章从研究网络消费者对节能环保产品的消费态度入手，一方面，加深网络消费者对节能环保产品和节能环保市场的了解，促使他们进行绿色消费；另一方面，推动节能环保产品和节能环保行业的发展，加快经济转型步伐以及进一步保护环境，节约资源。

上文提到的消费态度主要包括三方面：认知、情感和行为倾向。本章主要从这三个方面研究消费者对网络消费节能环保产品的消费态度。

认知指网络消费者形成态度的前提是其对节能环保产品有一定的认知。只有掌握了产品相关信息后，才会对节能环保产品持有相关态度。认知主要包括以下五个方面：

产品特征：网络消费者对产品的基本认识就是产品特征。网络消费者通过了解产品特征，可以知道产品的性能和功能，对产品有一个比较全面的认知。

产品表现：网购的产品表现主要通过在线口碑来体现。当网络消费者购买产品后，会进行在线评论，这些在线评论作为中介，通过影响其他潜在的网络消费者的感知价值来影响消费态度。

知觉质量：知觉质量是网络消费者关于产品适用性和其他功能特性是

否符合消费需求的主观认知,将直接影响购买行为。

知觉形象:知觉形象是网络消费者对产品的感受。通过它可以发掘网络消费者的消费心理和消费观。当网络消费者的节能环保观念意识增强后,他们开始意识到购买节能环保产品不单单是因为节约能源,更多的是出于对自身和家人的健康考虑。

感知价值:从某种程度上来说,网络消费者购买该产品后,渴望能从中获取全部感知利益,这是无形的而不是有形的。例如,节能环保产品给人们带来的是健康、安全和环保的生活。

情感指网络消费者对节能环保产品的情感偏好是积极态度还是消极态度,或是冷漠态度。情感主要包括以下两个方面:

内心感受:指网络消费者内心对节能环保产品的整体评价,反映了网络消费者对产品功能性能和质量等方面的情感。内心感受可能来源于亲身体验,也可能来源于对产品的认知程度。

产品喜好:当网络消费者对产品有了一定的了解后,会持有一定的消费态度和消费情感。当网络消费者对产品有一定的情感偏好时,就算不购买该产品,也会对该产品有所关注。

行为倾向是指网络消费者对节能环保产品有了一定的深入了解后所体现出的一种行为倾向或者意向。如果对该产品有好感,就可能会消费该产品;如果对该产品没有好感,则不会消费该产品。行为倾向包括两方面:购买意向和购买动机。

购买意向:它是指对节能环保产品有了一定的认知和情感后,可能会有购买行为倾向的一种预测。它是消费行为的前提和基础。在准确把握网络消费者的购买意向后,可以据此推断其购买动机。

购买动机:在一定程度上就是指消费者购买的原因和动力。通过购买动机可以剖析消费者的消费需求。

根据上文的描述建立态度测量指标,如图 5-2 所示。

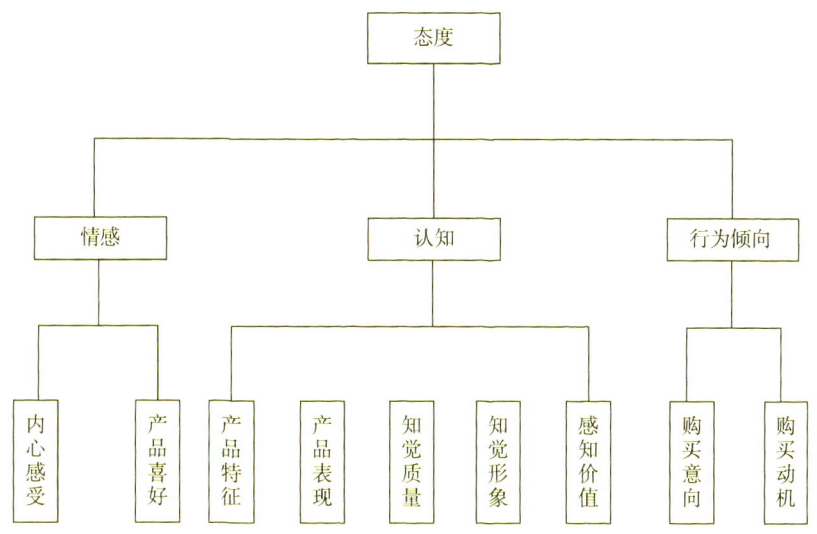

图 5-2 态度测量指标

5.4.3 调查问卷设计

本章策划的问卷主要有以下几部分内容：网络消费者的基本资料、网络消费者对节能环保产品的消费态度和网络消费者的购买行为及影响因素。第一部分是网络消费者的基本资料。该部分是网络消费者的个人信息，如性别、家庭结构和使用互联网时间等。第二部分是网络消费者对节能环保产品的消费态度。该部分主要从消费认知、情感和行为倾向三部分来了解其对节能环保产品的消费态度。最后一部分是网络消费者的购买行为及影响因素。该部分主要包括购买渠道、购买频率、购买的节能环保产品类型、购买原因以及影响消费者网购节能环保产品的因素等。

5.4.3.1 网络消费者的基本资料

网络消费者的基本资料主要包括性别、家庭结构和使用互联网时间等，不同的信息对应不同的选项。如表 5-6 所示。

表 5-6 网络消费者的基本资料

基本资料	基本选项
性别	男、女

续表

基本资料	基本选项
年龄	20岁及以下、21～30岁、31～40岁、41～50岁、51～60岁、60岁以上
教育程度	初中及以下、高中至专科、本科、研究生及以上
职业	公务员或事业编制、国企员工、民企员工、外企员工、个体户、学生、待业、退休人员、其他
家庭结构	都有、有老人和小孩或老人和孕妇或孕妇和小孩其中的一类群体、只有小孩或者孕妇或者老人、都没有
月收入	0～1999元、2000～4999元、5000～7999元、8000～11999元、12000元及以上
网龄	少于2年、2～4年（包括4年）、4～6年（包括6年）、6年以上
浏览购物网站的时间	少于1小时、1～2小时（包括2小时）、2～3小时（包括3小时）、3小时以上
网购花费	0～99元、100～299元、300～499元、500～799元、800元及以上
网购产品类型	服饰鞋靴和包、护肤品和化妆品、生活家居用品、食品和生鲜、家用电器和厨房用品、数码通信产品、其他

5.4.3.2 网络消费者对节能环保产品的消费态度

该部分是网络消费者对节能环保产品的消费态度，主要从消费认知、情感和行为倾向三方面出发来了解网络消费者对节能环保产品的消费态度。采用李克特量表的形式进行测量，针对每个题目，被调查对象可选择非常不同意、不同意和轻微不同意等选项。其中，1～8题是针对网络消费者的认知进行测量；9～13题是针对网络消费者的情感进行测量；14～20题是针对网络消费者的行为倾向进行测量。具体见表5－7。

表5－7 消费态度测量

序号	题项
1	节能环保产品对我来说比较熟悉
2	我身边的人都在使用节能环保产品
3	节能环保产品物有所值，价格在可接受范围内
4	节能环保产品价格长期来看是合理的
5	我觉得节能环保产品真的能保护环境和节约资源
6	节能环保产品风格独具一格，外观设计新颖

续表

序号	题项
7	节能环保产品性价比高
8	节能环保产品基本能满足我的消费需求
9	我觉得节能环保产品很有前景
10	我对节能环保产品有很强烈的兴趣
11	相比普通产品，我更倾向于使用节能环保产品
12	拥有节能环保产品，使生活更美好
13	我很喜欢和家人、朋友谈论节能环保产品的相关知识
14	我购买节能环保产品主要是为自己和家人的健康着想
15	拥有节能环保产品能体现自己对环保的生活态度
16	购买节能环保产品是因为质量安全有保障
17	购买节能环保产品是为了响应国家政策
18	购买节能环保产品是为了保护环境
19	在购物时会特意购买节能环保产品
20	我在下次购买产品的时候，选择节能环保产品的可能性很大

5.4.3.3 网络消费者的购买行为及影响因素

该部分主要包括购买渠道、购买的节能环保产品类型以及影响消费者网购节能环保产品的原因。

（1）网购满意度。网络消费者网购经历满意度有以下选项：非常满意、满意、比较满意、不满意和非常不满意。

（2）常用电商购物网站及原因。网络消费者经常使用的电商购物网站选项有天猫、淘宝、京东商城、苏宁易购、唯品会、1号店、当当网、亚马逊、聚美优品和其他。经常使用这些电商购物网站的原因有以下选项：网站知名度高、商品质量有保障、价格实惠、产品种类多、身边朋友推荐、购买流程简单和其他。

（3）购买经历和购买原因。网络消费者网购节能环保产品的购买经历有三个选项，即从未购买、偶尔购买和经常购买。网络消费者购买节能环保产品的原因多种多样，本章罗列了几个：在微博和微信公众号的推送中看到、相比实体店比较实惠、网上购物方便快捷、网民评论较好和其他。

(4) 购买时机和购买类型。网络消费者购买节能环保产品的时机有以下几个选项：新品上市时、有优惠时、有消费需求时和其他。网络消费者购买节能环保产品的类型也是多种多样，本章对其进行了分类，包括以下几个类型：环保农产品、环保服饰、节能家电和厨具产品、节能建材产品、节能家居小用品和其他。

(5) 购买担忧。网购节能环保产品虽然方便快捷，但仍有一些让消费者担忧的地方。购买担忧有以下几个选项：担心实物质量与网上介绍不符合、担心品牌仿冒以次充好、担心售后服务问题、担心个人隐私泄露和其他。

(6) 各因素重要程度分析。这里主要是从外部原因分析各因素在网购节能环保产品时的重要程度，如产品、售后服务和支付方式等，详见表5-8。因为问卷第二部分在一定程度上反映了网络消费者本身对网购节能环保产品的影响，所以这里并不分析网络消费者自身因素对购买节能环保产品的影响。

表5-8 各因素重要程度测量

序号	题项
C1	网站知名度会影响我购买节能环保产品
C2	品牌知名度会影响我购买节能环保产品
C3	网络广告文案会影响我购买节能环保产品
C4	网店店铺等级会影响我购买节能环保产品
C5	产品产地会影响我购买节能环保产品
C6	产品外观会影响我购买节能环保产品
C7	产品包装会影响我购买节能环保产品
C8	在线评论会影响我购买节能环保产品
C9	支付方式会影响我购买节能环保产品
C10	售后服务会影响我购买节能环保产品
C11	客服的专业程度会影响我购买节能环保产品
C12	物流体系会影响我购买节能环保产品

5.4.4 问卷调查过程

5.4.4.1 小样本测试

在正式调查网络消费者对节能环保产品消费态度之前,先进行小样本测试。调查地点为河南、湖南。

(1) 样本分析。在小样本测试中,通过微信和QQ发放60份问卷且全部回收。调查时间为2018年4月28—30日,被调查对象包括男性29名和女性31名。从年龄结构来看,主要集中在20~30岁,详见表5-9。

表5-9 年龄结构表

年龄分布	频数	百分比/%
21~30岁	28	50.000
31~40岁	15	26.786
41~50岁	10	17.857
51~60岁	1	1.786
60岁以上	2	3.571
合计	56	100.000

(2) 调查结果分析。网络消费者对节能环保产品的消费态度一共涉及20个题目,采用李克特7级量表进行分析。将样本数的得分汇总后进行平均计算,从而得出每个题目的平均值,详见表5-10。从表中可看出,平均值大于等于3.92,小于等于5.28,样本之间存在差异,且当前数据中没有异常。分布结果基本合理,数据有效。

表5-10 网络消费者对节能环保产品的消费态度数据描述

序号	题项	平均值	标准差
1	节能环保产品对我来说比较熟悉	3.92	2.02
2	我身边的人都在使用节能环保产品	4.23	1.52
3	节能环保产品物有所值,价格在可接受范围内	4.68	1.40
4	节能环保产品价格长期来看是合理的	4.63	1.62
5	我觉得节能环保产品真的能保护环境和节约资源	4.53	1.49
6	节能环保产品风格独具一格,外观设计新颖	4.80	1.41

续表

序号	题项	平均值	标准差
7	节能环保产品性价比高	4.52	1.51
8	节能环保产品基本能满足我的消费需求	4.38	1.56
9	我觉得节能环保产品很有前景	5.28	1.60
10	我对节能环保产品有很强烈的兴趣	4.77	1.51
11	相比普通产品，我更倾向于使用节能环保产品	4.72	1.47
12	拥有节能环保产品，使生活更美好	4.83	1.49
13	我很喜欢和家人、朋友谈论节能环保产品的相关知识	4.68	1.59
14	我购买节能环保产品主要是为自己和家人的健康着想	4.73	1.52
15	拥有节能环保产品能体现自己对环保的生活态度	4.80	1.50
16	购买节能环保产品是因为质量安全有保障	4.85	1.54
17	购买节能环保产品是为了响应国家政策	4.68	1.52
18	购买节能环保产品是为了保护环境	4.62	1.46
19	在购物时会特意购买节能环保产品	4.48	1.66
20	我在下次购买产品的时候，选择节能环保产品的可能性很大	4.53	1.65

因为是小样本测试，所以在对购买行为及影响因素进行分析时有所侧重，主要是围绕网购节能环保产品的原因、购买时机、购买类型和各因素重要程度这四个方面展开分析，其他问题会在后续正式调查时逐一分析。

在调查网购节能环保产品原因时，发现61.67%的被调查对象选择"相比实体店比较实惠"这个原因，46.67%的被调查对象选择了"网上购物方便快捷"的选项，还有16.67%的人因为在微博和微信公众号的推送中看到而网购节能环保产品。

而在"您什么时候会选择网上购买节能环保产品"这个题项中，也再一次看出了价格的重要性。45%的人选择"有优惠时，如各种促销"这个选项，各选项具体分布如表5-11所示。

表5-11 网购节能环保产品原因

题项	频数	百分比/%
新品上市	9	15.00
有优惠时，如各种促销	27	45.00

续表

题项	频数	百分比/%
有消费需求时	20	33.33
其他	4	6.67
总计	60	100.00

被调查对象购买类型统计见表5-12，从表中不难发现绝大多数网络消费者选择在网上购买节能家电和厨具产品，15.094%的网络消费者选择购买节能建材产品。

表5-12　网购节能环保产品类型

题项	频数	百分比/%
环保农产品	11	10.377
环保服饰	21	19.811
节能家电和厨具产品	30	28.302
节能建材产品	16	15.094
节能家居小用品	19	17.925
其他	9	8.491
总计	106	100.000

在分析网购节能环保各因素的重要程度时，该部分也采用李克特7级量表进行分析，网络消费者可选择不同的选项。和分析消费态度一样，都需要对样本数的得分汇总后进行平均计算，从而得出每个题目的平均值，详见表5-13。从表中可看出，平均值大于等于3.74，小于等于5.23。样本之间存在差异，且当前数据中没有异常，分布结果基本合理，数据有效。

表5-13　各因素重要程度测量数据描述

序号	题项	平均值	标准差
C1	网站知名度会影响我购买节能环保产品	3.97	1.19
C2	品牌知名度会影响我购买节能环保产品	4.18	1.11
C3	网络广告文案会影响我购买节能环保产品	4.00	1.29
C4	网店店铺等级会影响我购买节能环保产品	5.05	1.21
C5	产品产地会影响我购买节能环保产品	4.58	1.20

续表

序号	题项	平均值	标准差
C6	产品外观会影响我购买节能环保产品	4.00	1.15
C7	产品包装会影响我购买节能环保产品	4.25	1.29
C8	在线评论会影响我购买节能环保产品	5.17	1.18
C9	支付方式会影响我购买节能环保产品	4.10	1.23
C10	售后服务会影响我购买节能环保产品	5.23	1.14
C11	客服的专业程度会影响我购买节能环保产品	4.13	1.14
C12	物流体系会影响我购买节能环保产品	3.74	1.28

(3) 信度与效度分析。包括：

(a) 信度即可靠性，能体现出样本数据的真实性。信度分析是通过检测样本数据来核实被调查对象是否真实作答的。信度包括内在信度和外在信度。内在信度是指在同一问题下被调查对象做出的不同反应。外在信度则是指在不同时间段对同一被调查对象进行重复测量结果的一致性程度。内在信度主要采用克朗巴氏信度系数进行测量，外在信度主要通过再测信度进行测量。

在本章中，主要采用克朗巴氏信度系数对信度进行测量。如果克朗巴氏信度系数在 0.8 以上，说明信度非常好。如果克朗巴氏信度系数在 0.7 ~ 0.8，说明可信度比较好，可以接受。如果克朗巴氏信度系数在 0.6 ~ 0.7，则说明该题项需要改善，但是仍存在有效性。如果克朗巴氏信度系数在 0.6 以下，则说明该题项可信度差，没有参考价值，需要重新设计题目。

关于消费态度的部分设置有 20 个题目，从初始信度来看，整体信度为 0.84，说明研究数据信度质量比较好，可以接受。由此可见，题项全部应该保留，进一步说明研究数据信度水平高，且删除题项后信度系数值并不会明显提高，综合说明数据信度质量比较好，可用于进一步分析。

关于各因素重要程度的题项有 12 个，都是从外部原因出发进行分析的。从初始信度来看，整体信度为 0.91，说明研究数据的信度质量高。因而题项全部应该保留，进一步说明研究数据信度水平高，且删除题项后信度系数值并不会明显提高，综合说明数据信度质量高，可用于进一步分析。

(b) 效度即有效性,是指测量工具正确地检测被测量对象的程度。效度分析通过 KMO 值来进行衡量。如果 KMO 值高于 0.9,则说明效度高,非常适合作因子。如果 KMO 值介于 0.8~0.9,则说明效度较好。如果 KMO 值介于 0.7~0.8,则说明效度可接受。如果此值小于 0.5,则说明不适合作因子。KMO 值用于判断是否有效度,共同度值用于排除不合理研究项。

先对消费态度的部分进行效度分析。所有研究项对应的共同度值均高于 0.4,说明研究项信息可以被有效地提取。另外,KMO 值为 0.853,大于 0.5,意味着数据具有效度,保留所有题项。

然后是对各因素重要程度的效度分析。所有研究项对应的共同度值均高于 0.4,说明研究项信息可以被有效地提取。另外,KMO 值为 0.89,大于 0.5,意味着数据具有效度,保留所有题项。

5.4.4.2 正式问卷调查

在进行小样本测试后,开始正式调查。调查时间为 2018 年 5 月 2—17 日。调查地点集中在湖南和河南两省,通过微信、QQ 共发放问卷 360 份。

(1) 样本资料分析。在本次调查中,经过筛选整理后得到有效问卷 328 份。样本资料分析主要包括以下几个方面:样本结构、网龄、消费态度、浏览购物网站的时间、网购花费、网购类型。

(a) 样本结构。在 328 份问卷中,从性别结构来看,男性 175 名,女性 153 名,女性比男性略多。从年龄结构来看,每个年龄阶层都有分布,以 21~30 岁最多,比例达到 33.232%;31~40 岁的被调查对象比例达到 31.402%,主要被调查对象以中青年人为主。从教育程度来看,整体来说学历较高:高中至专科占比最多,达到 57.012%,本科比例达到 22.256%。从职业来看,涵盖的范围非常广,以民企员工和国企员工最多,两者比例加起来达到 49.695%。从家庭结构来看,绝大多数被调查对象家里都有老人和小孩、老人和孕妇、孕妇和小孩其中的一类群体。从月收入来看,绝大多数被调查对象的收入范围处于 2000~4999 元或者 5000~7999 元。总体看来,该次调查涉及各类人群,样本结构如表 5-14 所示。

表 5-14　样本结构

选项		频数	百分比/%	选项		频数	百分比/%
性别	男	175	46.646	职业	公务员或事业编制	20	6.098
	女	153	53.354		国企员工	79	24.085
年龄	20 岁及以下	29	8.841		民企员工	84	25.610
	21～30 岁	109	33.232		外企员工	28	8.537
	31～40 岁	103	31.402		个体户	45	13.719
	41～50 岁	61	18.598		学生	18	5.488
	51～60 岁	19	5.793		待业	15	4.573
	60 岁以上	7	2.134		退休人员	8	2.439
学历	初中及以下	58	17.683		其他	31	9.451
	高中至专科	187	57.012	月收入	0～1999 元	24	7.317
	本科	73	22.256		2000～4999 元	129	39.329
	研究生及以上	10	3.049		5000～7999 元	98	29.878
家庭结构	都有	95	28.963		8000～11999 元	74	22.561
	有老人和小孩、老人和孕妇、孕妇和小孩其中的一类	150	45.732		12000 元及以上	3	0.915
	只有小孩或者孕妇或者老人	52	15.854				
	没有	31	9.451				

（b）网龄。从使用互联网的时间来看，绝大多数被调查对象基本使用互联网 2 年以上，甚至有约 27%（26.83%）的被调查对象使用互联网的时间在 6 年以上。人们使用互联网的时间比较长，对互联网有一定了解。被调查对象具体网龄，如图 5-3 所示。

（c）浏览购物网站的时间。从浏览购物网站的时间来看，约有 34% 的被调查对象每天浏览购物网站的时间为 1～2 小时（包括 2 小时），甚至还有约 9% 的被调查对象每天浏览购物网站的时间在 3 小时以上。由此不难看出，人们还是比较热衷于网络购物的。被调查对象具体浏览购物网站的时间，如图 5-4 所示。

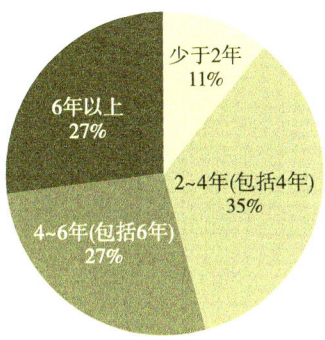

图 5-3　网龄结构

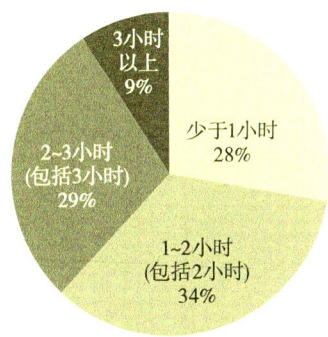

图 5-4　浏览购物网站的时间

(d) 网购花费。从每月的网购花费来看，33.54%的被调查对象网购费用在 100~299 元，还会有 11.28% 的被调查对象会在网购上花费 500 元以上。整体来说，被调查对象处于一个比较理性的消费水平。被调查对象具体网购花费，如图 5-5 所示。

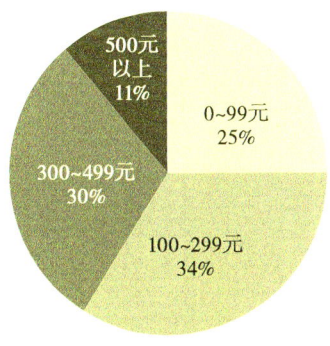

图 5-5　被调查对象网购花费

(e) 网购类型。从网购类型来看，绝大多数被调查对象的网购产品类型为护肤品和化妆品或者生活家居用品，极少数人会网购数码通信产品。被调查对象具体网购产品类型，如图 5-6 所示。

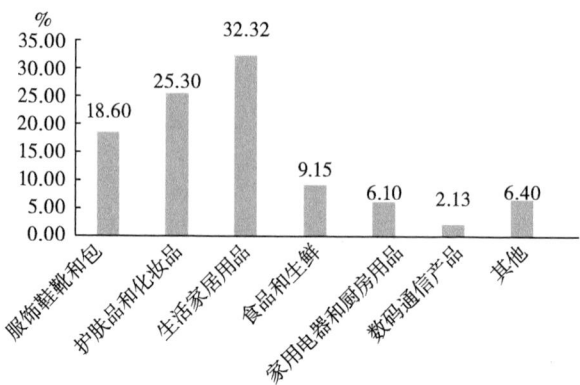

图 5-6　被调查对象网购产品类型

(f) 消费态度。该部分一共 20 个题目，采用李克特 7 级量表进行分析。将样本数得分汇总后进行平均计算，从而得出每个题目的平均值。通过 SPSS 中的描述统计得知，每一个题项的平均值均存在差异，其中"我身边的人都在使用节能环保产品"平均分最低，为 3.82 分；"我觉得节能环保产品很有前景"平均分最高，为 5.21 分。样本之间存在差异，且当前数据中没有异常。

(2) 信度与效度分析。在进行正式调查前，先通过小样本测试。关于消费态度的部分设置了 20 个题目，从初始信度来看，整体信度为 0.84。关于各因素重要程度的题项有 12 个，都是从外部原因出发进行分析的，从初始信度来看，整体信度为 0.91。两者信度都很好。现在对 328 份调查问卷的信度和效度做进一步分析。

(a) 信度分析。首先，对消费态度进行信度分析。该部分共 20 个题目，主要是认知、情感和行为倾向三要素设置的问题。现在围绕这三个方面展开分析。认知要素共有 8 道题目，运用 SPSS 进行信度分析后，发现整体信度为 0.68，可以接受。"节能环保产品物有所值，价格在可接受范围内"信度低于 0.5，所以删除该题。重新计算后发现整体信度为 0.71，信度较好。情感要素共有5道题目，运用SPSS进行信度分析后，发现整体信度为0.75，信度较好，且题项中均没有信度低于0.5的，所以这5道都可以采用，无须删减。行为倾向要素共有7道题目，运用SPSS进行信度分析后，发现整体信度为0.80，信度较好，且题项中均没有信度低于0.5的，所以这7道都可以采用，无须删减。其次，对各因素重要程度进行分析。该部分共12个题目，运用SPSS进行信度分析后，发现整体信度为0.83，信度较好，且题项中均没有信度低于0.5的，所以这12道都可以采用，无须删减。

(b) 效度分析。首先，对问卷第二部分进行信度分析。所有研究项对应的共同度值均高于0.4，说明研究项信息可以被有效地提取。另外，KMO值为0.91，大于0.5，意味着数据具有效度，保留所有题项。其次，对各因素重要程度进行效度分析。所有研究项对应的共同度值均高于0.4，说明研究项信息可以被有效地提取。另外，KMO值为0.86，大于0.5，意味着数据具有效度，保留所有题项。

(3) 聚类分析。通俗地讲，聚类就是把某一类具有相同特征的问卷聚集在一起。调查问卷共有328份，不可能一份一份地进行分析，可将具有相同特征的被调查对象归纳在一组进行分析。一方面，分析具有可行性，能提高分析效率；另一方面，方便后期针对不同的群组提出不同的建议。

本章综合运用SPSS中的系统聚类和k-均值聚类分析法，将其分为四个类别，详情如表5-15和图5-7所示。

表5-15 群组分类

群组	频数	百分比/%
1	99	30.18
2	102	31.10
3	54	16.46
4	73	22.26
总计	328	100.00

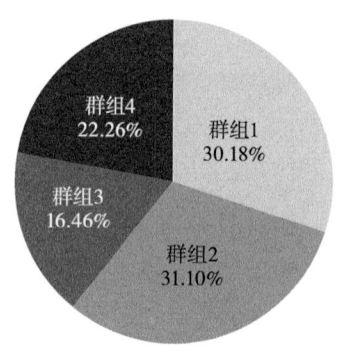

图 5-7 群组构成

为了进一步了解各群组的特点和差异,对每一群组的消费态度加以分析,如表 5-16 所示。

表 5-16 群组均值

题项	群组 1	群组 2	群组 3	群组 4
1	5	5	3	2
2	5	3	3	4
3	6	4	4	5
4	6	4	4	4
5	6	5	4	5
6	6	4	4	4
7	6	4	4	4
8	6	4	4	4
9	6	5	4	5
10	6	5	4	4
11	6	5	3	4
12	6	5	4	5
13	6	5	4	5
14	6	5	4	4
15	6	5	4	5
16	6	5	4	4
17	6	5	3	4
18	6	5	4	5

续表

题项	群组1	群组2	群组3	群组4
19	6	5	4	3
20	6	5	4	4

对该表的数据进行分析和整理,得到各群组的特点。

群组1:所有得分都很高。无论是认知、情感还是行为倾向要素的题目,得分都偏高。在认知方面,他们对节能环保产品有一定的认知,觉得风格独具一格,外观设计新颖,且认为节能环保产品性价比较高,价格长期来说是合理的。在情感方面,他们对节能环保产品有很强烈的兴趣。相比普通产品,他们更倾向于使用节能环保产品,偏爱节能环保产品。在行为倾向方面,他们在购物时会特意购买节能环保产品,且下次购买产品的时候选择节能环保产品的可能性很大。他们认为购买节能环保产品主要是为自己和家人的健康着想,并且拥有节能环保产品能体现自己环保的生活态度。整体来说,他们偏爱节能环保产品,是节能环保产品的偏爱者。

群组2:所有得分都略低于群组1。在认知方面,他们和群组1一样,对节能环保产品有一定的认知,觉得风格独具一格,外观设计新颖,且认为节能环保产品性价比较高,价格长期来说是合理的。在情感方面,他们对节能环保产品有一定的兴趣,认为节能环保产品有很好的发展前景。在行为倾向方面,他们下次购买产品的时候会考虑选择节能环保产品,但不如群组1那么强烈。整体来说,他们关注节能环保产品,是节能环保产品的关注者。

群组3:所有得分都很低。无论是认知要素、情感要素还是行为倾向要素的题目,他们的得分都很低。在认知方面,他们对节能环保产品缺乏一定的认知,并不觉得节能环保产品性价比高,觉得价格长期来说是不合理的。在情感方面,他们对节能环保产品没有很强烈的兴趣,不认为节能环保产品有很好的发展前景。在行为倾向方面,他们在购物时不会购买节能环保产品,且下次购买节能环保产品的可能性极低。整体来说,他们排斥节能环保产品,是节能环保产品的排斥者。

群组4:所有得分都较低,但略高于群组3。在认知方面,他们对节能环保产品有接触和了解,觉得节能环保产品能保护环境和节约资源的真实性有待考量。在情感方面,他们对节能环保产品没有表现出很强烈的兴趣,对节能环保产品有很好的发展前景这一观点保持中立态度。在行为倾向方面,他们在购物时不会特意购买节能环保产品,且下次购买节能环保产品的可能性比较低。整体来说,他们对节能环保产品持中立态度,是节能环保产品的观望者。

5.4.5 结果分析

5.4.5.1 节能环保产品消费态度类型

由上文可知,328位被调查对象分成的四个群组有着各自的特征,具体如表5-17所示。

表5-17 群组特征

群组1	群组2	群组3	群组4
对节能环保产品比较熟悉	对节能环保产品比较熟悉	对节能环保产品不熟悉	对节能环保产品有所了解
节能环保产品物有所值,性价比高	节能环保产品物有所值,价格在可接受范围	节能环保产品价格偏高,性价比低	节能环保产品价格偏高,性价比一般
节能环保产品很有前景	节能环保产品比较有前景	节能环保产品市场有限	节能环保产品的前景有待观察
对节能环保产品有很强烈的兴趣	对节能环保产品比较有兴趣	对节能环保产品没有很强烈的兴趣	对节能环保产品持中立态度
在购物时会特意购买节能环保产品	在购物时可能会特意购买节能环保产品	在购物时不会考虑购买节能环保产品	在购物时不会特意购买节能环保产品

5.4.5.2 节能环保产品消费态度与购买行为的关系

运用SPSS中的交叉表对四个群组的购买行为进行分析,得到四个群组的购买次数,发现购买次数最多的是群组2。从中不难看出,节能环保产品消费态度影响着购买行为,网络消费者对节能环保消费态度越积极,购买行为越多。如表5-18所示。

表 5-18 群组购买行为

题项	群组1	群组2	群组3	群组4	总计
从未购买	10	16	19	14	59
偶尔购买	56	78	27	52	213
经常购买	33	7	8	8	56
总计	99	101	54	74	328

5.4.5.3 节能环保产品消费态度与基本资料分析

上文提到过网络消费者的基本资料包括被调查对象的性别、年龄、职业、教育程度、家庭结构、收入、网龄、网购类型和网购花费。该部分主要分析节能环保产品消费态度与性别结构、年龄分布、职业、教育程度、家庭结构、收入、网龄的关系，也就是这几个变量与消费态度之间是否具有显著性差异。运用 SPSS 中的交叉表进行分析，将消费态度拖入行这一选项，分别将性别结构、年龄分布、职业、教育程度、家庭结构、收入和网龄拖入列中，得到卡方值。若卡方值小于 0.05，则说明存在显著差异。各变量具体卡方值，如表 5-19 所示。

表 5-19 各变量卡方值

变量	卡方值
性别	0.045
年龄	0.130
职业	0.128
教育程度	0.056
家庭结构	0.041
收入	0.031
网龄	0.471

（1）性别与消费态度。整体来看，节能环保产品消费态度与性别结构存在显著差异。因为卡方值为 0.045，小于 0.05，意味着男性和女性对节能环保产品有不同的消费态度。具体到每一群组来看，群组1和群组2的男性人数偏多，可以看出男性更偏爱节能环保产品。见表5-20。

表 5 – 20　性别与节能环保产品消费态度分析

性别	群组 1	群组 2	群组 3	群组 4	合计
男	53	54	25	35	167
女	46	47	29	39	161
合计	99	101	54	74	328

（2）年龄与消费态度。因为卡方值为 0.130，大于 0.05，所以整体来看，对节能环保产品的消费态度与年龄不存在显著关系。虽然年龄与消费态度没什么显著关系，但具体到每一群组来看，还是可以看出 40 岁以下的被调查对象基本处于群组 1 或者群组 2，他们对节能环保产品持积极态度。见表 5 – 21。

表 5 – 21　年龄与节能环保产品消费态度分析

年龄	群组 1	群组 2	群组 3	群组 4
20 岁及以下	3	9	9	8
21～30 岁	28	33	21	21
31～40 岁	29	32	17	31
41～50 岁	29	16	7	9
51～60 岁	9	8	0	2
60 岁以上	1	3	0	3
合计	99	101	54	74

（3）职业与消费态度。因为卡方值为 0.128，大于 0.05，所以整体来看，节能环保产品消费态度与职业不存在显著差异。虽然职业与消费态度没什么显著关系，但具体到每一群组来看，公务员或事业编制、国企员工、民企员工、外企员工、个体户和学生，这些职业对节能环保产品持有积极的消费态度。见表 5 – 22。

表 5 – 22　职业与节能环保产品消费态度分析

职业	群组 1	群组 2	群组 3	群组 4
公务员或事业编制	5	8	3	4
国企员工	25	22	17	15
民企员工	24	27	14	19

续表

职业	群组1	群组2	群组3	群组4
外企员工	9	6	6	7
个体户	12	16	9	8
学生	5	8	1	4
待业	3	4	1	7
退休人员	2	3	1	2
其他	14	7	2	8
合计	99	101	54	74

（4）教育程度与消费态度。整体来看，节能环保产品消费态度与教育程度存在差异。卡方值为0.056，略高于0.05，这就意味着不同学历的人对节能环保产品有不同的消费态度。具体到每一群组来看，高学历者对节能环保产品持有积极的消费态度。见表5-23。

表5-23 学历与节能环保产品消费态度分析

教育程度	群组1	群组2	群组3	群组4
初中及以下	4	1	9	16
高中至专科	58	61	31	37
本科	20	23	12	18
研究生及以上	17	16	2	3
合计	99	101	54	74

（5）家庭结构与消费态度。整体来看，节能环保产品消费态度与家庭结构存在显著差异。卡方值为0.041，小于0.05，这就意味着家庭结构不同，对节能环保产品的消费态度会有所不同。老人和小孩的抵抗力较差，因此家人在购买产品时会更多地考虑产品的材料和质量。见表5-24。

表5-24 家庭结构与节能环保产品消费态度分析

家庭结构	群组1	群组2	群组3	群组4
都有	36	26	15	18
有老人和小孩、老人和孕妇、孕妇和小孩其中的一类	42	46	25	37
只有小孩或者孕妇或者老人	13	19	3	9

续表

家庭结构	群组1	群组2	群组3	群组4
没有	8	10	11	10
合计	99	101	54	74

（6）收入与消费态度。整体来看，节能环保产品消费态度与收入之间存在显著差异。卡方值为0.031，小于0.05，这就意味着收入的高低会影响人们对节能环保产品的消费态度。具体到每一群组来看，高收入的人们对节能环保产品持积极态度，更倾向于购买节能环保产品；而低收入的被调查对象对节能环保产品持观望或者排斥态度。见表5-25。

表5-25 月收入与节能环保产品消费态度分析

月收入	群组1	群组2	群组3	群组4
0~1999元	1	1	16	22
2000~4999元	32	28	23	29
5000~7999元	35	42	12	13
8000~11999元	24	25	2	10
12000元及以上	7	5	1	0
合计	99	101	54	74

（7）网龄与消费态度。因为卡方值为0.471，大于0.05，所以整体来看，网龄的长短并不影响节能环保产品消费态度。但具体到每一群组来看，群组1和群组2的网龄相比群组3和群组4还是比较长的。因此，网龄较长的人对节能环保产品的消费态度是比较积极的，网龄较短的人对节能环保产品持观望或者排斥的消费态度。见表5-26。

表5-26 网龄与节能环保产品消费态度分析

网龄	群组1	群组2	群组3	群组4
少于2年	13	11	6	7
2~4年（包括4年）	23	38	24	29
4~6年（包括6年）	31	21	14	20
6年以上	35	23	14	19
合计	102	93	58	75

5.4.5.4 网购节能环保产品的影响因素分析

该部分主要分析网络消费者购买节能环保产品的影响因素,即着重分析网购节能环保产品的原因、网购节能环保产品的时机、网购节能环保产品的担忧和各因素对网购节能环保产品的重要程度。

(1) 网购节能环保产品的原因分析。该题作为多选题,绝大多数被调查者选择在网上购买节能环保产品的主要原因是网上购物方便快捷或者是价格比实体店实惠,有17.897%的人因为网民评论较好而网购节能环保产品,还有11.808%的人因为在微博、微信公众号的推送中看到而网购节能环保产品。具体购买原因,如表5-27所示。

表5-27 被调查对象网购节能环保产品的原因

选项	频数	百分比/%
在微博、微信公众号的推送中看到	64	11.808
价格比实体店实惠	173	31.919
网上购物方便快捷	178	32.841
网民评论较好	97	17.897
其他	30	5.535
合计	542	100.000

(2) 网购节能环保产品的时机和购买类型分析。在调查过程中,发现46.34%的被调查对象选择在有优惠时,如各种促销活动这个时点会网购节能环保产品;只有13.41%的被调查对象选择在新品上市时网购节能环保产品。具体购买时机,如图5-8所示。

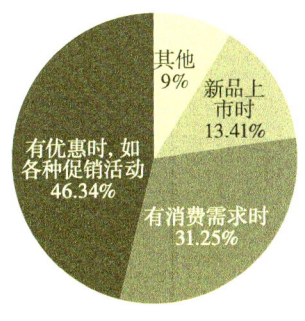

图5-8 被调查对象的购买时机

在研究购买类型时发现，人们网购节能环保产品的类型非常丰富，环保农产品、环保服饰、节能家电和厨具产品、节能建材产品和节能家居小用品都有涉及。具体购买类型，如图5-9所示。

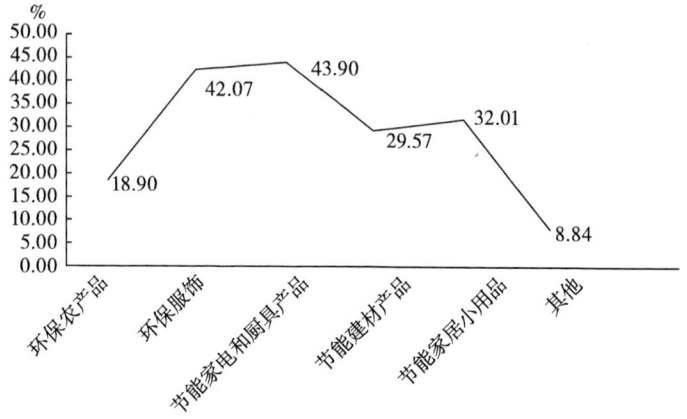

图5-9 网购节能环保产品的类型

（3）网购节能环保产品的担忧分析。研究网购节能环保产品的担忧时发现，绝大多数被调查对象担心品牌仿冒、以次充好或者是售后服务问题。还有11.585%的消费者担心个人隐私泄露。具体情况，如表5-28所示。

表5-28 网购者的担忧

选项	频数	百分比/%
担心实物质量与网上介绍不符合	52	15.854
担心品牌仿冒，以次充好	122	37.195
担心售后服务问题	100	30.488
担心个人隐私泄露	38	11.585
其他	16	4.878
总计	328	100.000

（4）各因素对网购节能环保产品的重要程度分析。该部分共12道题目，采用李克特6级量表进行分析，其中，这6个等级分别代表非常不重要、不太重要、不重要、一般、重要和非常重要。将样本得分汇总后进行平均计算，从而得出每个题目的平均值。通过SPSS中的描述统计计算得

知,每一个题项的平均值均存在差异,总体平均分为4.35。其中"支付方式会影响我购买节能环保产品"一项平均分最低,为3.91分。"售后服务会影响我购买节能环保产品"一项平均分最高,为5.37分。整体来说,售后服务、在线评论和物流体系对网购节能环保产品的影响比较大。见表5-29。

表5-29 各因素重要程度得分

序号	题项	平均值
C1	网站知名度会影响我购买节能环保产品	4.02
C2	品牌知名度会影响我购买节能环保产品	3.97
C3	网络广告文案会影响我购买节能环保产品	4.10
C4	网店店铺等级会影响我购买节能环保产品	4.15
C5	产品产地会影响我购买节能环保产品	4.18
C6	产品外观会影响我购买节能环保产品	4.13
C7	产品包装会影响我购买节能环保产品	4.11
C8	在线评论会影响我购买节能环保产品	5.22
C9	支付方式会影响我购买节能环保产品	3.91
C10	售后服务会影响我购买节能环保产品	5.37
C11	客服的专业程度会影响我购买节能环保产品	4.04
C12	物流体系影响我购买节能环保产品	5.08

5.5 政策建议

5.5.1 对政府的建议

5.5.1.1 加大宣传力度

政府需要加大宣传力度,营造良好的绿色消费环境,并培育绿色消费文化。从上文的调查研究中不难看出,我国网络消费者对节能环保产品的认知程度还是比较低的。在认知要素调查结果中,有将近一半的人对节能环保产品不是很熟悉,甚至有一些被调查对象对节能环保产品感到陌生。在情感要素调查表中,虽然有一部分人觉得节能环保产品很有发展前景,很乐意与家人和朋友讨论节能环保产品,但也有一部分人对节能环保产品的发展前景持观望态度，甚至觉得节能环保产品的发展市场有限，也不愿意与家人和朋友讨论节能环保产品的相关知识。

因此，政府应该充分利用各种渠道和各种手段宣传节能环保产品的发展前景和节能环保产品的优势，如通过新闻、各种座谈会议、各种社交平台。通过大力宣传绿色消费、低碳经济和节能环保产品，营造绿色消费的氛围，潜移默化地改变社会风气。政府需要通过加大宣传力度，努力提高网络消费者的环保认知水平，培养网络消费者的绿色消费意识和节能环保意识，改变网络消费者的消费观念和消费态度，使其意识到节能环保产品的性价比，意识到购买节能环保产品的优势，从而增加其在下次购物时购买节能环保产品的可能性。同时，政府应加大公布政府采购节能环保产品清单的力度。虽然每年政府都会公布政府采购节能环保清单，但是公布力度和公布范围较小，仅限于采购单位或者是相关网站。政府可以通过加大公布力度和范围，来宣传节能环保产品。

5.5.1.2 加大财政补贴或者消费补贴

政府应该重视对企业或网络消费者的相关财政补贴或者是节能补贴。如果企业在节能环保方面颇有成效，政府可以通过经费支持或者是技术支持提供财政补贴，并且落实到位以促进企业的深层次发展。如果网络消费者购买大型节能环保产品，政府也可以给予其一定的消费补贴加以鼓励。因为本章的研究主要以网络消费者为研究对象，所以在此处重点强调应对网络消费者加以补贴。调研中发现，大部分网络消费者觉得节能环保产品价格偏高，性价比偏低。在研究网购节能环保产品的原因时，一半以上的被调查对象选择"价格比实体店实惠"这个选项。在研究购买时机时，将近一半的网络消费者选择"在有优惠时，如各种促销活动"这个时间点买入节能环保产品。可见，价格在很大程度上影响了网络消费者购买节能环保产品。因此，政府可以对症下药，对于一些购买大型节能环保产品的消费对象，给予消费补贴。网络消费者比较注重节能环保产品的价格，因此在得到政府补贴时，会觉得物有所值。在给予网络消费者节能补贴时，可以采取多种多样的形式，避免形式单一，如对于大型节能环保产品的商家和企业，企业可以每个月15日或者是30日统计一次购买大型节能环保产品的消费者的基本信息，将其反馈给政府专门的机构，让政府拨款给企业，企业根据网络消费者购买的产品发放不同额度的节能补贴到其银行卡账户或者是支付宝账号，最终由消费者签字确认。一切流程需要公开、透明化，以确保落实到位。网络消费者也可以选择直接在产品价格的基础上减免，而不享受现金补贴。

5.5.1.3 大力发展科学技术

政府应该重视发展并引导与节能环保产品相关的科学技术。节能环保行业作为一个新兴行业，虽然发展迅猛，前景广阔，但技术方面还是存在一定的不足。本次研究发现，有一部分网络消费者不太同意"节能环保产品真的能保护环境和节约资源"这一观点，也有一部分网络消费者不同意"节能环保产品很有前景"。出现这样的情况，一方面可能是由于政府或者是企业的宣传不到位，导致消费者的认知存在一定偏差；另一方面，节能环保产品的发展目前确实存在一些问题，节能环保产品的技术确实还需要完善和改进。

政府作为"领头羊"，应该做好带头作用，加强对节能环保产品相关技术的研究，为企业提供技术支持。目前，节能环保行业鱼龙混杂，很多产品打着节能环保的口号进行营销，但是具体能够节能多少，是否达到了国家节能环保产品认证要求，还需要考量。首先，政府需要完善并不断更新节能环保产品的目录。其次，国外经济转型较早，比较注重节能环保行业的发展，对节能环保产品的技术颇有研究，政府可以通过"引进来，走出去"，借鉴参考国外的经验和成果，推动节能环保技术创新。最后，政府可以通过开展各种活动间接推动企业的技术创新，如开展各种交流会、各种展览会，加强企业与企业之间的沟通和交流。

5.5.2 对节能环保企业的建议

5.5.2.1 分类营销

企业可以根据网络消费者对节能环保产品的相关认知和购买行为简单地判别其属于哪种群体，在此基础上针对四种不同的群组采取相关的措施。

对于群组 1，也就是节能环保产品的偏爱者，主要是提高他们的满意度和忠诚度。因为他们对节能环保产品有一定的认知和偏爱，觉得购买和使用节能环保产品能体现自己节能环保的生活态度和消费态度，而且他们在购物时会特意选择节能环保产品。当他们购买节能环保产品后，企业要重视产品的售后，在提高顾客满意度的基础上，争取让他们重复购买。

对于群组 2，也就是节能环保产品的关注者，主要是加强营销手段。他们对节能环保产品有一定的认知，也愿意和家人、朋友讨论节能环保产品，且下次购买时会选择节能环保产品。因此，企业需要从价格、产品、渠道、促销四个方面加强营销手段，加深其对节能环保产品的积极消费态度，增加其购买率。

对于群组 3，也就是节能环保产品的排斥者，主要是加大宣传力度。他们对节能环保产品缺乏一定的认知，对节能环保产品持冷漠态度，觉得节能环保产品不一定能做到节能环保；且他们认为节能环保产品价格偏高，高于其承受范围。企业应该加大宣传力度，强调节能环保产品的优势和性价比。

对于群组 4，也就是节能环保产品的观望者，主要是告知其节能环保产品的发展前景。这一类人接触过节能环保产品，但并没有深入了解，没有对节能环保产品产生强烈的兴趣。因此，企业也应该加强宣传力度，强调节能环保产品的发展前景，潜移默化地影响其消费态度，使他们从观望节能环保产品转换到关注甚至购买节能环保产品。

5.5.2.2 引导网络消费者进行合理评价

网上购物平台作为一个开放的平台，形形色色的消费者都有，企业需要引导网络消费者进行合理评价。本次研究发现，将近 1/3 的网络消费者选择在网上购买节能环保产品的原因是网民评论较好，并且大部分人表示同意"在线评论会影响我网购节能环保产品"这个观点。现在只有购买过相关产品的人才被允许在该企业或者是商家的产品下发表评论或者是看法，从而确保该评价或评论是已经购买过该产品的网络消费者的真实体验和看法。但不可避免的是，会有一些企业为了刷好评率和销量，进行刷单，增加产品的销量和好评，从而混淆视听，影响消费者的选择。

因此，企业应该引导网络消费者进行合理的评价，差评有时候无法避免。首先，企业应该重视这些负面评价，反思出现负面信息的原因。其次，企业应该积极、诚恳地回应这些差评，而不是威胁恐吓相关消费者删除差评。企业应该鼓励网络消费者表达其对相关产品的看法和意见，鼓励其发表真实感受。最后，企业可以建立一个网络沟通平台，给予网络消费者充分的言论自由，增加与网络消费者的互动，拉近两者之间的距离，并从中吸取经验和教训，不断做大做强。对于故意诋毁的负面网评，企业应该加以重点关注并澄清，必要时要深究相关网民的责任，避免造成不可挽回的损失。

5.5.2.3 注重并提高服务质量

网购时消费者一般会在线搜索自己想要的产品甚至是想要购物的店铺，但是对卖家而言，则处于被选择的被动地位，因此企业需要积极主动地对网络消费者形成吸引，重视服务，提高顾客满意度。在与顾客沟通或解答其疑问时，需要有良好的服务态度和专业的知识。本次调查研究发现，有1/3的被调查对象在网上购物时担心售后服务问题；还有1/3的被调查对象担心品牌仿冒，以次充好；另有一部分人觉得物流体系、客服的专业程度和产品包装都会在一定程度上影响自己网购节能环保产品。

以上提到的内容都是服务质量的一部分，因此，企业需要注重并提高服务质量。当企业接到消费者订单后，应该第一时间和消费者进行确认，是否符合其消费需求并且询问他是否有什么特殊要求，如是否对快递服务和发货时间有指定的要求。现在绝大多数购物网站的快递配送时间都需要两到三天甚至更久，如果消费者比较着急的话，企业可以尽快发货。当网络消费者收到产品后，企业应询问其使用感受，对于一些周期性消费的节能环保产品，企业可以定期回访，探知其是否有再次购买的意愿和想法。如果网络消费者选择再次购买，则企业可以将其纳入长期发展顾客，拉近彼此的情感距离，让其将产品推荐给周边的亲朋好友；如果网络消费者放弃再次购买，企业应该询问原因，并加以改进。

5.5.3 对电子商务平台的建议

5.5.3.1 加大保护网络消费者的账户和个人隐私力度

目前，电子商务发展迅速，电子商务平台众多。人们在网购时，存在一定的风险，如个别企业采取非法手段收集网络消费者的个人信息，个别网络商家不合理使用网络消费者的个人信息。电子商务平台应该注重保护网络消费者的个人隐私，建立健全相关机制。本次调查发现，有一部分人在网购节能环保产品时担忧个人隐私泄露。虽然现在各电子商务平台已经采取了一定措施保护网络消费者的账户和个人信息，但网络消费者个人信息泄露导致钱财损失的事件仍时有发生，可见保护网络消费者的账户和隐私刻不容缓。

因此，电子商务平台应该采取更完善的措施保护网络消费者的账户和个人隐私。首先，电商平台应该对自身的网站进行查漏补缺，发现自身的漏洞及时修补，并且在运用网络消费者的数据进行营销推广的时候，提前告知网络消费者，征求他们的意见。当他们同意后，再对相关数据进行营销推广。其次，从企业或者卖家的角度出发，电商平台需要采取一定的措施规范对网络消费者的信息利用。对不合理或者非法使用网络消费者的账户和个人隐私的卖家应采取严厉的处罚措施，并且加以公示，告诫其他卖家。最后，从物流的角度来看，电子商务平台需要与物流公司签订一定的保密协议，对网络消费者的信息采用一定的相关加密措施，避免在物流运输过程中泄露他们的个人信息。总之，电子商务平台应该加大保护网络消费者的账户和个人隐私信息的力度，让他们放心在该平台上购买产品。

5.5.3.2 注重用户体验优化

用户体验是指网络消费者在浏览网站或者网页时所产生的主观方面的认知和感受。电子商务平台作为一个虚拟的交易平台，人们无法碰触实物，只能通过各种图片来感受产品。而在本次研究过程中，笔者发现，网络消费者经常在淘宝和京东商城这两个电子商务平台进行网购；深入研究后发现，有一部分被调查对象选择在这两个平台网购的原因是品牌知名度高或者是产品种类多，从中我们不难看出用户体验的重要性。

电子商务平台应该注重用户体验优化。首先，保持服务器的稳定。电子商务平台作为一个交易平台，必须注重后台运行的稳定和流畅；如果网络消费者在浏览购物页面时，页面突然崩溃，就会极大地影响购买心情和购买欲望。平台的反应速度和浏览速度直接影响着用户体验。其次，加快搜索信息的有效性和搜索速度，并且具体问题具体分析，根据网络消费者的不同兴趣爱好提供不同的服务。面对琳琅满目的商品，消费者可能会手足无措，如果这个时候电子商务平台对其进行适当的引导，会极大地提高其购买欲望。最后，根据不同的时间节点，推出不同的活动并设计不同的页面。本章主要研究的是节能环保产品，电子商务平台可以和各企业进行协商，可以在4月22日世界地球日、6月5日世界环境日等节点推出与节能环保产品相关的活动，如加大折扣力度或者播放各种纪录宣传片以加大宣传力度。

5.5.3.3 建立健全真实有效的网上评价机制

上文曾提到，在线评论对网络消费者购买节能环保产品的影响十分重要。电子商务平台是一个虚拟的交易平台，网络消费者无法直接接触到产品实物，只能参考在线评论或者是产品信息来决定自己是否购买。所以，会有一些卖家为了刷好评率和销量，雇用大批"水军"进行"刷单"，增加产品的销量和好评，从而混淆视听，影响消费者的选择。

因此，电子商务平台应该建立健全真实有效的网上评价机制，保护消费者的知情权。一方面，电子商务平台可以考虑选用第三方信用评价机构，以国家法律法规、相关政策为切入点，对各卖家的信用、产品以及各种信息进行全面客观的评价，并让卖家放在各自店铺首页，便于消费者浏览；而且，信用管理机制的对象不仅包括电子商务平台的卖家或者是买家，还包括各阶段参与网络购物的群体，如物流方和网络银行等，这些相关对象也直接影响着企业的信用机制。另一方面，电子商务平台应该进一步完善商品评价体系，确保都是真实的消费者的评论。对于那些进行"刷单"的企业，电子商务平台应采取严厉的处罚措施，并且加以公示，告诫其他企业。很多企业会通过评论返现、送小礼品或者送代金券等手段来诱使网络消费者给予好评，从而降低了商品评价的真实性，电子商务平台应该对这些手段采取一定的限制力度,而不是任由其发展。

5.5.4 对网络消费者的建议

5.5.4.1 树立节能环保意识和绿色消费观

网络消费者应该树立节能环保意识和绿色消费观,加强绿色消费比重。绿色消费是指消费者在消费时所表现出来的节能环保和保护环境的特征,主要体现在主张勤俭节约、降低浪费和选择节能环保产品或者服务等方面。绿色消费观是指在提倡人与自然和谐相处的前提下所倡导的健康适当的消费心理。

购买节能环保产品,一方面是为了保护环境,减少资源和能源的浪费;另一方面是为了自己和家人的健康。消费者树立节能环保意识和绿色消费观可从以下这些事情做起:首先,在日常生活中,要有节能意识和环保意识,如节约用水、节约用电、减少使用空调、购买节能灯和减少一次性制品购买频率。其次,在网购过程中提高对绿色产品的关注,提高绿色消费的比重,如在消费服装、食品等方面,注重产品的绿色属性,即衣服面料是否舒适和安全,食品是否具有有机和原生态的特征。对于快递包装也可以加以利用,将其制作成一些精美的小工具,如鞋盒。最后,网络消费者应该注意健康理性地消费,有一个健康合理的网络购物结构,减少浪费。总之,思想作为一种理性认识,反作用于实践,而且正确的思想对实践起着促进作用,错误的思想则会阻碍人们的实践活动。所以,网络消费者需要先树立节能环保意识和绿色消费观,才会有后期正确的购买行为。

5.5.4.2 购买时的注意事项

随着网络购物和节能环保行业的兴起,消费者逐渐倾向于网购节能环保产品。但在网购节能环保产品的过程中,如何购买到自己心仪的产品,网络消费者应该注意以下事项:

首先,如果决定要购买节能环保相关产品,应该拓宽了解的渠道,充分利用互联网来加强对节能环保产品的认知和了解,也可以查阅节能环保产品清单从而知道其性能和功能,根据自己或家人的需求来考虑是否购买相关产品。例如,网络消费者在准备网购节能空调时,通过网络搜索会发现空调品牌繁多，此时需要先了解节能空调的概念及性能，在此基础上深入了解节能空调的行业领先者。

其次，在网购节能环保产品时货比三家，不单单是对价格的比较，还要对比店铺等级、产品产地和产品品牌、售后服务等。一般来说，在产品服务、卖家服务和物流服务三者得分均高于4.8分的店铺基本可以放心购买，还要认真分辨品牌官方旗舰店的真实性；同时，也可以咨询网店客服，询问产品的相关信息，让其帮忙解答问题，来判断客服的专业程度，进而决定是否购买。在购买时应该利用店铺各方面的信息，做到货比三家，从而提高购买的期望值。

最后，可以参考各种在线评论，看其产品能否满足自己的消费需求，性价比是否高，并且是否真正做到了节能环保。网络消费者在参考在线评论时，需要辨别真假，尤其是要注意看其他消费者的差评以及卖家相应的处理态度。

5.5.4.3 购买后的注意事项

网络消费者购买节能环保产品后，并非高枕无忧，产品后期的使用以及维护也是重中之重，对于购买后的建议主要有以下几点：

首先，要注意查询相关的物流信息并及时收货。有时会出现包裹丢失的情况，特别是在网购高峰阶段，所以需要关注物流。另外，需要及时检查产品是否完好无缺，是否缺少配件。如果购买的是大型节能环保产品，如节能冰箱等，则要关注快递箱里是否有售后服务说明书以方便后期的维权以及售后服务。

其次，在使用前应仔细阅读说明书，了解其注意事项和使用事项，正确使用产品以延长其使用寿命。一些大型节能环保家电产品会有详细的说明书，如对安装、使用和清洁保养的说明，同时一般会有专业人士上门安装。

最后，注意个人隐私保护。电子商务平台作为一个开放和虚拟的平台，人们在网购时，存在一定的风险和未知因素，如有人采取非法手段收集网络消费者的个人信息等。虽然现在各电子商务平台已经采取措施保护网络消费者的账户和个人信息，但为确保万无一失，网络消费者自己也需要加强隐私保密意识。例如，商品付款后，如果有陌生人要求点开链接或者是加微信号说购买的东西金额有问题，网络消费者需要先询问卖家，防止被诈骗。再有，收到快递后注意把快递包装盒上的个人信息销毁。

5.6 研究结论

本章采用问卷调查法对被调查对象展开调查。在回收整理有效问卷的基础上，对问卷的三部分逐步进行分析，得到相应的数据和结果。同时，本章运用系统聚类和 k-均值聚类分析法，将被调查对象分为四个群组，并分析了各群组的特点、各群组与购买行为的关系、各群组与基本资料的关系和影响网购节能环保产品的因素，在此基础上对其加以运用，从而为政府、企业、电子商务平台和网络消费者提出相应的对策或建议。一方面，国家要加快节能环保产品及行业的发展速度，加快低碳经济的发展和经济转型；另一方面，要帮助网络消费者树立绿色消费观，增加绿色消费行为。

首先，通过收集整理网络消费者、节能环保行业、节能环保产品和消费态度的国内外有关文献，对网络消费者、节能环保行业、节能环保产品和消费态度概念进行介绍。其次，形成态度测量指标，并根据该指标设计调查问卷。最后，开展问卷调查并回收数据，剔除无效问卷后，对 328 份有效问卷进行 SPSS 分析，得到以下结论：

第一，将网络消费者对节能环保产品的消费态度分为四种，分别是节能环保产品的偏爱者、节能环保产品的关注者、节能环保产品的排斥者和节能环保产品的观望者。他们在对节能环保产品的认知、情感和行为倾向上有着各自的特点。节能环保产品的偏好者对节能环保产品有一定的认知，对节能环保产品有很强烈的兴趣，且下次购买产品的时候选择节能环保产品的可能性很大。节能环保产品的关注者对节能环保产品有一定的认知，觉得节能环保产品的性价比较高，下次购买产品的时候会考虑选择节能环保产品，但购买意愿不是那么强烈。节能环保产品的排斥者对节能环保产品缺乏一定的认知，对节能环保产品没有什么强烈的兴趣，并不觉得节能环保产品性价比高，觉得价格长期来说是不合理的，在购物时也不会购买节能环保产品。节能环保产品的观望者对节能环保产品有接触和了解，觉得节能环保产品能保护环境和节约资源的真实性有待考量，对"节能环保产品有很好的发展前景"这一问题保持中立态度。

第二，消费态度与购买行为的关系。节能环保产品消费态度影响着购买行为，网络消费者对节能环保消费态度越积极，购买行为越会增加。节能环保产品的偏好者和节能环保产品的关注者的购买次数最多，节能环保产品的观望者的购买次数较多，而节能环保产品的排斥者购买次数最少。节能环保产品的偏爱者和节能环保产品的关注者的购买次数和频率明显多于节能环保产品的排斥者和节能环保产品的观望者。虽然节能环保产品的观望者和节能环保产品的排斥者购买次数都比较少，但整体来说，节能环保产品的观望者的购买次数多于节能环保产品的排斥者，节能环保产品的观望者对节能环保产品及节能环保行业持中立态度，既不肯定也不否定节能环保产品的发展，而节能环保产品的排斥者对节能环保产品及节能环保行业持消极态度，觉得节能环保产品的市场有限。从中不难看出，对节能环保产品持不同消费态度的人在购买次数和购买行为上具有明显的差异。虽然消费态度和购买行为存在一定的差异，但总体来说还是存在正相关的。

第三，节能环保产品消费态度与基本资料的关系。运用 SPSS 进行分析后，发现节能环保产品消费态度与基本资料还是存在一定关系的，尤其是性别结构、家庭结构和收入的关系。这几个变量与消费态度之间的卡方值在 0.05 以下，存在显著性差异，即男性比女性更偏爱节能环保产品，家庭里有老人或者小孩会直接影响人们对节能环保产品的消费态度，高收入的人更倾向于购买节能环保产品。虽然年龄分布、职业和网龄这几个卡方值大于 0.05，但具体对每个群组进行分析后发现，40 岁以下的被调查对象对节能环保产品持有积极态度，而年龄大于 45 岁的被调查对象对节能环保产品持中立态度或者是消极态度。同时，网龄的长短也对消费态度造成了一定的影响，网龄较长的人对节能环保产品的消费态度比较积极。学历也会间接地影响人们对节能环保产品的消费态度，高学历对节能环保产品持有积极的消费态度。总体来说，网络消费者的基本资料或多或少都会影响其对节能环保产品的消费态度。

第四，影响网络消费者购买节能环保产品的因素。通过问卷调查和SPSS分析，发现在影响网络消费者网购节能环保产品的因素中，价格、质量、售后服务、在线评论和物流体系这五个外在因素对网络消费者购买节能环保产品的影响最大。虽然其他外在因素也会影响网络消费者购买节能环保产品，但是都不如这五个因素显著。首先，绝大多数网络消费者选择网购节能环保产品的原因都是价格比实体店更优惠。更有超过一半的网络消费者会选择在网站优惠时购买节能环保产品。这可以充分说明价格对网购节能环保产品有重要影响。其次，研究网购节能环保产品的担忧时发现，不少网络消费者担忧售后服务问题和个人隐私泄露等问题。最后，在研究各因素对网购节能环保产品的重要程度时发现，被调查对象很重视企业的在线评论、售后服务和物流体系。

参考文献

[1] 苏瑾. 赢余:低碳经济的成长[J]. 世界环境,2007(4):32-34.

[2] 胡鞍钢."绿猫"模式的新内涵:低碳经济[J]. 世界环境,2008(2):26-28.

[3] 张海良. 低碳经济模式、机制及其当代构建[J]. 求索,2013(9):236-238.

[4] 付允,马永欢,刘怡君,等. 低碳经济的发展模式研究[J]. 中国人口·资源与环境,2008(3):14-19.

[5] 金涌,王垚,胡山鹰,等. 低碳经济:理念·实践·创新[J]. 中国工程科学,2008(9):4-13.

[6] 侯军岐. 中国低碳经济发展模式研究[J]. 调研世界,2010(8):26-28.

[7] 庄贵阳. 中国经济低碳发展的途径与潜力分析[J]. 国际技术经济研究,2005(3):8-12.

[8] 林伯强. 中国低碳转型[M]. 北京:科学出版社,2011.

[9] 朱四海. 低碳经济发展模式与中国的选择[J]. 发展研究,2009(5):10-14.

[10] 陈跃,王文涛,范英. 区域低碳经济发展评价研究综述[J]. 中国人口·资源与环境,2013,23(4):124-130.

[11] 宫清华,黄广庆,陈波,等. 低碳经济发展模式下广东省产业发展战略研究[J]. 科技管理研究,2013,33(18):114-117.

[12] 冯碧梅,刘传江. 全球价值链视角的武汉城市圈产业体系构建:推动武汉城市圈低碳经济发展[J]. 中国人口·资源与环境,2010,20(3):67-72.

[13] 冯碧梅.湖北省低碳经济评价指标体系构建研究[J].中国人口·资源与环境,2011,21(3):54-58.

[14] 陈浩,付皓.低碳经济的特性、本质及发展路径新论[J].福建论坛(人文社会科学版),2013(5):29-34.

[15] 王峰,吴丽华,杨超.中国经济发展中碳排放增长的驱动因素研究[J].经济研究,2010(2):123-136.

[16] 刘钒,张俊祥.东湖自主创新示范区促进湖北低碳经济发展的对策研究[J].湖北社会科学,2010(9):65-67.

[17] 吴飞美,郗永勤.我国低碳经济发展存在的问题与对策研究[J].福建师范大学学报(哲学社会科学版),2015(1):23-28,166-167

[18] 赵卓,肖利平.发展低碳经济的技术创新瓶颈与对策[J].中国科技论坛,2010(6):41-46.

[19] 李海鹏,张俊飚.中国农业面源污染与经济发展关系的实证研究[J].长江流域资源与环境,2009,18(6):585-590.

[20] 许广月,宋德勇.中国碳排放环境库兹涅茨曲线的实证研究:基于省域面板数据[J].中国工业经济,2010(5):37-47.

[21] 钟茂初,孔元,宋树仁.发展追赶过程中收入差距与环境破坏的动态关系:对 KC 和 EKC 关系的模型与实证分析[J].软科学,2011,25(2):1-6.

[22] 胡初枝,黄贤金,钟太洋,等.中国碳排放特征及其动态演进分析[J].中国人口·资源与环境,2008(3):38-42.

[23] 韩玉军,陆旸.经济增长与环境的关系:基于对 CO_2 环境库兹涅茨曲线的实证研究[J].经济理论与经济管理,2009(3):5-11.

[24] 陆虹.中国环境问题与经济发展的关系分析:以大气污染为例[J].财经研究,2000(10):53-59.

[25] 易艳春,宋德勇.经济增长与我国碳排放:基于环境库兹涅茨曲线的分析[J].经济体制改革,2011(3):35-38.

[26] 田新翠,雷钦礼,吕月英.基于非均衡理论研究国际石油价格波动对中国经济的影响[J].数理统计与管理,2010,29(2):294-304.

[27] 陆化宇.能源价格波动对中国区域经济的影响及比较研究[D].北京:中国矿业大学,2014:29-41.

[28] 高志远.基于CGE模型的能源价格波动对国民经济影响研究[D].北京:中国矿业大学,2015:15-72.

[29] 林伯强.能源改革推进能源生产和消费革命[N].第一财经日报,2018-01-16(A11).

[30] 康继军,丁丹,刘晓红,等.能源价格与中国核心通货膨胀关系的实证分析[J].统计与决策,2008,34(7):148-151.

[31] 林麟.污染产业转移的影响因素分析[D].北京:对外经济贸易大学,2006:8-15.

[32] 晏彤.污染产业转移的环境效应分析[D].湘潭:湖南科技大学,2016:28-35.

[33] 刘文宇.我国污染转移的制度根源与改革方向[J].兰州财经大学学报,2017,33(5):119-124.

[34] 姜奕.污染产业转移与西部环境质量研究[D].武汉:中南民族大学,2012:26-32.

[35] 王志涛.污染产业转移对我国中西部地区经济发展和居民健康影响研究[D].长春:吉林大学,2016:61-131.

[36] 张彩云,郭艳青.污染产业转移能够实现经济和环境双赢吗?:基于环境规制视角的研究[J].财经研究,2015,41(10):96-108.

[37] 成艾华,赵凡.基于偏离份额分析的中国区域间产业转移与污染转移的定量测度[J].中国人口·资源与环境,2018,28(5):49-57.

[38] 张思平.能源消费与国民经济结构的关系[J].社会科学研究,1980(4):53-57.

[39] 周中仁,王效华,陈群,等.北方小康农村家庭能源消费结构演变研究:以山东省桓台县为例[J].农业工程学报,2007,23(3):192-197.

[40] 徐晓刚.我国农村生活能源消费分析[D].北京:中国农业科学院,2008:68-75.

[41] 程胜.中国农村能源消费及能源政策研究[D].武汉:华中农业大

学,2009:41-50.

[42] 秦翊,侯莉.广东能源消费碳排放影响因素分解分析:基于LMDI方法[J].科技管理研究,2013,33(12):224-227.

[43] 王飞.基于碳排放约束的浙江省能源消费结构优化研究[D].杭州:浙江财经大学,2018:35-42.

[44] 苏鋆珊.中国能源消费结构与经济增长关系的实证[J].长沙理工大学学报(社会科学版),2018,33(3):116-123.

[45] 蒋善利,文武汉.能源价格改革给广东带来了什么?[N].中国经济导报,2006.

[46] 邓于君,张静.产业结构对广东能源利用效率影响的实证分析[J].广东行政学院学报,2015,27(5):69-77.

[47] 于志文.河南省承接产业转移问题及对策研究[D].郑州:郑州大学,2014:14-36.

[48] 陈亢.河南省承接产业转移对工业低碳转型的影响研究[D].郑州:河南财经政法大学,2017:12-31.

[49] 郭强.甘肃省产业转移承接力测评[D].兰州:兰州大学,2013:14-18.

[50] 宇文利.逐步走向中国生态文明新时代[J/OL].(2017-12-01)[2018-09-17].http://news.cnr.cn/theory/gc/20171201/t20171201_524046545.shtml.

[51] 马世骏,王如松.复合生态系统与持续发展[M].北京:科学出版社,1993.

[52] 马凯.贯彻落实科学发展观 推进循环经济发展[C].//国家发展和改革委员会.循环经济与煤炭产业可持续发展文集,2004:27-47.

[53] 王兆华.循环经济:区域产业共生网络:生态工业园发展的理论与实践[M].北京:经济科学出版社,2007.

[54] 苏敬勤.产业生态网络研究[M].大连:大连理工出版社,2009.

[55] 王兴琼.我国循环经济研究中管理学研究的缺位及建议[J].四川师范大学学报(社会科学版),2013,40(1):18-24.

[56] 中国人民银行马鞍山市中心支行课题组,朱先明.绿色金融支持循

环经济发展评价体系研究:基于AHP的安徽省实证分析[J].金融会计,2018(1):63-68.

[57] 杨蕙馨,纪玉俊,吕萍.产业链纵向关系与分工制度安排的选择及整合[J].中国工业经济,2007(9):14-22.

[58] 吴槐庆,牛艳玉.破解循环经济发展中的价格难题[J].浙江经济,2005(23):38-39.

[59] 高君,程会强.自主实体共生模式下企业共生的博弈分析[J].环境科学与管理,2009,34(9;)164-167.

[60] 赵涛,杨立宏,路琨.基于外部性的循环经济网络利益平衡机制研究[J].中国农机化学报,2009(5):98-101.

[61] 汤吉军.资产专用性、"敲竹杠"与新制度贸易经济学:兼论保护主义的适度合理性[J].经济问题,2010(8):4-8,40.

[62] 孔令丞,谢家平,谢馥荟.基于产业共生视角的循环经济区域合作模式[J].科技进步与对策,2010,27(5):40-43.

[63] 朱文兴.工业废弃物循环利用网络内组织间冲突研究[J].生态经济(中文版),2013(1):109-113.

[64] 王丽平,栾慧明.工业废弃物循环利用网络联动脆弱性与解决机制[J].科技进步与对策,2017,34(23):84-91.

[65] 孟慧君,滕有正,刘钟龄.环境政策的发展趋势[J].内蒙古大学学报(人文社会科学版),2003(6):11-16.

[66] 吴荻,武春友.建国以来中国环境政策的演进分析[J].大连理工大学学报(社会科学版),2006(4):48-52.

[67] 张坤民,温宗国,彭立颖.当代中国的环境政策:形成、特点与评价[J].中国人口·资源与环境,2007,17(2):1-7.

[68] 刘蓉.环境政策的经济和趋向[C].//中国环境科学学会.中国环境科学学会学术年会优秀论文,2008.

[69] 刘安国,蒋美英,杨开忠,等.环境政策与环境技术创新的有效性及区域差异研究:以中国工业废水排放治理为例[J].首都经济贸易大学学报,2011,13(4):25-33.

[70] 李筱乐. 市场化、工业集聚和环境污染的实证分析[J]. 统计研究, 2014,31(8):39-45.

[71] 王毅,程多威. 关于修订循环经济促进法的几点思考[J]. 中国人大,2018(1):23-26.

[72] 徐大伟,王子彦,谢彩霞. 工业共生体的企业链接关系的分析比较:以丹麦卡伦堡工业共生体为例[J]. 工业技术经济,2005,24(1):63-66.

[73] 刘华. 绿色产品评价理论和方法及其在粉末冶金中的应用[D]. 广州:华南理工大学,2005:1-20.

[74] 宗赴传. 国际市场新趋势"绿色标志"产品[J]. 科技与经济,1994(4):33-34.

[75] 戴宇欣. 欧盟生态标签制度[J]. 上海标准化,2005(2):16-20.

[76] 质检总局、国家认监委、国家标准委举行新闻发布会 通报《关于建立统一的绿色产品标准、认证、标识体系的意见》的相关情况[J]. 中国质量与标准导报,2017(1):5-6.

[77] "中国绿色产品"认证和标识制度进入实质性推进阶段[J]. 质量与认证,2016(5):14.

[78] 包伟,丁雪梅. 洗涤剂生态标签的思考与建议[J]. 中国洗涤用品工业,2017(4):83-87.

[79] 刘志峰. 绿色产品综合评价及模糊物元分析方法研究[D]. 合肥:合肥工业大学,2004.

[80] 韩艳宾. 我国绿色消费现状的实证研究[J]. 理论界,2006(9):50-51.

[81] 刘学珍. 基于用户体验的绿色产品设计评价体系研究[D]. 济南:山东大学,2012.

[82] 张箭. 贸易保护主义与技术性贸易壁垒:兼论技术性贸易壁垒的影响及我国对策[D]. 合肥:安徽大学,2003.

[83] 徐淑萍. 环境标志制度的实施与市场准入原则的关系探讨[J]. 江淮论坛,2002,193(3):31-36.

[84] 邱丘. 基于产品生命周期的广告策略探讨[J]. 铜陵学院学报,

2007(6):39-40,42.

[85] 胡迪.基于实例推理的绿色产品配置方法研究[D].合肥:合肥工业大学,2008.

[86] 张鲁平.制造业绿色产品成本和收益测度模型研究[D].沈阳:沈阳工业大学,2006:12-26.

[87] 宗建芳,陈健华.产品生态标识的特点与标准研究[J].中国标准化,2017(17):57-61.

[88] 唐超.绿色设计产品申报与评价系统的设计与实现[D].马鞍山:安徽工业大学,2016:1-30.

[89] 刘志峰,许永华,刘学平,等.绿色产品评价方法研究[J].中国机械工程,2000,11(9):968-971.

[90] 刘光复,刘志峰.绿色产品及其评价系统框架[J].机械设计与研究,1997(4):12-14.

[91] 谢家平,陈荣秋.绿色产品回收策略的优化模型及应用[J].系统工程理论方法应用,2004,13(1):69-74.

[92] 汪波,杨尊森,刘凌云.基于生命周期的绿色产品开发设计及绿色性评价[J].研究与发展管理,2000(5):1-4,16.

[93] 侯银鹰.面向绿色产品评价体系研究[D].南京:东南大学,2007.

[94] 刘红旗,陈世兴.产品绿色度的综合评价模型和方法体系[J].中国机械工程,2000,11(9):1013-1016.

[95] 付允,林翎,高东峰.绿色产品评价方法体系研究(英文)[J].China Standardization,2017,82(1):60-63.

[96] 习近平.决胜全面建成小康社会 夺取新时代中国特色社会主义伟大胜利[N].人民日报,2017-10-19(002).

[97] 莱斯特.生态经济[M].北京:东方出版社,2002:12-25.

[98] 钟凯,张传庆.消费者感知价值对网络购买意愿影响研究:以在线口碑为调节变量[J].沈阳师范大学学报(社会科学版),2013,37(3):125-129.

[99] 耿立凯.网络消费者购买决策影响因素分析[D].唐山:华北理工

大学,2016:21-25.

[100] 张黎.浅析网络消费者权益之法律保护[J].法制与社会,2014,68(1):273-274.

[101] 吕永权.我国节能环保产业发展研究[J].经济与社会发展,2014,12(3):39-44,84.

[102] 赵勇,朱斌华.浅谈企业节能环保发展现状及对策[J].资源节约与环保,2018,196(3):67.

[103] 任雅娟.以经济手段推动实现节能减排:环保税收政策的优化策略[J].环境保护,2013,41(12):46-47.

[104] 于启武.中国节能环保汽车的发展状况和对策[J].经济与管理研究,2010,209(4):12-18.

[105] 罗志红,朱青.促进江西省节能环保产业发展的财税政策探讨[J].企业经济,2015,423(11):13.

[106] 杨敏.建筑工程中新型节能环保材料的应用[J].低碳世界,2017(14):14-15.

[107] 叶青.情感诉求和消费心理:情感广告设计谈[J].安徽农业大学学报(社会科学版),2003,12(2):93-95.

[108] 耿黎辉.产品消费情绪与满意的关系研究[J].软科学,2007,21(5):10-13,21.

[109] 周二三,谢小龙.湖南城市中年职业女性身体自我概念和家庭自我观念与体育消费态度的关系研究[J].北京体育大学学报,2008,31(3):321-322,350.

[110] 马果,陈静,刘佳.自我概念对中国私人小汽车消费者态度的影响的实证研究[J].消费经济,2009,25(5):46-49.

[111] 何浏,王海忠.基于感知的品牌丑闻对明星代言人评价的影响[J].商业经济与管理,2010(3):72-79.

[112] 陈凯,彭茜.参照群体对绿色消费态度:行为差距的影响分析[J].中国人口·资源与环境,2014(S2):458-461.

[113] 王子言.国家形象对消费者购买意愿影响研究:品牌资产与爱国

主义中介调节作用[D].大连:东北财经大学,2015:16-50.

[114] 朱战国,李子健.来源国形象对消费者进口食品态度的影响[J].华南农业大学学报(社会科学版),2017,16(5):113-123.

[115] 田敏,李纯青,陈艺妮.奢侈品企业社会责任行为对消费者态度的影响:基于奢侈品特点及消费者类型的分析[J].经济问题,2016(8):74-79.

[116] 姚志刚.企业社会责任与消费者态度的匹配性研究[J].技术经济与管理研究,2017(3):53-56.

[117] 冯文婷,汪涛.数字的力量:品牌中数字大小对消费者态度的影响[J].心理学报,2017,49(12):1581-1589.

[118] 魏华,汪涛,冯文婷,等.文字品牌标识正斜对消费者知觉和态度的影响[J].管理评论,2018,30(2):136-145.

[119] 江林.消费者心理与行为[M].北京:中国人民大学出版社,2015.

[120] 国务院."十三五"生态环境保护规划[EB/OL].(2016-11-24)[2019-02-12].http://www.gov.cn/zhengce/content/node_330.htm.

[121] 庇古.福利经济学(上册)[M].陆民仁,译.台北:台湾银行经济研究室,1971.

[122] 李冰.日本林业的可持续经营与发展[J].国土绿化,2006(6):44-45.

[123] 陈瑞莲,胡熠.我国流域区际生态补偿:依据、模式与机制[J].学术研究,2005(9):71-74.

[124] 毛峰,曾香.生态补偿的机理与准则[J].生态学报,2006,26(11):3841-3846.

[125] 王青军,蔡守秋.生态补偿机制的法律研究[J].南京社会科学,2006(7):73-80.

[126] 吴篙,汪金武.完善我国流域生态补偿制度的思考:以东江流域为例[J].生态环境学报,2010,19(3):751-756.

[127] 王军锋,侯超波,闫勇.政府主导型流域生态补偿机制研究:对子牙河流域生态补偿机制的思考[J].中国人口·资源与环境,2011,21(7):101-106.

[128] 赵银军,魏开湄,丁爱中,等.流域生态补偿理论探讨[J].生态环境学报,2012(5):963-969.

[129] 徐大伟,郑海霞,刘民权.基于跨区域水质水量指标的流域生态补偿量测算方法研究[J].中国人口·资源与环境,2008,18(4):189-194.

[130] 张惠远,刘桂环.流域生态补偿与污染赔偿机制[J].世界环境,2009(2):34-35.

[131] 吕志贤,李元钊,李佳喜.湘江流域生态补偿系数定量分析[J].中国人口·资源与环境,2011(S1):451-454.

[132] 胡蓉,燕爽.基于演化博弈的流域生态补偿模式研究[J].东北财经大学学报,2016(3):3-11.

[133] 肖加元,潘安.基于水排污权交易的流域生态补偿研究[J].中国人口·资源与环境,2016,26(7):18-26.

[134] 龚得君.流域生态补偿财政工具法制化探析[J].经济研究导刊,2017(1):59-62,69.

[135] 闫峰陵,罗小勇,雷少平,等.丹江口库区水土保持生态补偿标准的定量研究[J].中国水土保持科学,2010,8(6):58-63.

[136] 庞爱萍,李春晖,刘坤坤,等.基于水环境容量的漳卫南流域双向生态补偿标准计算[J].中国人口·资源与环境,2010,20(S2):100-103.

[137] 张落成,李青,武清华.天目湖流域生态补偿标准核算探讨[J].自然资源学报,2011,26(3):412-418.

[138] 乔旭宁,杨永菊,杨德刚,等.流域生态补偿标准的确定:以渭干河流域为例[J].自然资源学报,2012,27(10):1666-1676.

[139] 黄涛珍,宋胜帮.基于关键水污染因子的淮河流域生态补偿标准测算研究[J].南京农业大学学报(社会科学版),2013,13(6):109-118.

[140] 赵卉卉,张永波,王明旭.中国流域生态补偿标准核算方法进展研究[J].环境科学与管理,2014,39(1):151-154.

[141] 郭文献,付意成,闫丽娟,等.治理修复型水生态补偿问题分析[J].自然资源学报,2013,28(9):1538-1546.

[142] 钟毓峰.流域治理修复型水生态补偿研究[J].科技研究,2014

(3):134.

[143] 傅京燕,原宗琳,曾翾. 中国区域生态效率的测度及其影响因素分析[J]. 产经评论,2016(6):85-97.

[144] 张迪,金荣学. 省际环境治理支出效率及其影响因素研究[J]. 华中农业大学学报(社会科学版),2018(3):137-143.

[145] 尹传斌,蒋奇杰. 绿色全要素生产率分析框架下的西部地区绿色发展研究[J]. 经济问题探索,2017(3):159-165.

[146] 夏丽丽,阎小培. 基于全球产业链的发展中地区工业化进程中的产业演进:以珠江三角洲为例[J]. 经济地理,2008(4):573-577.

[147] 景守武,陈红蕾. 外商直接投资是否有助于改善中国能源环境效率?[J]. 经济问题探索,2018(12):172-182.

[148] 刘斌斌,黄吉焱. FDI进入方式对地区绿色技术创新效率影响研究:基于环境规制强度差异视角[J]. 当代财经,2017(4):89-98.

[149] JOHNSON D, LOWE R, Bell M. An Exploration of the Technical Feasibility of Achieving CO_2 Emission Reductions in Excess of 60% Within the UK Housing Stock by the Year 2050[J]. Energy Policy, 2005, 33(13):1643-1659.

[150] TREFFERS D J, FAAIJ A P C, SPAKMAN J, et al. Exploring the Possibilities for Setting up Sustainable Energy Systems for the Long Term Vision for the Dutch Energy System in 2050[J]. Energy Policy, 2005,33(13):1723-1743.

[151] GLAESSER E L, KAHN M E. The Greenness of Cities: Carbon Dioxide Emissions and Urban Development[R]. NBER Working Papers, 2010,67(3):404-418.

[152] GROSSMAN G M, KRUEGER A B. Economic Growth and the Environment[J]. Quarterly Journal of Economics, 1995,110:353-377.

[153] SCHREURS M A. From the Bottom Up: Local and Subnational Climate Change Politics[J]. The Journal of Environment & Development, 2008,17(4):343-355.

[154] HUANG W M, LEE G W M, WU C C. GHG Emissions, GDP Growth and the Kyoto Protocol: A Revisit of Environmental Kuznets Curve Hypothesis[J]. Energy Policy, 2008,36(1):239-247.

[155] NAKATA T, LAMONT A. Analysis of the Impacts of Carbon Taxes on Energy Systems in Japan[J]. Energy Policy, 2001,29(2):159-166.

[156] PULIAFITO S E, PULIAFITO J L, GRAND M C. Modeling Population Dynamics and Economic Growth as Competing Species: An Application to CO_2 Global Emissions[J]. Ecological Economics, 2008,65(3):602-615.

[157] SOYTAS U, SARI R. Energy Consumption, Economic Growth, and Carbon Emissions: Challenges Faced by an EU Candidate Member[J]. Ecological Economics, 2009,68(6):1667-1675.

[158] RICHMOND A K, KAUFMANN R K. Is There a Turning Point in the Relationship Between Income and Energy Use and/or Carbon Emissions? [J]. Ecological Economics, 2006,56(2):176-189.

[159] HAMIT-HAGGAR M. Greenhouse Gas Emissions, Energy Consumption and Economic Growth: A Panel Cointegration Analysis from Canadian Industrial Sector Perspective[J]. Energy Economics, 2012,34(1):358-364.

[160] OZTURK I, ACARAVCI A. The Long-run and Causal Analysis of Energy, Growth, Openness and Financial Development on Carbon Emissions in Turkey[J]. Energy Economics, 2013,36:262-267.

[161] BRUVOLL A, LARSEN B M. Greenhouse Gas Emissions in Norway: Do Carbon Taxes Work? [J]. Energy Policy, 2004,32:493-505.

[162] LISKI J, KARJALAINEN T, PUSSINEN A, et al. Trees as Carbon Sinks and Sources in the European Union[J]. Environmental Science & Policy, 2000,3:91-97.

[163] GROSSMAN G M, KRUREGER A B. Environmental Impacts of a North American Free Trade Agreement[R]. NBER Working Paper, 2013(35):274-281.

[164] POUMANYVONG P, KANEKO S. Does Urbanization Lead to Less Energy Use and Lower CO_2 Emissions? A Cross-country Analysis[J]. Ecologi-

cal Economics, 2010,70(2):434-444.

[165] MARTINEZ-ZARZOSO I. The Impact of Urbanization on CO_2 Emissions: Evidence from Developing Countries[J]. Ecological Economics, 2008,70(7):1344-1353.

[166] FODHA M, ZAGHDOUD O. Economic Growth and Pollutant Emissions in Tunisia: An Empirical Analysis of the Environmental Kuznets Curve[J]. Energy Policy, 2010,38(2):1150-1156.

[167] JALIL A, MAHMUD S F. Environment Kuznets Curve for CO_2 Emissions: A Cointegration Analysis for China[J]. Energy Policy, 2009,37(12):5167-5172.

[168] SANDER D E. The Price of Energy[J]. Environment & Resources, 1976,1(1):391-421.

[169] HOGAN W W. A Dynamic Putty-semi-putty Model of Aggregate Energy Demand[J]. Energy Economics, 1989,11(1):53-69.

[170] CHANG T H, PETER J K. Misallocation and Manufacturing TFP in China and India[J]. The Quarterly Journal of Economics, 2009,124(4):1403-1448.

[171] SHI X P, SUN S Z. International Oil Price, National Market Distortion, and Output Growth: Theory and Evidence from China[J]. Economic Modeling, 2013,32(8):290-321.

[172] OUYANG X L, SUN C W. Energy Savings Potential in China's Industrial Sector: From the Perspectives of Factor Price Distortion and Allocative Inefficiency[J]. Energy Economics, 2015,48:117-126.

[173] WILLIAM J Baumol, WALLACE E OATES. The Theory of Environmental Policy[M]. Cambridge: Cambridge University Press, 1988.

[174] TOBEY J A. The Effects of Domestic Environmental Policies on Patterns of World Trade: An Empirical Test[J]. Kyklos, 1990,43(2):191-209.

[175] AKBOSTAN. In Search of Pollution Heavens? Dirty Industry in the World of Economy[M]. Washington DC: World Bank Publications, 2007:

96 – 130.

[176] COSTANTNI V, CRESPI F. Environmental Regulation and the Export Dynamics of Energy Technologies[J]. Ecological Economies, 2008, 66(2/3): 447 – 460.

[177] KRAFT J, KRAFT A. On the Relationship Between Energy and GNP[J]. Journal of Energy Development, 1978, 3(2): 401 – 403.

[178] NAKATA T. Energy – economic Models and Environment[J]. Progress in Energy & Combustion Science, 2004, 30(4): 417 – 475.

[179] PETERS G P, Hertwich E G. Pollution Embodied in Trade: The Norwegian Case[J]. Global Environmental Change, 2006, 16(4): 379 – 387.

[180] SOYTAS U, SARI R, EWING B T. Energy Consumption, Income, and Carbon Emissions in the United States[J]. Ecological Economics, 2007, 62: 482 – 489.

[181] ZHAO X L, LI N, MA C B. Residential Energy Consumption in Urban China: A Decomposition Analysis[J]. Energy Policy, 2012, 41: 644 – 653.

[182] ZARZO D, PRATS D. Desalination and Energy Consumption. What Can We Expect in the Near Future? [J]. Desalination, 2018, 427: 1 – 9.

[183] BOULDING K E. The Economics of the Coming Spaceship Earth [M]//Jarrett H. Environmental Quatity in a Growing Economy. Baltimore, MD: Resources for the Future/Johns Hopkins University Press, 1966: 3 – 14.

[184] FROSCH R A, GALLOPOULOS N E. Strategies for Manufacturing [J]. Scientific American, 1989, 261(3): 144 – 152.

[185] SCHWARI E J, STCININGER K W. Implementing Nature's Lesson: The Industrial Recycling Network Enhancing Regional Development[J]. Journal of Cleaner Production, 1997, 5(1): 47 – 56.

[186] LI H, BAO W, XIU C, et al. Energy Conservation and Circular Economy in China's Process Industries[J]. Energy, 2010, 35(11): 4273 – 4281.

[187] ROMERO D, MOLINA A. Green Virtual Enterprise Breeding Environments: A Sustainable Industrial Development Model for a Circular Economy

[C]//13th Working Conference on Virtual Enterpries(PROVE), Oct 2012, Bournemouth, United Kingdom:427-436.

[188] BRADLEY R, JAWAHIR I S, BADURDEEN F, et al. A Total Life Cycle Cost Model (TLCCM) for the Circular Economy and Its Application to Post-recovery Resource Allocation[J]. Resources, Conservation & Recycling, 2018, 135: 141-149.

[189] KLEIN B. Contracts and Incentives: The Role of Contract Terms in Assuring Performance [M]//Werin L, Wijkander H. Contract Economics. Cambridge, MA: Blackwell, 1992:149-173.

[190] ANDERSON M. The Role of Collaborative Integration in Industrial Organization: Observations from the Canadian Aerospace Industry[J]. Economic Geography, 1995, 71(1):55-78.

[191] CHERTOW M R. The Eco-industrial Park Model Reconsidered [J]. Journal of Industrial Ecology, 1998, 2(3):8-10.

[192] KORHONEN J, HEIKKI N, KYOSTI P. Regional Industrial Recycling Network in Energy Supply the Case of Joensuu City, Finland[J]. Corporate Social Responsibility & Environmental Management, 2012, 9(3):170-185.

[193] DESROCHERS P. Cities and Industrial Symbiosis: Some Historical Perspectives and Policy Implications[J]. Journal of Industrial Ecology, 2001, 5(4):29-44.

[194] MIRATA M. Experiences from Early Stage of a National Industrial Symbiosis Program in the UK: Determinants and Coordination Challenges[J]. Journal of Cleaner Production, 2004, 12(8):967-983.

[195] GIBBS D. Trust and Networking in Inter-firm Relations: The Case of Eco-industrial Development[J]. Local Economy, 2003, 18(3):222-236.

[196] JONES N, EVANGELINOS K, HALVADKIS C P, et al. Social Factors Influencing Perceptions and Willingness to Pay for a Market-based Policy Aiming on Solid Waste Management[J]. Resources Conservation & Recycling, 2010, 54(9):533-540.

[197] FU – CAI LU, PING – BO HU. Empirical Analysis of Relationships Between Operational Influence Factors and Operational Performance of Industrial Waste Recycling Network[J]. Economic Management Journal, 2015(12):145 – 153.

[198] KARMAKAR S, DE S K, GOSWAMI A. A Pollution Sensitive Remanufacturing Model with Waste Items: Triangular Dense Fuzzy Lock Set Approach[J]. Journal of Cleaner Production, 2018,7(1):187 – 189.

[199] CHRISTMANN P. Multinational Companies and the Natural Environment: Determinants of Global Environmental Policy Standardization[J]. Academy of Management Journal, 2004,47(5):747 – 760.

[200] JONES N, SOPHOULIS C M, IOSIFIDES T, et al. The Influence of Social Capital on Environmental Policy Instruments[J]. Environmental Politics, 2009(18):595 – 611.

[201] PRECHEL H. Corporate Power and US Economic and Environmental Policy, 1978—2008[J]. Cambridge Journal of Regions, Economy & Society, 2012,5(3):357 – 375.

[202] STELZER I M, PORTNEY P R. Making Environmental Policy[J]. Books, 2015(34):74 – 82.

[203] JIAO W. Creating Sustainable Industrial Clusters: How Policy Becomes Durable[J/OL]. http://hdl.handle.net/1765/93815.

索 引

C

产品全生命周期　164

常规能源　53

传统产品　149

D

低碳经济　1

低碳意识　35

F

非营利组织　199

分类营销　237

G

高碳经济　6

工业废弃物　45

工业生态　91

H

环保主义者　152

环境库兹涅茨曲线　15

环境态度　200

环境行为　36

环境意识　200

环境质量　2

J

技术创新　6

减排标准　48

节能环保产品　191

节能环保政策　198

节能技术　198

节能减排　3

K

科学发展观　91

可持续发展　1

L

绿色采购　202

绿色产品　117

绿色产品标识　145

绿色贸易壁垒　146

绿色融资　138

绿色生产　117
绿色消费　84
绿色消费态度　192
绿色消费行为　152

M
脉冲响应　29

N
能源价格　39
能源消费　7
能源消耗　12

P
平衡理论　12

R
认知失调理论　210
认知一致性理论　210

S
社会责任　82
生态标签　146
生态文明建设　2
市场机制　2

T
碳博弈　3
碳交易　8
碳排放　2
碳税　8
脱钩理论　15

W
网络消费者　191
污染避难假说　44
污染产业　39
污染天堂　40

X
消费补贴　236
消费态度　109
效度分析　220
新能源　1
信度分析　196
循环经济　90
营销策略　193

Z
再生能源　12
资源化利用　89